德育与和谐西藏

陈敦山 ◎ 主编

戴 畅 ◎ 副主编

中山大学出版社
·广州·

版权所有　翻印必究

图书在版编目（CIP）数据

德育与和谐西藏/陈敦山主编；戴畅副主编. —广州：中山大学出版社，2019.3
ISBN 978-7-306-06464-6

Ⅰ. ①德… Ⅱ. ①陈… ②戴… Ⅲ. ①德育—教学研究—高等学校 Ⅳ. ①G641

中国版本图书馆 CIP 数据核字（2018）第 233831 号

出 版 人：	王天琪
策划编辑：	嵇春霞
责任编辑：	梁俏茹
封面设计：	曾　斌
版式设计：	曾　斌
责任校对：	梁嘉璐
责任技编：	何雅涛
出版发行：	中山大学出版社
电　　话：	编辑部 020-84111996，84113349，84111997，84110779
	发行部 020-84111998，84111981，84111160
地　　址：	广州市新港西路135号
邮　　编：	510275　　　　传　真：020-84036565
网　　址：	http://www.zsup.com.cn　　E-mail:zdcbs@mail.sysu.edu.cn
印 刷 者：	虎彩印艺股份有限公司
规　　格：	787mm×1092mm　1/16　19.125 印张　350 千字
版次印次：	2019 年 3 月第 1 版　2019 年 3 月第 1 次印刷
定　　价：	66.00 元

如发现本书因印装质量影响阅读，请与出版社发行部联系调换

前　言

　　发展和稳定是西藏经济社会发展中的两件大事。发展需要稳定的社会环境，稳定也需要发展来支撑，特别是要实现西藏社会的长期、持续稳定，就必须以西藏经济社会的良好发展为基础。从和谐社会构建的应有之义来看，和谐社会肯定能够实现良好发展、持续发展，同时，和谐社会也一定能够保持长期稳定、持续稳定。西藏和平解放以来，60余年的发展历史清晰地告诉我们，西藏必须保持和谐稳定，西藏人民期望社会长期稳定。社会发展的现实需要呼唤理论支撑，人民群众对和谐稳定生活的追求和期盼也呼唤理论武装人们的头脑。因此，有关致力于西藏和谐稳定方面的研究就应运而生，国内有部分专家、学者从管理学、社会学的角度切入来研究西藏和谐稳定问题，而且这方面的研究成果比较多。思想政治教育学有很强的阶级性、综合性、实践性，思想政治教育工作者有强烈的社会责任感，从事思想政治教育的人非常有必要致力于西藏和谐社会构建方面的研究，将思想政治教育与西藏和谐稳定紧密结合起来，从思想政治教育这个角度来深入研究如何构建西藏和谐社会。

　　西藏地域广阔，在经济、文化、教育等社会事业发展总体滞后的大背景下，西藏城镇与农牧区之间、各地市之间的经济、文化、教育等社会事业发展很不平衡，老百姓的生活水平也有不小差距，这种不平衡有可能造成西藏社会的不和谐、不稳定。50多年来，达赖分裂集团与境内外反动分子相勾结，甚至甘愿充当西方敌对势力对抗中国和平崛起的绊脚石，不断给西藏和谐社会制造麻烦，扰乱西藏社会的正常秩序。西藏基础教育还比较落后，特别是广大农牧区基础教育薄弱，导致了基础教育与社会发展的不和谐。西藏高等教育近年来快速发展，规模迅速扩大，同时，正在由计划分配向双向选择的市场就业形式转轨，而西藏各级党政机关和事业单位吸纳大学毕业生的数量有限，相当一部分大学生就业观念还停留在"当干部拿铁饭碗"的状态，大学毕业生就业压力巨大，这也影响着西藏的社会稳定。近些年来，西藏高校学生规模迅速扩大，但是，大学生思想政治素质现状与西藏经济社会快速发展对大学生思想政治素质的要求还有很大差距。西藏部分企业也面临产业结构调整、市场竞争的冲击,致使部分企业职工下岗、失业,这也给西藏社会和谐稳定带来了一定的压力。近年来,西藏经济快速发展,农牧民的生产生活方式也给环境带来一定压力。比如,过度放牧导致草场沙化、荒漠化严重,黑心私营矿产老板非法偷采矿产资源对环境造成一定破坏,利欲熏心的盗伐盗猎者在西藏原始森林和羌塘草原时有出现。这些严重地破坏了西藏脆弱的生态系统。整个人类活动使全球气候变暖,青藏高原冰川雪线明显上升,西藏整体生态文明建设压力较大。因此,构建西藏和谐社会,实现人与自然和谐相处、人与自然和谐共生的任务艰巨而且任重道远。要保持西藏经济社会的长足发展与长治久安,促进西藏和谐社会建设,就应该以马克思列宁主义、毛泽东思想、邓小平理论、"三个代表"重要思想、科学发展观、习近平新时代中国特色社会主义思想为指导,教育引导西藏各族人民树立"聚精会神搞建设,一心一意谋发展"以及"团结稳定是福,分裂动乱是祸"的思想意识,化解人民内部矛盾,协调干群关系,协调西藏社会各阶层人民群众关系,理顺人民群众情绪,弘扬"老西藏精神",激发人民群众建设社会主义新西藏的热情,力促西藏和谐社会建设。以上这些需要通过思想政治教育工作来协助推进,配合完成。因此,深入分析当前西藏社会的现实情况,针对西藏社会实际状况而开展思想政治教育,对西藏和谐稳定至关重要。

  本书首先概述思想政治教育与西藏和谐社会建设的关系,宏观上研究思想政治教育对西藏和谐社会建设的促进作用;然后梳理总结西藏社会和谐发展与社会稳定总体现状,我党在西藏思想政治教育工作的历史发展及现状,分析当前影响西藏构建和谐稳定社会的不利因素,探讨和谐稳定视角下我党在西藏开展思想政治教育的主要内容及对象,研究和谐稳定视角下西藏思想政治教育环境的优化等问题,积极探讨在构建西藏和谐社会视角下如何开展思想政治教育,增强思想政治教育的针对性和实效性,等等,从而使西藏的思想政治教育工作者在实际工作中为维护西藏社会稳定、构建和谐社会发挥积极作用。另外,本书分两个篇章,集中论述学校思想政治教育与西藏和谐社会建设问题、社会领域思想政治教育与西藏和谐社会建设问题。这些研究成果能够积极为西藏和谐社会建设建言献策,对西藏和谐社会建设起到很好的资政服务作用,同时也为西藏的思想政治工作者提供一份很好的参考资料。

本书就思想政治教育对西藏和谐社会建设的促进作用进行了研究，框架结构分为三篇，上篇就西藏社会和谐发展与社会稳定总体现状、和谐稳定视域下的西藏思想政治教育历史现状、影响西藏和谐社会建设的不利因素及其分析、针对性开展思想政治教育的主要内容及对象以及思想政治教育环境优化等进行研究；中篇就学校思想政治教育与西藏和谐社会构建；下篇就社会层面思想政治教育与西藏和谐社会构建等内容进行了研究。这些研究内容总体上是想达到抛砖引玉的效果，如果读者能够从思想政治教育入手继续对西藏社会和谐稳定方面进行深入研究，产生更深刻、更有价值的成果，为西藏经济社会长足发展和长治久安建言献策，或者直接通过自己扎实的工作为西藏和谐社会建设发挥积极作用，那么，本书的编写者就倍感欣慰了。

目录

上篇　和谐稳定与西藏德育

和谐稳定视域下的西藏德育　陈敦山　戴畅／3

中篇　学校德育与和谐西藏

更好发挥教师教书育人作用，推动西藏高校思想政治工作深入开展
　　侯衍社／53
加强民族高校思想政治教育　促进西藏和谐稳定发展　李丽／61
民族院校思想政治理论课教学改革的思路　崔海亮／66
以正确的人生价值观引导大学生服务于和谐社会构建　曹水群／75
儒家理想人格对当代大学生理想人格塑造的启示　胡敏／83
西藏传统文化在西藏高校思想政治教育中的运用　葛晓莉／90
"老西藏精神"对西藏高校大学生的现实意义探析　戴从容／96
利用陕西厚重文化积淀对在陕藏族大学生进行爱国主义和反分裂斗争
　　教育　徐万发／108
浅谈社会主义和谐社会与大学生思想道德教育　雷雅珍／118
加强西藏学生思想道德教育，维护西藏和谐与稳定　张英／124
浅析西藏高校思想政治教育在构建和谐西藏中的作用　刘丽娇／131
西藏高校爱国主义教育对西藏和谐社会建设的重要性　赵婧先／136
加强西藏高校民族团结教育，促进和谐社会构建　方萱惠／143
加强西藏高校大学生思想道德教育，构建西藏和谐社会　李莹／154

和谐社会视角下浅析西藏高校思想政治教育　王代花／158

关于西藏高校思想政治教育与构建西藏和谐社会的几点思考
　　　杨慧／164

西藏大学生思想政治教育与构建西藏和谐社会　张燕／173

新形势下西藏少数民族大学生思想道德教育存在的问题及对策
　　　张翠华／177

下篇　社会德育与和谐西藏

论思想政治工作在建设和谐稳定西藏中的重要作用　陈敦山／185

创新思想政治教育路径，建设和谐西藏　马艳丽／193

西藏和谐社会建设中的思想政治教育　王潇／200

论西藏和谐社会与公民道德建设　张美玲／209

加强思想政治教育，促进西藏和谐稳定发展　王潇／215

加强思想道德建设，努力构建和谐稳定西藏　武慧芳／225

论弘扬社会主义核心价值观与促进西藏和谐社会建设　王晓金／230

藏族优秀传统道德对构建和谐西藏的价值分析　刘京华／235

试论"老西藏精神"的科学内涵及当代价值　高峰／242

"中国特色"视角下"西藏特点"的建构论纲　王东红／252

和谐社会视域下加强西藏地区思想政治教育的路径研究　杨雄飞／273

加强当代青年反分裂反渗透斗争教育，促进西藏社会和谐稳定
　　　戴畅／281

"一带一路"倡议下加强西藏跨境民族的中华民族认同　陈菁／288

后记／297

上篇 和谐稳定与西藏德育

西藏经过近些年的努力,和谐社会发展成效显著,主要表现在:西藏经济持续快速发展,群众生活显著改善;西藏民主法制建设取得新进步;西藏大力加强社会建设,全面提高政府服务水平;西藏切实保障和改善民生;西藏强化生态环境保护与建设。但是,由于达赖分裂集团及西方敌对势力的破坏和渗透,西藏社会和谐稳定形势也不容乐观。生产力发展滞后和区域发展不平衡是构建西藏和谐社会的最大制约因素;达赖集团和西方敌对势力的渗透、颠覆和分裂活动是构建西藏和谐社会的最大障碍;缩小贫富差距,解决群众的民生问题是构建西藏和谐社会的迫切要求;体制机制的不健全是构建西藏和谐社会面临的特殊掣肘因素。

我党有思想政治教育的优良传统和优势,始终为和谐社会建设发挥着积极作用。西藏和平解放时期、民主改革时期和社会主义建设时期,我党都在西藏开展了有针对性的思想政治教育工作,取得了可喜的成绩。

针对西藏的区情特点,构建和谐稳定西藏背景下西藏思想政治教育要突出一些教育内容,这些主要教育内容为:马克思主义观点和方法教育,党的理论、路线和经验教育,基本国情和形势与政策教育,诚信意识教育,爱国主义教育,反分裂斗争教育,民族团结教育,马克思主义"五观"教育(国家观、民族观、历史观、宗教观、文化观)。此外,针对西藏的区情,对一些重点人群加强思想政治教育显得尤为重要,尤其是要加强对西藏各级干部、青年学生和宗教人士的思想政治教育。整体来看,西藏思想政治教育环境有一些特殊性,即:经济发展总体水平低,宗教色彩氛围浓厚,民俗文化具有显著特色,网络传媒环境复杂等。为了提高思想政治教育对构建和谐西藏的作用,必须努力优化西藏思想政治教育环境。在当前情况下,优化西藏思想政治教育环境首先要充分发挥自治区党委在治理社会、整合思想政治教育力量等方面的主体作用,让自治区党委在优化思想政治教育环境方面掌好舵,使社会政局总体安定团结;充分发挥经济的基础性作用,西藏自治区全区上下通力合作,加快发展,以提高西藏整体经济水平,提高西藏各族群众生活水平,以良好的经济形势达到优化社会环境的作用;同时要加大宣传教育力度,充分利用各种宣传媒体,营造良好的社会舆论氛围和社会风气,坚持和落实党的民族宗教政策,加强民族团结教育,为思想政治教育工作正常开展创造良好的舆论环境。

和谐稳定视域下的西藏德育

陈敦山　戴　畅

一、西藏社会和谐发展与社会稳定总体现状

（一）西藏社会和谐发展成效显著

1. 经济持续快速发展，群众生活显著改善

1959 年西藏民主改革之后，西藏开始进入社会主义社会，这极大地解放了生产力，促进了社会经济的发展。改革开放更加为西藏经济的发展带来活力。20 世纪 80 年代至今，连续召开了六次西藏工作座谈会，全国支援西藏的力度和范围不断加大，也为西藏经济快速发展起到了重大推动作用。

尤其近些年，面对 2008 年拉萨"3·14"事件的负面影响以及各种自然灾害、国际金融危机、就业压力增大、国内经济增长放缓等重大挑战和严峻考验，在党中央、国务院的坚强领导下，在西藏自治区党委的正确引导和西藏自治区人大、政协的监督支持下，在全国各地的共同援助下，一方面，西藏自治区不仅能够全力保障改善民生，大力发展经济，在政策上进行帮扶，采取多渠道、多形式增加开发投入；另一方面，还能够加强区内的基础设施建设，加大科技应用力度，全面深化体制改革，对不适应经济社会发展的部分适时进行产业结构调整，努力转变经济发展方式，促进速度和结构、质量、效益相统一，使市场在资源配置中发挥着越来越重要的作用。此外，第三产业在区内经济社会发展中的比重也逐渐加大，西藏经济建设实现了跨越式发展，在经济发展的各个方面都取得了重大进展，经济总量不断扩大。

2016 年西藏自治区生产总值预计达 1 148 亿元、增长 11.5%，连续 24 年保持两位数增长，实现"十三五"良好开局。① 2011 年西藏全区

---

① 马静、贾华加：《西藏经济连续 24 年保持两位数增长》，见中国西藏网（http://www.tibet.cn/news/focus/1483181948748.shtml）。

生产总值首次突破600亿元大关，2012年达701亿元，2013年达807亿元，2014年为920亿元，2015年首次突破千亿元大关，达1 026亿元。西藏生产总值由1951年的1.29亿元增加到2015年的1 026.39亿元，按可比价格计算增长了195倍，年均增长8.6%。① 从2017年西藏自治区政府工作报告得知：2016年，西藏全社会固定资产投资1 610亿元、增长20%；社会消费品零售总额457亿元、增长12%；地方财政收入206亿元、增长17.4%，支出突破1 600亿元、增长13.4%。②从2016年统计的数据可以知道，2015年西藏农村居民人均可支配收入达到8 244元，比1959年的35元增长了234倍。46.03万户、230万农牧民住上安全适用的房屋，基本解决农牧区人口饮水安全和无电人口用电问题。农村和城镇居民人均居住面积分别达24.44平方米、26.19平方米，汽车、电话、电脑等进入寻常百姓家。乡镇通光缆率、行政村通电话率、乡村通邮率均达到100%。各族群众赖以生存的自然环境显著改善，防抗灾能力不断提升。③ 西藏社会经济发展取得了明显的成绩，在社会发展的各个方面都得以体现。伴随区内经济的发展，人民群众的生活水平也得到了显著的改善。

2. 民主法治建设取得新进步

西藏自治区政府高举中国特色社会主义伟大旗帜，坚持以马克思列宁主义、毛泽东思想、邓小平理论、"三个代表"重要思想和科学发展观为指导，坚持党的领导、人民当家做主、依法治国有机统一，全面贯彻我国的民族区域自治制度，发展社会主义民主，将社会主义民主政治制度在西藏的贯彻实施作为新西藏建设的一项重点内容。现如今，西藏人民依法享有当家做主的民主权利，享有受宪法保护的选举权和被选举权；在政治上享有充分的自治权；在经济和社会发展上享有充分的自主权；享有受教育权利、文化权利和健康保障权利；享有继承发展传统文化和宗教信仰自由的权利。伴随西藏社会主义事业的发展，区内法治建设取得了十分明显的

---

① 参见洛桑江村《西藏小康社会建设的历史起点——纪念西藏和平解放65周年》，载《人民日报》2016年5月24日第10版。

② 《2017年西藏自治区政府工作报告》，见西藏自治区人民政府网（http://www.xizang.gov.cn/zwgk/zfgzbg/201702/t20170213_120405.html）。

③ 参见洛桑江村《西藏小康社会建设的历史起点——纪念西藏和平解放65周年》，载《人民日报》2016年5月24日第10版。

成果。2012年，在自治区、市、县（区）、乡（镇）四级人大换届选举中，参选率达94%以上，在经过选举产生的3.4万多名各级人大代表中，藏族和其他少数民族代表占93%以上，门巴族、珞巴族等人口较少的民族在全国人大及西藏各级人大中均有自己的代表，有力地保障了西藏各族人民享有宪法和法律规定的民主权利。①2012年至2013年1月，在四级人大换届选举中，西藏全区有94%以上的选民分别参加了县、乡直接选举。西藏现有各级人大代表34 264名，其中全国人大代表中藏族和其他少数民族代表占66.7%，自治区人大代表中藏族和其他少数民族代表占70.2%。自治区十届人大常委会组成人员45名，其中藏族和其他少数民族24名，常委会主任、副主任14名，其中藏族和其他少数民族8名。西藏自治区成立至今，历任自治区人大常委会主任和自治区人民政府主席均为藏族公民。为了保障西藏各民族特别是少数民族依照宪法规定充分行使当家做主的权利，自治区历来非常重视少数民族干部的培养和使用。1965年自治区成立初期，全区只有7 600多名少数民族干部；到1976年，少数民族干部已发展到1.68万名；到1986年底，全区有3.1万名少数民族干部；到1994年底，有4.4万名少数民族干部；到2014年底，全区少数民族干部已有11万多名，与自治区成立之初相比增长13倍多，占全区干部总量的70%以上。②

根据宪法规定，西藏自治区人民代表大会既享有普通省级行政区制定地方法规的权力，又享有依照当地民族自身的政治、经济和文化的特点制定自治条例和单行条例的权力。从1965年至今，西藏自治区人民代表大会已经制定了60余项符合西藏实际情况、维护西藏人民利益的地方性法规、条例、决定和决议，如《西藏自治区人民代表大会议事规则》《西藏自治区地方性法规制定程序》《西藏自治区集体矿山企业和个体采矿管理办法》《西藏自治区学习、使用和发展藏语文的若干规定（试行）》《西藏自治区文物保护管理条例》《关于实行〈中华人民共和国婚姻法〉的变通条例》《西藏自治区环境保护条例》《西藏自治区乡镇人民代表大会工

---

① 西藏自治区人大常委会：《西藏人大50年：谱写民主法治建设的辉煌篇章》，见中国西藏新闻网（http://www.xzzw.com/xw/201508/t20150816_754455.html）。

② 参见中华人民共和国国务院新闻办公室《民族区域自治制度在西藏的成功实践》，载《民族论坛》2015年第9期。

作条例》《关于加强对法律、法规实施情况检查监督的若干规定》等。除了完备的法律制度以外，在执法方面，西藏自治区拥有一支以藏族和其他少数民族为主体的司法队伍，他们严格依照我国的宪法和相关法律，保护西藏自治区各族公民的各项基本权利和自由，以及其他的各项合法权益，保护社会公共财产和公民私人所有的合法财产，并依法惩处各种危害社会的犯罪分子，维护社会秩序。

3. 大力加强社会建设，全面提高政府服务水平

西藏自治区政府在中国共产党的领导下，深入贯彻落实科学发展观，加快转变政府职能，经济调节、市场监管、社会管理、公共服务能力和水平也得到不断提升。此外，自治区政府还加快推进政务公开和电子政务，让权力在阳光下运行，自觉接受人民群众的监督。

为了大力加强社会建设，提高西藏各级政府管理社会的能力和水平，自治区近年来制定了一系列重大政策，采取了一系列重大措施，多管齐下推进西藏社会综合治理。2011年10月开始至今，在全区范围内全面开展创先争优强基惠民活动，每年派出2万余名干部到5400多个村（居）开展驻村工作。驻村工作队对全区所有村（居）实现了全覆盖，紧紧围绕"建强基层组织、维护社会稳定、寻找致富门路、进行感恩教育、办实事解难事"五项任务，深入群众，与农牧民同吃同住同学习同劳动，想人民群众之所想，急人民群众之所急，解人民群众之所需，为群众办实事，谋福利，为群众发展出谋划策，招商引资，同人民群众打成一片，极大地激发了广大农牧民群众积极投入、主动参与社会主义事业的热情，进一步夯实了群众基础。这一活动的开展，深受广大人民群众的好评。另外，西藏还启动了驻寺工作，抽调能力强、素质高的干部进驻寺庙，形成寺庙管理委员会，切实地为寺庙僧尼解决现实问题，推进寺庙依法管理。

在推进西藏依法治理，加强西藏政府管理服务水平，促进经济社会快速发展方面，全国对口支援工作也发挥了重大作用。中央前五次西藏工作座谈会分别安排了43项、62项、117项、118项和236项等一大批重点项目建设，为西藏跨越式发展提供了强有力支撑。从1994年中央第三次西藏工作座谈会开始，中央安排了60个中央国家机关、18个省市和17家中央企业对口支援西藏，20年来先后有7批近6000名优秀干部进藏工作，实施援藏项目7615个，为推动西藏经济社会又好又快发展发挥了重

要作用。① 2015年8月,中央在北京又召开了第六次西藏工作座谈会,提出坚持治国必治边、治边先稳藏的战略思想,坚持依法治藏、富民兴藏、长期建藏、凝聚人心、夯实基础的重要原则;必须牢牢把握西藏社会的主要矛盾和特殊矛盾,把改善民生、凝聚人心作为经济社会发展的出发点和落脚点,坚持对达赖集团斗争的方针政策不动摇;必须全面正确贯彻党的民族政策和宗教政策,加强民族团结,不断增进各族群众对伟大祖国、中华民族、中华文化、中国共产党、中国特色社会主义的认同;必须把中央关心、全国支援同西藏各族干部群众艰苦奋斗紧密结合起来,在统筹国内国际两个大局中做好西藏工作;必须加强各级党组织和干部人才队伍建设,巩固党在西藏的执政基础。② 中央第六次西藏工作座谈会的召开,为更快推进西藏经济社会发展,实现西藏经济社会长足发展与长治久安发挥重大作用。

为了提高政府的服务水平,西藏自治区政府着力解决人民群众关心的热点问题。为了保证人民群众"买得放心,吃得安心,用得舒心",西藏自治区提出在"十二五"期间完善食品监管体系,强化对食品行业的监管,推动食品安全责任体系建设,建立食品安全风险评估和预警机制,开展食品安全专项整治,保障人民群众的食品安全。为了推进西藏各族人民更好地出行,让西藏的路不再艰险,自治区加大力度实施交通基础设施建设,立体化交通体系互联互通水平大幅提升,公路通车里程达7.8万千米,比1954年的1988千米增长38倍。建成川藏、青藏、新藏、滇藏公路网和青藏铁路、拉日铁路,正在加快推进川藏铁路拉林段建设。以拉萨、林芝、日喀则、阿里、昌都5大机场为支撑,开辟国内外航线69条,通航城市41座。综合能源体系加快建设,实现青藏直流联网、川藏联网,电力装机容量达230万千瓦。建成川藏、滇藏、兰西拉光缆等现代通信网络体系,互联网用户达到217.7万户,行政村通宽带率为76.34%,实现行政村移动信号全覆盖。③ 西藏各项设施建设得到进一步完善,不仅体现

---

① 参见洛桑江村《西藏小康社会建设的历史起点——纪念西藏和平解放65周年》,载《人民日报》2016年5月24日第10版。
② 《依法治藏富民兴藏长期建藏——加快西藏全面建成小康社会步伐》,载《人民日报》2015年8月26日第1版。
③ 参见洛桑江村《西藏小康社会建设的历史起点——纪念西藏和平解放65周年》,载《人民日报》2016年5月24日第10版。

了党中央对西藏人民群众生活的高度关注,也体现出西藏政府服务群众的能力得到极大的提升。为了拓宽反映民意的渠道,鼓励社会各界和广大人民群众向政府建言献策,西藏自治区政府加强和完善信访工作,开通信访信息系统,深入开展领导干部接访下访和矛盾纠纷排查工作,深入基层、深入群众,面对面听取群众诉求,解决好群众最关心、最直接、最现实的利益问题。这些措施取得了良好的成效,当前西藏民众反映民意的渠道得到一定拓宽,相对而言比较畅通。

4. 切实保障和改善民生

西藏自治区政府始终把保障和改善民生作为一切工作的出发点和落脚点,民生建设取得重大进展,各族人民群众生活也得到了进一步改善。至2016年,西藏城镇居民人均可支配收入27 875元、增长10%,农村居民人均可支配收入9 316元、增长13%;居民消费价格指数控制在2.4%以内;城镇登记失业率控制在2.6%以内。[①] 同时,农牧业基础不断夯实。落实支农强农惠农政策,不断加大"三农"投入和科技推广力度,支农投入比2012年增长53%,实现农牧业增产增效增收。推广"藏青2000"等农作物新品种177万亩,畜种改良39.7万头。粮食产量达102.7万吨,蔬菜产量87.3万吨,肉奶产量68.3万吨。农牧民专业合作组织6 076家、增长34.9%,农畜产品加工企业总产值33.3亿元、增长47.4%。农牧业产业化经营率达42%,综合生产能力显著增强,现代农牧业发展水平不断提升。[②]

在西藏自治区下大力气切实保障和改善民生的情况下,区内民生发展取得了显著的成绩。在教育方面,西藏已经形成了从幼儿教育到中小学教育、大中专教育和成人教育等以民族教育为主体的社会主义教育体系,在全国率先实现免费义务教育,完善"三包"政策,提高"三包"标准。新建双语幼儿园442所,改扩建基础教育学校234所。16个县通过国家义务教育均衡发展评估验收。实施乡村教师建设"五大工程"。农牧民子女高考录取率达75.4%。[③] 目前,西藏的现代教育体系全面建立,青壮年

[①] 《2017年西藏自治区政府工作报告》,见西藏自治区人民政府网(http://www.xizang.gov.cn/zwgk/zfgzbg/201702/t20170213_120405.html)。

[②] 《2017年西藏自治区政府工作报告》,见西藏自治区人民政府网(http://www.xizang.gov.cn/zwgk/zfgzbg/201702/t20170213_120405.html)。

[③] 《2017年西藏自治区政府工作报告》,见西藏自治区人民政府网(http://www.xizang.gov.cn/zwgk/zfgzbg/201702/t20170213_120405.html)。

文盲率从和平解放前的95%降至0.6%，在全国率先实现学前至高中阶段15年免费教育，全区人均受教育年限达8.6年。① 在自治区财政部门的大力支持下，区内不断加强师资队伍建设，提高教学设备配置，实施现代远程教育工程，实施新课程改革，并适度改革招生、考试和就业制度，不断调整和丰富教育援藏工作内容，也取得了累累硕果。

在医疗卫生方面，西藏近年来加大了全区卫生医疗服务基本能力建设。西藏自治区妇产儿童医院开工建设，日喀则市人民医院新院区完工，那曲西部医疗卫生中心在班戈县建成，新建县级藏医院10个。乡镇卫生院藏医药覆盖率达89%，孕产妇住院分娩率达92%。全民健身、群众体育蓬勃开展。② 同时，在全国率先实现了五保集中供养和孤儿集中收养，率先实现基本医疗保险、新型农村社会养老保险、城乡最低生活保障等制度全覆盖和城乡居民基本养老保险均等化，社会保障体系日益完善。③ 至2016年，覆盖城乡的医疗卫生服务网络全面形成，藏医、西医、中医相结合的公共医疗卫生服务体系不断完善，医疗卫生机构达1 463个。以免费医疗为基础的农牧区医疗制度惠及全体群众，在全国率先实现城乡居民免费健康体检，人均寿命达68.2岁，比1951年的35.5岁提高了近1倍，人口增加了1.3倍。④

近年来，西藏自治区在社会保障方面，建立健全社会保险体系，完善城镇基本养老保险、医疗保险、失业保险、工伤保险和生育保险制度。继续加强"五大险种"保障制度，完善城乡居民社会养老保险制度，扩大最低生活保障，实施免费意外保险，建立了寺庙僧尼基本养老和医疗保险制度。城乡居民社会保障制度实现全覆盖，西藏高校毕业生基本实现全就业。城镇新增就业5万余人，零就业家庭动态消零，转移农牧区富余劳动力110万人次。公益性岗位达28 725个，四年增长86%。"双集中"人员

---

① 参见洛桑江村《西藏小康社会建设的历史起点——纪念西藏和平解放65周年》，载《人民日报》2016年5月24日第10版。
② 《2017年西藏自治区政府工作报告》，见西藏自治区人民政府网（http://www.xizang.gov.cn/zwgk/zfgzbg/201702/t20170213_120405.html）。
③ 参见洛桑江村《西藏小康社会建设的历史起点——纪念西藏和平解放65周年》，载《人民日报》2016年5月24日第10版。
④ 参见洛桑江村《西藏小康社会建设的历史起点——纪念西藏和平解放65周年》，载《人民日报》2016年5月24日第10版。

达1.96万人。社会保障体系基本建成,各项社会保险参保300万人次。完成农村饮水水源地保护项目1 000个,七地市所在地污水处理厂建成运行,那曲、阿里供暖工程投入使用,建成保障性住房3.4万套,城乡居民生产生活条件、基层干部职工办公住房条件显著改善。①

西藏自治区在保障和改善民生方面,实施了很多暖心工程,在拉萨城区铺设了天然气管道,为相当多家庭接通了天然气,拉萨市很多居民用上了干净清洁的天然气,并在条件许可的社区、居民点开启暖气工程,结束了西藏没有集中供暖的历史。西藏城乡居民收入大幅提高,农牧民安居工程和"八到农家"工程深入实施,城乡面貌发生深刻的变化。加快实施"西新工程",推进党报党刊"村村通""寺寺通"和广播电视"户户通""寺寺通",在学有所教、劳有所得、病有所医、老有所养、住有所居上持续取得新进展。这些民生保障和改善工程,大大提升了西藏各族人民的幸福指数,为西藏和谐社会建设打下了良好的基础。

5. 强化生态环境保护与建设

西藏位于青藏高原的主体,地势高峻,地理位置特殊,野生动植物资源、水资源和矿产资源丰富,素有"世界屋脊"之称。中央政府高度重视西藏的生态建设和环境保护,在党的十八大报告中明确提出要大力推进生态文明建设。在中央第六次西藏工作座谈会上,中央对西藏明确定位的"两屏四地",其中"西藏是国家重要的生态安全屏障"的定位为西藏生态建设指明了方向。西藏自治区紧跟党的步伐,积极采取有效措施保护环境,把保持生态环境良好作为重要职责,坚持保护与开发互促互进,为人民创造良好的生产生活环境。其实早在21世纪初,胡锦涛同志提出科学发展观的指导思想,提出构建和谐社会,要求努力推进人与人的和谐、人与社会的和谐、人与自然的和谐。西藏按照中央的统一部署,从2003年开始,连续13年开展"中华环保世纪行——西藏行"活动,每年确定一个活动主题,重点就贯彻实施环境与资源保护法律法规情况、生态建设与环境保护工作进行监督检查,宣传我区在生态文明建设取得的重大成就。②

---

① 《2017年西藏自治区政府工作报告》,见西藏自治区人民政府网(http://www.xizang.gov.cn/zwgk/zfgzbg/201702/t20170213_120405.html)。

② 西藏自治区人大常委会:《西藏人大50年:谱写民主法治建设的辉煌篇章》,见中国西藏新闻网(http://www.xzxw.com/xw/201508/t20150816_754455.html)。

近年来，西藏全面推进《西藏生态安全屏障保护与建设规划（2008—2030年）》，在全国率先启动并全面推行草原生态保护补助奖励机制，森林生态效益补偿范围扩大，启动水生态补偿试点。西藏已建立各级各类自然保护区47处，总面积41.22万平方千米，约占全区国土面积的34.35%。建立生态功能保护区22个（国家级2个）、国家级风景名胜区4个、国家森林公园9个、国家湿地公园10个、地质公园4个（国家级3个），使西藏拥有的141种国家重点保护野生动物、38种国家重点保护野生植物和196种西藏特有动物物种、855种西藏特有植物物种以及重要生态系统得到了有效保护。据2014年第八次全国森林资源清查结果，西藏森林覆盖率已达11.98%，森林面积1 471.56万公顷，森林蓄积量22.62亿立方米，天然林蓄积22.61亿立方米、乔木林单位面积蓄积267立方米/公顷、重点公益林面积1 011.27万公顷。西藏已经创造了人均森林面积、森林蓄积、天然林蓄积、乔木林蓄积、重点公益林面积5项指标全国第一。第四次与第三次全国荒漠化和沙化监测结果比较，西藏荒漠化土地减少了7.89万公顷，沙化土地减少了6.57万公顷，全区荒漠化和沙化土地扩展趋势得到遏制并首次出现逆转。① 与此同时，全面实施"两江四河"流域造林绿化工程，植树造林83.8万亩。推进羌塘国家级自然保护区体制改革。广泛开展生态文明示范创建活动，西藏自治区级生态县达7个、生态乡镇128个、生态村1 296个。② 此外，自治区还大力发展旅游业等有利于生态环境保护的特色产业，大力发展新型环保能源，充分开发利用风能、水能、太阳能和地热等清洁可再生能源，减少污染。

（二）西藏近年来社会和谐稳定形势不容乐观

1951年5月23日，《中央人民政府和西藏地方政府关于和平解放西藏办法的协议》（简称《十七条协议》）的签订，实现了西藏的和平解放。③ 按照《十七条协议》第四条和第十一条的规定，对西藏的现行政治制度，中央不予变更。达赖喇嘛的固有地位及职权，中央亦不予变更。有

---

① 参见中华人民共和国国务院新闻办公室《民族区域自治制度在西藏的成功实践》，载《民族论坛》2015年第9期。
② 《2017年西藏自治区政府工作报告》，见西藏自治区人民政府网（http://www.xizang.gov.cn/zwgk/zfgzbg/201702/t20170213_120405.html）。
③ 参见王小彬《中国共产党西藏政策研究》，人民出版社2013年版，第1页。

关西藏的各项改革事宜,中央不加强迫。西藏地方政府应自动进行改革,当人民提出改革要求时,得采取与西藏领导人员协商的方法解决之。① 然而,西藏当时的地方政府在部分反动上层人士的挑唆裹挟下,于1959年3月悍然发动了武装叛乱。中国人民解放军迅速平息了叛乱,以第十四世达赖为首的反动上层逃亡印度。在这种情况下,中央宣告对西藏进行民主改革,彻底废除西藏实行了上千年的黑暗的政教合一的封建农奴制。自此,西藏社会实现了千年的跨越,从最黑暗最落后的封建农奴制社会进入社会主义社会。近60年的社会主义建设,西藏的政治、经济、文化、教育事业快速发展,西藏人民的生活水平也得到迅速提高,西藏社会长期保持了稳定和谐发展的良好局面。特别是中央针对西藏的客观实际,分别于1980年、1984年、1994年、2001年、2010年、2015年召开了六次西藏工作座谈会,就西藏的发展和进步从国家层面进行推进,协调全国力量支援西藏社会建设和发展,使西藏经济建设和各项事业以跨越式速度向前发展,这种快速发展为西藏的和谐稳定奠定了良好的社会基础,从而也使西藏社会基本实现了长期和谐稳定。

在中国共产党的领导下,西藏各族人民谋发展、思稳定、促和谐,广大人民群众十分珍惜西藏来之不易的和谐稳定生活,共同维护西藏和谐稳定的大局。正是因为这样,西藏基本保持了长期和谐稳定的社会发展局面。但是,我们也要清醒地看到一个事实:西藏的和谐稳定是相对而言的。西藏的和谐稳定始终受到西方敌对势力和达赖分裂集团的破坏与干扰。第十四世达赖是图谋"西藏独立"的分裂主义政治集团的总头子,是国际反华势力的忠实工具,是在西藏制造社会动乱的总根源,是阻挠藏传佛教建立正常秩序的最大障碍。几十年来,以十四世达赖为首的"藏独"分裂势力,勾结西方反华势力和境外分裂势力,不断变换其分裂手法,制造舆论混淆视听,有意通过所谓的"宗教自由""保护西藏传统文化""保护环境""保护母语"等问题向我党、我国发难,抹黑党在西藏的治理成果,并挑起西藏民众对中国共产党在西藏的治理政策的不满。同时,还通过策动自焚、暴力事件等手段在西藏挑起事端,意图破坏西藏长期以来的和谐稳定社会局面。此外,西方敌对势力也有意培植、扶持达赖分裂集团,把西藏问题作为遏制中国发展的一颗棋子,企图以"藏独"

---

① 参见王小彬《中国共产党西藏政策研究》,人民出版社2013年版,第26、27页。

来分化中国、搞乱中国，阻碍中国社会主义事业的发展，破坏中国共产党的领导和颠覆中国社会主义制度。这些现实问题都严重影响到西藏的和谐稳定。因此，近年来的各种情况表明，最近几年乃至以后很长一个时期，西藏和谐稳定的形势不容乐观。

虽然近些年乃至以后很长一个时期，西藏和谐稳定的社会形势不容乐观，但是，在中国共产党的坚强领导下，通过全方位的工作，依然能够为西藏和谐稳定打下坚实的基础，并建立一个长期稳定的和谐西藏。特别是我党的思想政治工作，将会与和谐稳定西藏建设工作形成良性互动。按照唯物史观中经济基础和上层建筑的辩证关系原理，一方面，西藏和谐稳定建设工作为地区思想政治工作提供了有利的社会环境，利于思想政治工作的开展；另一方面，思想政治工作的有效开展，又能在解放思想的前提下，以正确和先进的思想意识指导社会实践，从而有力促进西藏社会和谐稳定建设。

二、我党在西藏思想政治教育工作的历史发展及现状

思想政治教育是我党的一大政治优势和优良传统。我党在西藏的和平解放、民主改革以及社会主义现代化建设的各个时期，都开展了富有成效的思想政治教育工作，为西藏的社会发展和历史进步发挥了积极作用。

（一）我党在西藏开展思想政治教育工作的历史

1. 和平解放西藏时期党在西藏的思想政治教育工作

1949 年，中国人民解放战争取得了决定性胜利，10 月 1 日，中华人民共和国成立。中央人民政府根据西藏的历史和现实情况，决定采取和平解放的方针。中华人民共和国成立后，中央人民政府多次通知西藏地方政府派代表来北京商谈和平解放西藏事宜。西藏当时噶厦政府派代表到北京与中央进行谈判，磋商和平解放西藏事宜。但是，在西方反动势力的唆使下，西藏噶厦政府有一部分上层贵族，特别是当时控制西藏地方政府的摄政达扎·阿旺松饶等人，在某些外国势力的支持下，在西藏东部昌都一线调集藏军主力，布兵设防，企图以武力对抗。中国共产党通过一些爱国藏族同胞做西藏地方政府的工作，希望他们顺应社会发展潮流，多做有利于西藏人民的事，积极主动推动西藏和平解放。对我党的说服和教育工作，

当时西藏地方政府上层人士置若罔闻，继续与我和平进军西藏的中国人民解放军进行对抗。在这种情况下，中央政府于1950年10月命令人民解放军渡过金沙江，解放了昌都。在解放昌都以后，我党带领中国人民解放军一边向拉萨进发，一边在沿途向广大西藏群众宣传我党对西藏和平解放的政策。正是我党思想政治教育工作的适时、有效开展，西藏各族人民群众非常欢迎中国人民解放军和平进军拉萨，解放军在进军拉萨的沿途都受到人民群众的欢迎，也得到人民群众各种帮助，比如他们为解放军提供粮食、带路等。

昌都解放后，中央政府再次敦促西藏地方政府派代表来北京谈判。以阿沛·阿旺晋美为代表的爱国上层人士力主和谈，提前亲政的十四世达赖喇嘛接受了进行和平谈判的意见。1951年4月，西藏地方噶厦政府派以阿沛·阿旺晋美为首席代表的代表团到北京谈判。1951年5月23日，中央人民政府和西藏地方政府的代表就西藏和平解放的一系列问题达成协议，签订了《中央人民政府和西藏地方政府关于和平解放西藏办法的协议》（简称《十七条协议》）。协议明确规定，有关西藏的各项改革事宜，中央不加强迫，西藏地方政府自动进行改革。在这个阶段，我党在西藏开展的思想政治教育工作，主要对象是西藏上层贵族和噶厦政府有关成员，给他们讲解、宣传和平解放西藏的意义、政策等。对西藏噶厦地方政府，我党采取的思想政治教育工作，团结了进步人士，促成了和谈的成功，从而实现了西藏全面和平解放；另外，思想政治教育的主要对象还有广大底层的藏族群众等，向他们宣传西藏和平解放的有关政策以及《十七条协议》相关内容，以赢得广大底层藏族群众等的拥护和支持。

2. 民主改革时期党在西藏开展的思想政治教育工作

西藏和平解放后，西藏社会的进步使广大藏族群众强烈要求对封建农奴制度进行改革，这些要求也得到了开明的僧俗上层的支持。但是，改革遇到了农奴主阶级中的反动上层的竭力阻挡。鉴于西藏社会的实际情况，中央政府允许西藏在废除封建农奴制度上有一个等待过程。直到1956年，实行民主改革才提上议事日程。在认识到改革的条件不成熟之后，中央在当年9月4日及时发出了《中央关于西藏民主改革问题的指示》（简称《九·四指示》），认为在西藏民主改革问题上还必须等待，对在西藏的工作来了一个大收缩，为争取西藏上层的支持尽了最大的努力。在这6年里，我党抱着极大的耐心，通过深入细致的思想政治教育工作，让西藏僧侣上层认识到社会发展进步的总趋势，自觉推动社会发展进步，同时也通过思想政治教育工作安抚藏族群众，让他们耐心等待。

对我党和中央人民政府的宽容，西藏上层反动分子并不领情。西藏上层反动分子为了达到"永远不改"的目的，不惜发动武装叛乱，公然谋求"西藏独立"。当时，西方国家也加紧对我国的包围和封锁，国际反共反华势力积极支持叛乱分子，美国中央情报局吸收叛乱分子送往美国进行军事培训，然后空投到西藏作为叛乱骨干，并为叛乱分子提供武器等军用物资。西藏的叛乱局面终于在1959年3月10日，从局部叛乱发展为由反动上层农奴主所控制的西藏地方政府领导的全面叛乱。3月20日，叛乱分子向拉萨的党、政、军机关和企事业单位发动全面进攻。人民解放军奉命平叛，不到三天，就取得拉萨平叛的全面胜利。28日，国务院发布命令，解散支持和参加叛乱的西藏地方政府，由西藏自治区筹委会行使西藏地方政府职权，并责成西藏军区彻底平息叛乱。在平息叛乱的同时，我党领导西藏各族人民开始了伟大的民主改革。1959年6月28日至7月17日，行使西藏地方政府职权的西藏自治区筹备委员会召开第二次全体会议，通过了《关于西藏全区进行民主改革的决议》（以下简称《决议》）。《决议》指出，西藏现行的社会制度是一个反动的、黑暗的、残酷的、野蛮的封建农奴制度，只有实行民主改革，才能解放西藏人民，发展西藏的经济文化，为建设繁荣幸福的社会主义的西藏奠定基础。从1959年到1961年，西藏各地实行了民主改革。这是一场中国共产党领导藏族群众推翻农奴主阶级的黑暗统治，废除"政教合一"的封建农奴制度，建立人民民主社会的革命运动。

中共中央和中共西藏工作委员会及时制定了有关民主改革的政策。这些政策把平息叛乱与民主改革相结合，把革命与生产相结合，从而使平息叛乱与民主改革在比较短的时间内取得了胜利，同时社会经济获得了迅速发展，社会动荡被减到最小的程度。在这场民主改革过程中，我党通过思想政治教育工作，广泛地宣传民主改革政策，动员广大人民群众积极参与民主改革，将民主改革的具体做法，特别是针对不同的阶级、不同的改革对象如何实施具体改革，在西藏广大人民群众中深入宣传、广泛教育，并在民主改革中选择个别对象、个别地域先行试点，之后再将成功的经验全面推广。充分发掘思想政治教育的先进科学方法，让在民主改革中受益的广大翻身农奴现身说法，讲他们工作生活的变化；参与民主改革的工作人员与得到土地的农奴一起，载歌载舞地欢庆分到土地时的激动心情，这种情景感染教育使广大人民更加支持拥护民主改革政策。

西藏的民主改革是分阶段、有步骤进行的。第一步是开展"三反"（反对叛乱、反对乌拉差役制度、反对人身依附制度）和减租减息运动。在农村，对参加叛乱领主的土地实行"谁种谁收"的政策；对未叛乱领主的土地，实行"二八减租"（领主得二，佃户得八）。同时，解放家奴，废除人身依附。在牧区，对参加叛乱牧主的牲畜，由原放牧的牧民放牧，收入归放牧的牧民所有；对未参加叛乱牧主的牲畜，仍归牧主所有，但减少牧主的剥削，增加牧民收入。我党在领导西藏各族人民进行民主改革的过程中，针对不同的对象，采取有针对性的教育引导和有关措施，将思想政治教育工作与经济工作紧密结合起来，在开展"三反"和减租减息运动中，将强制性的行政措施与说服教育相结合，让那些领主自觉废除地契、自觉减租减息。西藏民主改革的第二步是实行废除封建农奴主的土地所有制。1959年9月21日，西藏自治区筹备委员会通过《关于废除封建农奴主土地所有制实行农民的土地所有制的决议》，决定对参加叛乱的农奴主的土地和其他生产资料一律没收，分配给农奴和奴隶；对未参加叛乱的农奴主的土地和其他生产资料由国家出钱赎买后，分配给农奴和奴隶。① 西藏民主改革的第三步是实行废除政教合一制度，实行政教分离和宗教信仰自由。民主改革对参加叛乱的寺庙的土地、耕畜等生产资料一律没收，对没有参加叛乱的寺庙的生产资料实行赎买政策。在民主改革中，一方面，明令规定切实保护宗教信仰自由和爱国守法的寺庙，保护人民有当僧尼的自由和僧尼还俗的自由，保护正常的宗教活动不受干涉，保护有历史意义的寺庙和文物古迹。另一方面，实行"政治统一，信教自由，政教分离"的方针，废除寺庙在经济、政治上的一切封建特权，废除寺庙的封建占有、封建剥削、人身奴役以及寺庙内部的封建管理和等级制度，保障各教派在政治上一律平等；寺庙内的公共资金和财产实行民主管理，作生产基金和供给寺内僧尼的生活与正常宗教活动之用；寺庙的僧尼按劳动力情况分得的土地，由寺庙管理委员会统一管理，组织生产；寺庙内收入不够正当开支时，由政府予以补助。西藏民主改革的第四步是建立人民民主政权。到1960年年底，西藏成立了1 009个乡级政权，283个区

---

① 参见王小彬《中国共产党西藏政策研究》，人民出版社2013年版，第120页。

级政权，78个县（包括县级区）和8个专区（市）建立了人民政权。藏族和其他少数民族干部达到1万多人，其中乡级干部全是藏族，区级干部90%以上是藏族，300多名藏族干部担任了县以上领导职务。4 400多名翻身农奴和奴隶成长为基层干部。1961年，西藏各地开始实行普选。到1965年8月，西藏乡县选举工作完成，有1 359个乡、镇进行了基层选举，有567个乡、镇召开了人民代表会议，西藏约92%的地方建立了以翻身农奴和奴隶为主的乡人民政权，54个县召开了第一届人民代表会议，选出了正副县长，建立了县人民委员会。1965年9月，西藏自治区第一届人民代表大会成功召开，西藏自治区正式宣告成立。①

由于这些政策、办法和措施是根据实际情况制定的，因而得到了各阶层人民，首先是贫困藏族群众的欢迎，也争取了更多的上层人士的理解和合作，保证了西藏民主改革顺利进行。到1960年年底，西藏基本完成了土地改革，全区各地普遍建立了共产党领导下的农牧民协会、平叛保畜委员会等群众组织，并在此基础上建立了各级人民政权。自西藏民主改革顺利完成、基层民主政权全面建立之后，西藏的社会制度在短短几年实现了千年跨越，从封建农奴制度转变成社会主义制度。

西藏民主改革时期开展的思想政治教育工作，非常注重结合西藏当时的社会现实，针对不同的对象采取各自不同的教育方法，注意团结大多数，赢得了民心，获得了占绝大多数人口的广大藏族群众的支持。特别是藏族群众在公众场合下焚烧地契、控诉农奴主对他们的残酷剥削和压迫，这种集体性的思想政治教育活动，其教育效果的传导性很强。中国共产党在西藏实行的民主改革政策很快在西藏人民中家喻户晓，从而使他们普遍渴望获得新生。当然，针对少数顽固不化的贵族和上层人士，我党在领导西藏人民推进民主改革时，会恰如其分地实施教育与行政措施相结合的方式。对极少数屡教不改并坚持与人民为敌的贵族则采取专政的手段，确保民主改革进程顺利推进。

3. 社会主义建设时期党在西藏开展的思想政治教育工作

民主改革完成后，西藏社会进入社会主义建设时期。西藏各项工作都围绕着社会主义建设，与中国内地几乎同步前进。西藏于1951年才和平

---

① 参见中华人民共和国国务院新闻办公室《民族区域自治制度在西藏的成功实践》，载《民族论坛》2015年第9期。

解放，比全国其他地方解放要晚，再加之当时西藏的特殊情况，和平解放后并没有立即进行民主改革。当西藏民主改革全面完成时，我国内地开始进入"文化大革命"时期，西藏也一样步入"文化大革命"内乱之中。在"文化大革命"期间，西藏的思想政治教育也遭受到严重影响，出现了"政治挂帅""突出政治"等极"左"思想及工作模式，红卫兵开展"批、揪、斗"，抓"走资派"，抓"反动学术权威"，出现了利用思想政治教育工作对部分领导干部和人民群众无情打击，导致出现思想政治教育工作背离科学规律、偏离正常轨道的情况。整个十年的"文化大革命"时期，我党在西藏的思想政治教育工作也遭受严重影响。

"文化大革命"结束以后，全国开始了全面拨乱反正。在意识形态领域，尤其是在党的思想政治教育工作方面，开始反思"文化大革命"期间的失误和错误。西藏也与全国一道全面反思思想政治教育工作的经验与教训，特别是反思思想政治教育工作方面的失误。西藏自治区党委及时调整政治工作与经济工作、政治工作与业务工作的关系，纠正"文化大革命"期间"突出政治""政治挂帅"等极"左"做法。此外，改变"大鸣、大放、大字报、大辩论"以及残酷批斗等政治工作模式，按照思想政治工作应有的春风化雨、润物细无声的方式开展，使思想政治教育工作慢慢走上正常轨道。

党的十一届三中全会以后，我国全面开始改革开放。西藏赶上了改革开放的大潮，以经济建设为中心，社会各项事业发展突出，思想政治教育工作也成为激发西藏各族人民为社会主义现代化建设事业努力工作的动力。通过党政各层级宣传动员，通过发挥各种媒体的积极宣传作用，也通过表彰奖励在各行各业努力工作的模范人物等途径，在整个西藏社会营造了良好的社会氛围。但是，以十四世达赖为首的分裂集团自20世纪50年代叛逃境外以来，始终在进行着分裂破坏活动。因此，改革开放以来，西藏思想政治教育工作还有一个艰巨的任务，就是号召各族人民与达赖分裂集团做斗争，努力维护社会稳定大局。通过思想政治教育工作的广覆盖、高效度，在西藏全社会广泛宣传"团结稳定是福，分裂动乱是祸"。自20世纪90年代以来，西藏地区又依据中央提出的正确处理改革、发展与稳定关系的要求，结合自治区的社会实际提出了"一个中心、两件大事、三个确保"，即继续坚持经济建设这个中心，紧紧抓住发展经济和稳定局势两件大事，确保西藏经济加快发展和社会全面进步，确保国家安全和西藏长治久安，确保各族人民生活水平不断提高。这种将思想政治教育工作摆到正确的位置，而且采取科学正确的思想政治教育工作方式方法，在很长的一个发展阶段为西藏营造了良好的社会氛围。

进入21世纪以来，西藏经济建设及社会各项事业进入了跨越式发展的快车道，思想政治教育水平也迈上了一个新台阶，为以经济建设为中心的各项事业快速发展发挥积极作用。21世纪以来，由于全国支援西藏力度加大，西藏经济发展的自我造血功能也逐步建立起来，西藏经济发展形势越来越好，人民生活水平也逐步提高，西藏社会稳定和长治久安的基础越来越坚实。此外，进入新世纪以后，西藏思想政治教育工作除了为社会主义现代化建设事业进行积极宣传外，还将意识形态工作的主动权牢牢地抓住，并努力打好意识形态工作的主动仗，在内宣、外宣方面都加大了力度，特别是对达赖分裂集团的分裂破坏活动主动应对，多种媒体对达赖分裂集团的罪恶行径进行揭批，让各族人民群众看清真相，识破第十四世达赖披着"宗教领袖"外衣而干着祸藏乱教罪恶勾当之本来面目。近年来，西藏还将思想政治教育工作更进一步深入，将其与西藏基础基层工作紧密结合，紧密贴近群众。全区共计5 400多个行政村（居委会），每年派驻2万余名干部实施强基惠民驻村工作，开展建强基层组织、维护社会稳定、开展感党恩教育、寻找致富门路、为民办实事解难事等工作，而且还向部分行政村（居委会）派驻了第一党支部书记，加强基层组织建设工作。同时，也向寺庙派驻工作组，在寺庙开展社会主义教育和爱国主义教育活动，并在寺庙实施"九有"工程（即寺庙要做到有领袖像、有国旗、有道路、有水、有电、有广播电视、有电影、有书屋、有报纸）。这些覆盖更广，更加具体化、细化的基层工作大大地促进了西藏思想政治教育工作。

(二) 当前我党在西藏开展思想政治教育工作的现状

1. 我党在西藏思想政治教育工作中取得了可喜成绩

思想政治教育工作是我党的优良传统，也是我党的一大政治优势。在历史上曾为政教合一的封建农奴制社会的西藏里，中国共产党领导的中国人民解放军能够一路顺利进军西藏，实现了西藏的和平解放，而且进一步顺利推进了民主改革，这都得益于中国共产党在西藏的思想政治教育工作的成功实践。在西藏跨入社会主义社会以后，西藏就按照全国社会发展步伐进行社会主义建设，在思想政治教育这种优势意识形态工作的积极作用下，西藏社会建设和发展在各方面成绩明显，充分体现出我党在西藏思想政治教育工作中取得的可喜成绩，主要表现在以下四个方面。

第一，振奋西藏各族人民的精神，凝聚了西藏各族人民的力量，使各族人民努力为西藏社会主义建设事业勤劳工作。西藏民主改革以后，以前占西藏总人口95%左右的广大农奴和贫民翻身做了主人，西藏各族人民精神为之振奋，精神面貌焕然一新。在持续开展的思想政治教育工作中，广大党员干部身先士卒、身体力行，鼓舞并带领各族人民在各行各业、各自的工作岗位上努力为社会主义新西藏的建设贡献力量。在思想政治教育工作的感召影响下，西藏各行各业涌现了大批努力致力于新西藏建设的骨干，甚至有些人成为劳动模范。

第二，旗帜鲜明地与达赖分裂集团进行了顽强的斗争，在广大人民群众中牢固树立祖国统一的思想意识。自从第十四世达赖于1959年3月叛逃以后，以十四世达赖为首的分裂集团就采取各种手段在西藏实施分裂破坏活动，蛊惑人民群众与党中央、国家和西藏人民政府对抗，扰乱西藏正常的社会秩序。针对达赖分裂集团的倒行逆施，我党在思想政治教育工作领域，一方面发动党员干部对西藏各界、各个层面的人民群众进行正面教育，揭批达赖集团的反动罪行；另一方面，发挥媒体在舆论引导方面的强大力量，通过各种媒体向人民群众澄清历史事实，揭穿达赖集团的本来面目，揭露其实施的"西藏独立"或变相独立的反动图谋，并通过媒介宣传中国共产党执政的优越性和国家精神、民族精神，在全社会营造维护祖国统一的良好舆论氛围。

第三，开展了深入持久的民族团结教育活动，在西藏社会营造了各族人民大团结的良好社会氛围。西藏自治区作为一个少数民族地区，在人口构成中藏族占绝大多数，始终占西藏总人口的90%以上，另外还有汉族，以及回族、门巴族、珞巴族、纳西族、羌族等少数民族。针对这样的民族构成现状，西藏自治区党委、政府始终高度重视西藏的民族团结工作，强调"要像保护自己的眼睛一样保护民族团结"。西藏自治区各级宣传部门、教育部门以及媒体都通过各自的渠道开展民族团结教育，让各族人民群众自觉维护民族团结的良好社会环境，使人们明白了一个道理：不利于民族团结的话不说，不利于民族团结的事不做。经过长期不懈的努力，西藏民族团结教育不断深入，民族团结教育的效果颇为显著，西藏社会基本上营造出了一个各族人民大团结的良好社会氛围。

第四，以正确的文化观念教育引领人们的思想，促使西藏各族人民群众正确地处理西藏传统文化与现代文化的关系，促使藏传佛教与社会主义社会相适应。西藏历史上是一个政教合一的封建农奴制社会，有着浓厚的宗教信仰氛围，西藏以藏族为主的各少数民族群众有深厚的宗教感情，有习以为常的宗教习惯。参加各种宗教活动、顶礼膜拜成为他们日常生活的重要组成部分。正是这种社会历史现实，致使西藏长期以来形成了西藏传统文化与藏传佛教紧密联系在一起的现实情况，甚至人们一谈到西藏传统文化就直接对接到藏传佛教文化当中。自18军进藏，按照党中央的要求着手推进西藏和平解放开始，我党就在西藏日常的思想政治教育工作中引导人们正确认识宗教信仰问题。西藏民主改革后，在西藏社会主义建设的进程中，我党在西藏的开展思想政治教育工作时，以马克思列宁主义、毛泽东思想、邓小平理论、"三个代表"重要思想和科学发展观为指导，注意用正确的文化观念引领人们的思想，促使西藏各族人民群众正确处理西藏传统文化与现代文化的关系，特别是努力促进藏传佛教与社会主义社会相适应，为西藏和谐社会建设发挥了重要作用。

2. 我党在西藏思想政治教育工作中面临严峻挑战

自西藏和平解放开始，我党就注重在西藏发挥思想政治教育工作这一优良传统和政治优势。由于中国共产党在西藏实行正确的民族政策，开展内容丰富、方法多样、形式灵活的思想政治教育工作，与达赖分裂集团开展了针锋相对的斗争，才在复杂的现实局势下紧密地团结了各族人民群众。我党在西藏开展的强有力而且卓有成效的思想政治教育工作，维护了西藏社会的稳定，凝聚了人心，实现了各民族大团结，为西藏社会经济及其他各项事业的发展营造了良好的社会氛围，发挥了积极的作用。但是，由于西藏区情有其自身的特殊性，种种现实困难对我党在西藏思想政治教育工作也构成了严峻的挑战。

首先，达赖分裂集团及西方敌对势力对西藏实施的渗透破坏活动，对我党正面的思想政治教育工作形成严峻挑战。自第十四世达赖及其流亡政府叛逃境外后，他们就一直从事着分裂中国的罪恶活动，企图实施"西藏独立"或者变相"西藏独立"。达赖分裂集团为了达到分裂中国的罪恶目的，不惜投靠、讨好西方国家敌对势力，与中华人民共和国和中国人民为敌。几十年来，达赖分裂集团实施分裂中国的伎俩之一就是利用意识形态的渗透，在思想上拉拢、腐蚀西藏的青少年。他们曾向西藏一些藏族青少年邮寄反动宣传品、反动刊物，派人偷偷潜入西藏或四川、云南、甘肃、青海等藏区，直接实施分裂破坏活动，并在我国境内开展反动演讲，挑唆藏族群众对中央和政府产生不满的情绪，甚至在我国西藏境内培植"藏独"势力。近年来，互联网应用技术日益快速发展起来，由于网络具有匿名性、虚拟性、信息海量化、传输速度快等特点，达赖分裂集团及其西方敌对势力加紧利用互联网实施分裂破坏活动，对西藏青少年进行分裂祖国思想渗透、挑唆，或者有意挑起一些事端，进行网上炒作。达赖分裂集团及其西方敌对势力实施的渗透破坏活动，无疑对我党在西藏开展的正面思想政治教育工作形成严峻挑战。

其次，西藏浓厚的宗教氛围，藏族群众深厚的宗教感情，也对我党正面的思想政治教育工作形成一定的挑战。我党当前在西藏的思想政治教育工作，是以马克思列宁主义、毛泽东思想、邓小平理论、"三个代表"重要思想和科学发展观为指导的，是以辩证唯物主义和历史唯物主义为基础的意识形态工作，以此实现用科学的世界观和方法论武装人们的头脑。针对西藏的区情和西藏各族人民的现实思想实际，我党近年来突出强调要开展马克思主义"五观两论"（国家观、民族观、历史观、宗教观、文化观和唯物论、无神论）教育。但是，西藏社会藏传佛教发展到现在已经有一千多年的历史，其在西藏各族人民中有广大的信众。

三、影响西藏构建和谐社会的不利因素及其原因分析

通过以上的分析和整理，不难看到西藏在构建和谐社会过程中已经取得了一些好的成绩：西藏社会已经基本实现了小康，西藏的发展也开始站在新的历史起点上。但与此同时，也要正面事实：西藏仍属于欠发达地区，并且长期面临着尖锐复杂的反分裂斗争形势，和谐社会建设仍然存在诸多困难和挑战。当前影响西藏建设和谐社会的第一不利因素是分裂集团的破坏，其次是贫富差距太大，而社会治安因素、体制机制不完善，城乡差距紧随其后。目前，西藏存在的最突出的矛盾是区域发展不平衡的矛盾，其次是人民内部物质利益矛盾和城乡发展不平衡的矛盾，再次是广大人民群众与少数分裂分子的矛盾，最后还有体制机制不适应经济社会发展的矛盾。在所述的这些矛盾中，需要清楚认识到的是，当前西藏的主要矛

盾还是人民内部矛盾，即落后的社会生产力与西藏人民日益增长的物质文化需要之间的矛盾，这是由经济建设这一根本任务决定的；敌我矛盾，即广大人民群众与少数分裂分子的矛盾仍然继续存在，这是由达赖集团不肯退出历史舞台而造成的。这两种矛盾交织在一起，呈现出复杂性、尖锐性和长期性的特点。

（一）生产力发展的滞后和区域发展不平衡是构建西藏和谐社会的最大制约因素

西藏在2016年全区生产总值达1 150亿元，增长11.5%，且连续24年保持两位数增长，在社会经济增长方面取得了显著的成绩。然而，经济增长速度高却不等同于经济发展水平高，不等同于经济增长质量高，在西藏经济社会发展中依然存在诸多矛盾和问题。

1. 经济总量低，生产力发展滞后

西藏地区生产总值长期以来是全国各省市自治区中最低的，人均地区生产总值长期处于全国31个省市自治区的后几位。以2016年为例，西藏地区生产总值仅为1 150亿元，在全国31个省市中最低，约占全国生产总值7.441万亿元的0.15%，人均地区生产总值35 499元，位列全国倒数第四，仅高于山西省、贵州省、云南省和甘肃省。就西藏自治区而言，在2016年产业结构中，第一产业增加值104.98亿元，增长4.0%，增加值占西藏地区GDP增加值的9%；第二产业增加值429.92亿元，增长12.1%，占西藏地区GDP增加值的37%；第三产业增加值615.17亿元，增长9.6%，占西藏地区GDP增加值的54%。而就2016年全国经济发展产业结构而言，第一产业增加值63 671亿元，增长3.3%；第二产业增加值296 236亿元，增长6.1%；第三产业增加值384 221亿元，增长7.8%。第一产业增加值占国内生产总值的比重为8.6%，第二产业增加值比重为39.8%，第三产业增加值比重为51.6%，比上年提高1.4个百分点。全年人均国内生产总值53 980元，比上年增长6.1%。西藏居民人均生产总值比全国人均生产总值少近2亿元。西藏与全国第一、二、三产业增加值所占比重相比，第三产业已经超过全国平均水平差不多3个百分点，但西藏经济结构还是不够合理，加工业发展水平低，仍需改造传统农牧业并推进工业化进程。①

2. 农牧民收入增长缓慢，城乡差距拉大

（1）西藏与内地农村的收入差距拉大。1980年，西藏农牧民人均纯收入与全国仅差3.2%，基于多种原因，近20年来，西藏与全国发展差距越拉越大。1985年，西藏农村人口年平均纯收入为353元，同年全国农村人口的平均纯收入为398元，相差45元。1990年，西藏农村人均纯收入447元，全国农村人均纯收入为630元，相差183元。2001年，西藏农村人均纯收入1 404元，全国农村人均纯收入为2 366元，相差962元。2016年，全国农村居民人均可支配收入12 363元，西藏农牧民人均可支配收入9 316元，相差3 047元，差距进一步拉大。②

（2）西藏城乡居民收入差距也在不断扩大。1994年，西藏城镇居民人均收入3 596元，农牧民人均纯收入1 183元，城乡差距为2 413元。1997年西藏城镇与农村居民人均纯收入差距为5 214元，2001年西藏城乡居民人均纯收入差距为6 465元，2005年西藏城乡居民人均纯收入差距为6 336元。2016年，西藏城镇居民人均可支配收入27 875元，西藏农村居民人均可支配收入9 316元。虽然西藏农村居民可支配收入近些年来在纵向上有了很大幅度的增长，但是城乡居民可支配收入差距进一步扩大，高达18 559元。③

从以上数据可以看出，西藏当前的经济总量仍然较低，社会生产力发展在全国范围内仍然滞后，与全国其他地区相比也依然存在较大的差距。而从西藏内部来看，区内农牧民的收入增长缓慢，与全国农村居民的收入差距逐渐拉大，与城镇居民的差距也在扩大，造成城乡发展不平衡、贫富差距扩大等问题。如果不能及时有效地解决这一问题，将会成为影响西藏和谐社会建设的最大制约因素。

（二）达赖集团的渗透、颠覆和分裂活动是构建西藏和谐社会的最大障碍

长期以来，达赖集团一直没有停止过对中国的分裂破坏活动和对境内

---

① 此处数据参考了《中华人民共和国2016年国民经济和社会发展统计公报》及西藏自治区统计年鉴相关数据。
② 此数据根据不同时间西藏经济社会发展统计年鉴数据计算而来。
③ 此数据根据不同时间西藏经济社会发展统计年鉴数据计算而来。

藏区的渗透活动。他们有计划、有组织、有目的，并一步步由隐蔽转向公开，由城市向农村和牧区扩散，由寺庙向社会扩散，披着宗教的外衣，打着和平的幌子，从事分裂中国、破坏民族团结和社会安定的活动。他们通过各种手段，大肆宣传达赖是"观世音菩萨的化身"，是藏族的"救星"，还大肆鼓吹达赖的一切活动都是"为了西藏600万藏人的幸福和自由"，并千方百计地美化达赖，增加藏族同胞对达赖的盲目崇信，使之由达赖的宗教信徒变为政治信徒。除此以外，达赖集团还通过互联网、广播、电台、标语、传单等方式进行"藏独"宣传。特别在近些年，随着网络信息技术的迅速发展，各种互联网平台成为达赖集团进行违法活动的重要媒介。达赖集团还通过偷运反动宣传品、派遣宗教上层人士回国、讲经法会、认定活佛等方式来鼓吹或散布"西藏独立"等分裂言论，控制寺庙，试图在藏区掀起宗教狂热。与此同时，该集团打着"民族""民族自由""民族文化""民族自决"等旗号，挑拨藏族与其他民族之间的关系，破坏民族团结，妄图制造民族矛盾。最令人发指的是，达赖集团为了达到自己的目的，甚至制造了一起起骚乱事件。自1987年以来，他们处心积虑地策动了近百次骚乱事件，较严重的三次分别是1987年、1988年、1989年的拉萨骚乱，最为严重的是2008年的"3·14"打砸抢烧暴力事件。在拉萨"3·14"事件中，18名无辜群众被烧死或砍死，382名群众受伤，58人重伤。不法分子纵火300余处，拉萨908户商铺、7所学校、120间民房、5座医院受损，10个金融网点被砸毁，至少20处建筑物被烧成废墟，84辆汽车被毁。拉萨市直接财产损失达2.5亿元。① 拉萨"3·14"事件后，达赖集团与西方反华势力狼狈为奸，在西方世界掀起了反华浪潮，"藏独"分裂分子更是多次使用暴力，冲击中国驻外使领馆。事后，又把破坏的焦点集中在奥运火炬传递上，在伦敦、巴黎和旧金山等地，公然暴力抢夺奥运火炬，造成严重的负面影响。

达赖集团不断变换手法，频繁制造事端，种种劣迹表明，他们是不会轻易放弃分裂中国、破坏我国民族团结的不良图谋的，反对分裂、维护社会稳定和国家安全的任务艰巨而繁重，反渗透、反颠覆、反分裂始终是我们在建设和谐西藏的历史进程中必须高度重视和加强的重大战略任务。

---

① 参见何振华《法治国家岂能容暴力犯罪》，载《人民日报》2008年4月7日第4版。

（三）贫富差距较大是影响西藏构建和谐社会的现实影响因素

胡锦涛同志在党的十八大报告中强调："社会和谐是中国特色社会主义的本质属性。要把保障和改善民生放在更加突出的位置，加强和创新社会管理，正确处理改革发展稳定关系，团结一切可以团结的力量，最大限度增加和谐因素，增强社会创造活力，确保人民安居乐业、社会安定有序、国家长治久安。"虽然西藏近年来在改善民生方面取得了巨大成就，但是，我们要清醒地认识到：由于目前西藏社会经济总体发展水平不高，财政收入有限，因此，民生改善的状况与发达地区相比还有较大差距，这是一个必经的经济发展阶段。在新时期新阶段，随着西藏人民群众物质文化需求的提高，在就业、收入分配、社会保障、住房、医疗、教育、社会治安、环境保护等方面，产生了一些关系人民群众切身利益的民生问题，群众对民生问题解决的期望值也越来越高。比如，当前第二产业相对较弱，社会可供就业岗位的能力比较有限，就业观念落后与推进就业市场化的矛盾突出，就业形势比较严峻；社会保障和社会救助体系还不够健全，覆盖面还不宽，还有不少困难群众没有得到更多的帮助；教育供给与需求之间的矛盾突出，特别是优质教育资源比较短缺；医疗卫生队伍特别是农牧区医疗卫生队伍的素质亟待提高；等等。这些问题关系到千家万户的切身利益，关系到整个社会的和谐与稳定，若处置不当，就可能演化成社会问题，甚至政治问题。另外，至2008年的统计数据显示，西藏每年有30余万的灾民需要救济，有28万多城乡低收入人口享受低保或五保供养，19.4万残疾人、23万多60岁以上的老年人需要社会提供帮助。[①] 由于西藏部分社会工作空缺，因此，针对社会困难群体和弱势群体的心理支持和精神重建工作无法全面开展，促使不同社会群体之间的关系变得紧张，产生一些潜在的不稳定因素。

因此，我们必须清醒地认识解决民生问题的长期性、艰巨性，必须清醒地认识人民群众物质文化生活水平的提高所提出的新要求和出现的新问题，要继续把改善民生作为促进社会和谐建设以及构建和谐新西藏的根本途径。

---

① 颜园园：《慈善意识和理念已逐步深入西藏群众当中》，见中国西藏网（http://www.tibet.cn/news/xzxw/shjj/200809/t20080924_427946.htm）。

（四）体制机制的不健全是构建西藏和谐社会面临的特殊掣肘因素

邓小平同志曾经指出：制度好可以使坏人无法任意横行，制度不好可以使好人无法充分做好事，甚至会走向反面。制度因素是将和谐社会发展理念变成现实的中介环节之一。在全面建设和谐西藏的关键阶段，要解决社会各种矛盾，增加社会和谐的因素，促进社会和谐的程度，完善的体制机制显得尤其重要。然而在现阶段，体制机制的不健全正成为制约西藏和谐社会建设的瓶颈。

1. 社会主义市场经济的体制机制不完善，经济结构不合理

社会主义市场体系还不完善，资源浪费现象较为严重，行政性垄断、地区封锁、市场分割，都导致商品和生产要素没有得到完全自由的流动，阻碍了社会生产要素的合理、有效配置。当前，经济结构不合理、分配关系尚未理顺、农民收入增长缓慢、就业矛盾突出、资源环境压力加大、经济整体竞争力不强等问题的存在，其重要原因是经济体制还不完善，生产力发展仍面临诸多体制性障碍。我们必须认识到，改变城乡二元经济结构的体制、促进区域经济协调发展的机制以及统一开放竞争有序的现代市场体系还尚未健全。

2. 政府职能转换不到位

一是政府"越位"干预企业经济活动的现象很多，致使企业行为和市场运行无法真正施展，出现一定程度的扭曲。二是政府职能"缺位"现象也很多。单纯追求 GDP 的增长，忽视社会综合性发展，使政府公共服务职能不到位，导致经济发展与社会发展"一条腿长，一条腿短"，一些重大民生问题得不到解决，城乡发展不协调。三是社会政策和法规不健全，存在有法不依、执法不严、违法乱纪等现象，政策环境不良，如任人唯亲、搞"关系网"等。

3. 社会关系方面上的体制问题

伴随着社会生产力的发展和社会现实情况的日益复杂化，社会关系方面也相应地产生了一些新的问题。其中，社会关系方面上的体制问题便是其中的一个十分明显的问题。当前存在的分配不公和不同社会群体收入差距过大，在很大程度上是因为收入分配制度滞后，政府宏观参与调节收入的分配力度不够。"上学难、负担重"的问题依然在某些地方存在，与教育教学体制改革的滞后有着直接的联系。群众"看病难、看病贵"则是由卫生资源配置机制不合理、医疗保障体系不健全、医疗机构补偿机制不完善、"医药不分"和"以药养医"等多种因素所导致的。而市场经济秩序的混乱与社会信用制度不健全、信用服务体系和失信惩戒制度缺失密切相关。

四、和谐稳定视域下西藏思想政治教育的主要内容及对象

实现社会和谐,建设美好社会,始终是人类孜孜以求的一个社会理想,也是包括中国共产党在内的马克思主义政党不懈追求的一个远大社会理想。根据党的十八大精神,自治区党委八届三次全委会议明确提出,要坚定不移维护社会稳定、着力建设和谐西藏。这是推进西藏跨越式发展和长治久安的重要举措,更是切实维护和实现全社会公平正义的有力抓手,充分体现了广大人民群众的根本利益和共同愿望。

思想政治教育的内容是根据社会发展的要求以及思想政治教育对象的思想实际而确定的,是决定思想政治教育成败的重要制约因素,也是体现党和国家对广大社会成员在思想政治素质方面的明确要求。纵观我国思想政治教育发展的历程,其内容非常丰富,以我国现阶段党的基本路线为基准,大体上主要包括政治教育、道德教育、思想教育等方面。由于西藏特殊的区情和反分裂斗争的严峻形势,西藏思想政治教育和全国其他地区面临的形势和任务有所不同。鉴于此,以构建西藏和谐社会为目标的西藏思想政治教育内容主要包括:马克思主义观点和方法教育,党的理论、路线、经验教育,弘扬爱国主义教育,道德观与法制观教育,基本国情和形势与政策教育,反分裂斗争教育,民族团结教育,马克思主义"五观"教育。

(一)和谐稳定视域下西藏思想政治教育的主要内容

1. 马克思主义观点和方法教育

用马克思主义的观点看待问题,解决问题就是马克思主义的方法论。马克思主义在批判和继承前人认识论成果的基础上,把实践观点引入认识论,把辩证法运用于反映论,创立了能动的革命的反映论,第一次科学地解决了认识的产生和发展规律问题,实现了人类认识史上的伟大变革,为

我们认识世界、改造世界提供了科学的理论指导。[①] 我国思想政治教育的内容就是利用马克思主义的观点和方法树立正确的思维观念，从而解决实际中的具体问题。它教育人们辩证地对待传统的观念。马克思主义观点和方法是一个航标，它时刻帮助人们判断传统观念中什么是腐朽、落后的观念，什么是积极、合理的观念。在面对传统观念的时候，对那些错误、落后的观念，我们要坚决地摒弃，而对那些积极、合理的观念，我们要采取批判继承的态度，使之能在实践中发挥它的作用。马克思主义的观点和方法不仅能教育人们辩证地看待传统观念，同时它还能教育人们辩证地看待外来的观念。处在不断发展之中的西藏，与外界的交流变得愈加频繁，各种各样的思想文化也随之传播进来。对传播进来的思想文化，我们不能不假思索全部地否定。外来观念中既存在对西藏发展有利的积极思想观念，同时也存在对西藏发展不利的有害思想观念。对待外来思想观念，我们首先要分清哪些是有利的哪些是有害的。那么，首先就需要立足于马克思主义观点和方法的教育才行。马克思主义的观点可以帮助我们总结外来观念中的几种情况，具有适合西藏区情的，具有不适合西藏区情的，再有就是根本腐朽有害的思想观点。我们要在这些观点中选择对西藏发展进步有用的观点，这样才能对西藏思想政治教育工作起到促进作用。

2. 党的理论、路线、经验教育

现阶段，中国共产党的基本理论是马克思列宁主义、毛泽东思想、邓小平理论、"三个代表"重要思想和科学发展观。在中国特色的社会主义建设当中，我们已经积累了很多宝贵经验，比如始终以邓小平理论为指导，推进理论创新。党的理论中蕴含着思想政治教育的思想，同时在思想政治教育中也蕴含着党的理论思想，这是思想政治教育的至高境界。党的理论、路线和经验教育之所以是思想政治教育的重要内容，是由中国共产党的性质和其带领中国广大人民走向幸福生活的伟大目标所决定的。开展思想政治教育的目的就是每个受教育者能够真正地了解中国共产党的理论、路线、经验，同时能够充分认识、理解这些经验对治国的重要意义，充分珍惜这些宝贵的经验，并能够根据党的正确理论和路线形成科学的认识。无论是个人还是国家，在党的基本理论、路线、经验的教育下，就会更加理性、更加自觉地去开拓、去进取，为我国社会主义现代化建设争取

---

① 参见陈万柏、张耀灿《思想政治教育学原理》，高等教育出版社2015年版，第179页。

时间和增添力量。

3. 基本国情和形势与政策教育

所谓基本国情,是指一国相对稳定的总体的客观实际情况,即那些对社会和经济发展起决定性作用的最基本的、最主要的发展因素和限制因素,它常常决定着该国长远发展的基本特点和大致轮廓。[①] 而形势是一定时期社会发展的状况和态势;政策是党和国家为实现一定时期的路线和任务而制定的行动准则。[②] 基本国情和形势与政策教育之间有着密切的联系。加强对基本国情和形势与政策的教育,使西藏人民对当前新形势有深刻的认识,才能更好地理解党的路线、方针、政策,才能完成党在社会主义建设和发展中的各项任务。对我国的具体国情和当前的实际形势要持有正确的态度,既不能骄傲自满也不能盲目悲观。改革开放以来,我国的经济实力迅速增强,国内和国际面临的形势总体上是好的。我国从人口大国向人均综合素质增长的大国转变,人口素质大大地提高。经济全球化的影响已渗透到我国的生产、流通、金融、能源以及各种服务业,越来越成为影响中国经济社会生活的一种特殊的力量。政策是实现党的路线的行为准则,也是出发点,我党的政策是始终坚持以经济建设为中心,通过发展来解决人民在生活中遇到的困难;发展中要注意避免经济和其他方面的冲突。

4. 诚信意识教育

诚实守信是做人的基本品质,无论是政治经济活动还是日常生活,真诚待人和恪守信义都是赢得人心、产生吸引力的必要前提条件。古人云:"仁、义、礼、智、信"乃人之五常,"信"是"五常"的重要组成部分。重视诚信、信守诺言一直是我们中华民族的传统美德。然而,随着社会经济的发展,生活变得富裕了,诚实守信却离我们越来越远。一些领域和一些地方道德失范,是非、善恶、美丑界限混淆,见利忘义、损公肥私时有发生,不讲信用、欺骗欺诈已经成为构建和谐社会的一大公害。

社会诚信是社会主义和谐社会的重要标志。为构建和谐稳定的西藏,我们必须要加强诚信教育。良好的诚信关系有助于形成良好的社会风气,建构健康、稳定、协调、有序的社会结构,从而能够推动社会的全面进

---

① 参见陈万柏、张耀灿《思想政治教育学原理》,高等教育出版社2015年版,第180页。
② 参见张耀灿、陈万柏《思想政治教育学原理》,高等教育出版社2011年版,第146页。

步,实现和谐社会的动态生成。在社会深刻变革、经济快速发展、文化相互激荡的今天,诚信危机在一定程度上已经影响到社会生活的方方面面,诚信缺失也已经成为构建和谐社会的瓶颈。欺诈违约、拖欠赖账、造假贩假、营私舞弊成了社会公害,不但屡禁不止,而且有蔓延的趋势。如此下去,构建和谐西藏的宏伟目标将难以实现。因此,只有把社会诚信铸造好了,人们才能在彼此信赖的基础上,同心同德地参与和谐西藏建设。

5. 爱国主义教育

爱国主义是千百年来中华民族团结奋斗的强大凝聚力,进行爱国主义教育是中华民族的优良传统。爱国主义是人们热爱祖国、忠于祖国的思想、情感和行为,是调节个人或群体与国家关系的基本道德规范。在西藏进行爱国主义教育,要以"知区情、明历史、反分裂、促稳定"主题教育活动为主要载体,重点开展以反对分裂、维护国家统一为主要内容的教育活动。首先,要认识到作为中华民族大家庭中重要成员的西藏各族人民,在抵御外来侵略、维护国家统一、反对民族分裂的斗争中,表现出了热爱祖国、临危不惧的英雄气概。维护国家统一和民族团结是我们义不容辞的神圣使命,要深刻认识达赖集团分裂中国的图谋,在反对分裂、维护国家统一这个重大原则问题上,必须始终做到认识不含糊、态度不暧昧、行动不动摇,必须始终站在反分裂斗争的前列,始终做到旗帜十分鲜明、立场十分坚定、行动十分自觉,做一个彻底的爱国主义者。其次,要培育强烈的民族自尊心、自信心和自豪感。民族自尊心、自信心和自豪感是民族精神之魂,是一个国家、一个民族赖以生存和发展并自立于世界民族之林的精神支柱,也是鼓舞人们自觉维护国家安全、国家利益的内在精神动力。民族自豪感、自尊心建立在爱祖国基础之上。爱祖国是指关心祖国前途命运和荣辱兴衰,并随时准备为祖国的事业而献身的一种崇高而炽烈的道德情感,这种情感是爱国主义的基础。西藏自古以来就是中国不可分割的一部分,维护国家统一和民族团结是我们每一个人的共同责任。认识到"团结稳定是福、分裂动乱是祸",用"短短几十年跨越上千年"翻天覆地的巨变教育西藏人民,使他们懂得西藏只有在中国共产党的领导下,在祖国大家庭里走中国特色社会主义道路,才有幸福的今天和更加美好的明天,从而增强他们的民族自尊心、自信心和自豪感,把报国之志化为参与建设和谐稳定新西藏的自觉行动。

6. 反分裂斗争教育

当前，西藏自治区经济持续发展、社会进步、边防巩固、民族团结、人民安居乐业，总体形势很好。但是，我们必须清醒地认识到，影响社会稳定的因素仍然存在，维护社会稳定工作还面临许多新情况和新问题。

自20世纪90年代以后，随着国际形势的变化，特别是在东欧剧变和苏联解体后，中国成了世界上仅存的社会主义大国，世界爱好和平的国家和人民以及国际共产主义运动寄希望于社会主义中国；中国政局稳定、经济高速发展，展示着中国特色社会主义的强大生命力。在西方反华势力看来，由于历史、社会、地理等方面的原因，西藏经济基础薄弱，发展落后于全国其他地区，是中国社会主义制度的薄弱环节；西藏地广人稀，交通不便，远离内地，是中国国家安全方面的薄弱环节；民族、宗教方面的特殊性，又是国家统一、民族团结方面的薄弱环节。在这种国际背景下，达赖分裂集团在世界反华势力的支持下将分裂活动不断升级，成为影响西藏社会局势稳定的主要因素。我国综合国力的不断增强，国际地位的日益提高，西藏形势越来越好，让达赖分裂集团倍感恐慌。达赖集团在西方反华势力的支持下，不断调整策略，变换手法，其分裂活动更具隐蔽性、欺骗性。一方面，达赖集团在境外以"和谈"骗术和"国际化"两手并用，游说国际社会，欺骗世界舆论，寻求西方反华势力的更多支持，企图巩固和拓展国际生存空间。另一方面，达赖分裂集团精心策划，把分裂活动引向境内，祸国殃民。在新形势下，西藏分裂与反分裂的斗争将更加尖锐复杂。

稳定压倒一切，只有稳定，才能发展。稳定最大的受益者是人民群众，不稳定，最终的受害者也是人民群众。我们不能在"地震"上搞建设。要保持西藏局势的稳定，就必须坚定不移地开展反分裂斗争；而要把反分裂斗争引向深入，达赖问题不能回避，也回避不了，因此必须深入揭批达赖集团分裂祖国的罪恶图谋，开展反分裂斗争教育。

7. 民族团结教育

西藏自治区是由以藏族为主，包括回族、门巴族、纳西族等少数民族和汉族等兄弟民族在内的多民族组成的少数民族聚居区，长期形成了各民族共同发展、共同繁荣、互相帮助、互相促进的良好民族关系。但是，当前的社会形势对民族团结良好局面产生了一定的影响。特别是2008年发生在西藏拉萨的"3·14"事件，对和谐稳定的社会造成了严重的负面影响，对西藏的民族团结工作也有一定的损害。因此，切实开展好西藏民族团结教育极其重要，将直接关系着西藏思想政治教育工作的成效。开展民族团结教育，第一，要坚决反对大民族主义、地方民族主义和狭隘民族主义。全国56个民族中，不管民族大小，一律实行民族平等，党的这种民族政策保护了我国少数民族的利益，促进了我国各民族的团结。要在全区中开展好民族团结教育，就必须使全区人民在思想层面和具体生活、工作、学习等方面切实体现各民族平等。第二，开展各种形式的民族团结教育活动。维护民族团结，是做好一切工作的基础。没有各民族的和谐稳定，就没有安定团结的政治局面。近年来，自治区党委、政府紧紧围绕西藏"百万农奴解放"纪念日、西藏民主改革50周年、中华人民共和国成立60周年、西藏和平解放60周年、中国共产党成立90周年等重大节庆，广泛开展民族团结教育和民族团结进步创建活动，各民族共同团结奋斗、共同繁荣发展的主题深入人心，各族人民和睦相处、和衷共济、和谐发展的局面不断巩固发展。同时，还通过持续深入地开展宣传教育活动，使"三个离不开"思想（"汉族离不开少数民族，少数民族离不开汉族，各少数民族之间也互相离不开"）家喻户晓、深入人心，营造了各民族间和睦相处的和谐氛围，使各族群众对共同团结奋斗、共同繁荣发展的认识更加深刻。第三，把民族团结教育融入各行各业当中。民族团结教育是思想政治教育工作的一项重要内容，要遵循思想政治教育工作与业务工作关系的基本原理，千万不能把民族团结教育与各行各业人们的日常生活、工作和学习割裂开来，脱离日常的生活、工作和学习而开展民族团结教育，容易使民族团结教育陷入空洞，影响教育效果的实效性。

8. 马克思主义"五观"教育

马克思主义"五观"是马克思主义关于国家、民族、历史、宗教、文化的总的观点和看法，其包括国家观、民族观、历史观、宗教观、文化观。进行马克思主义"五观"教育是西藏思想政治教育工作重要内容之一。全区思想政治工作会议指出：进行"五观"教育要紧密结合反分裂斗争的实际，揭批达赖利用民族、历史、宗教、文化等问题企图分裂祖国的图谋。这个基本要求不仅符合西藏的现状，也符合广大党员、干部、人民群众和青年学生的思想实际。

进行马克思主义国家观教育，就是要认清达赖集团分裂中国的图谋。自13世纪西藏成为中国元朝中央政府直接治理下的一个行政区域以来，西藏就一直置于中央政府的管辖之下。第十四世达赖及旧噶厦政府反动上层外逃之后，长期鼓吹所谓的"西藏独立""大藏区"等主张，破坏民族团结，制造动乱，妄图分裂中国，以求恢复自己在西藏已经失去的统治地位。通过开展马克思主义国家观教育，让广大社会群众看清达赖分裂集团企图分裂祖国的本质，让各族人民群众树立西藏是我国领土不可分割的一部分的正确认识，并自觉开展反分裂斗争。

进行马克思主义民族观教育，就是要正确认识和处理民族关系。几十年来，十四世达赖总是把自己打扮成藏民族的"代言人"，宣称自己的所作所为是"代表藏族广大人民的利益"。实际上，十四世达赖的所作所为从根本上破坏了包括藏族在内的西藏各族人民的利益，其是藏民族利益的最大破坏者。通过民族观教育，认清十四世达赖及其分裂集团破坏民族团结的本质，树立各民族兄弟谁也离不开谁的观念，反对狭隘的民族主义。

进行马克思主义历史观教育，就是要正确认识地域性的各族人民发展历史与中华民族整体发展历史的关系，铸牢中华民族共同体意识。中华民族是一个多元一体的大家庭，五千年的中华文明发展史，也是各民族交往交流交融的历史。千百年来，我国各族人民在长期的历史发展过程中，共同开发了祖国的锦绣江山、广袤疆域，共同创造了悠久的中国历史、灿烂的中华文化，最终形成你中有我、我中有你、多元融合的中华民族命运共同体。通过马克思主义历史观教育，能够清晰地看到西方敌对势力和达赖分裂集团炮制的"西藏独立"论调是帝国主义侵略中国的历史事实，能够深入揭批分裂势力妄想割裂藏族发展史与中华民族发展史血脉联系的不良企图。

进行马克思主义宗教观教育，就是要认清达赖集团利用宗教搞分裂的本质。藏传佛教在西藏历史上有着根深蒂固的影响，西藏信仰宗教的人口众多，这在一定程度上给达赖分裂集团提供了一个契机。达赖分裂集团抓住信教群众的心理，对他们进行心理煽动和挑拨离间。第十四世达赖经常利用举办法会，或利用到国际社会窜访讲经的机会，乘机鼓吹"西藏独立"的观点，利用"宗教领袖"的外衣，从事分裂祖国的可耻勾当。这不是对藏传佛教的弘扬，而是对宗教的践踏，对信教群众的欺骗。通过马克思主义宗教观的教育，能够使广大群众认清第十四世达赖是破坏藏传佛教建立正常秩序的最大障碍，并积极引导藏传佛教与社会主义相适应。

进行马克思主义文化观教育，就是要反对封建迷信，提倡科学。达赖分裂集团打着保护西藏民族文化的旗号，对我们党和政府在西藏实施的一些惠民文化政策进行诋毁，到处散布"西藏文化灭绝论""西藏文化倒退论"等错误的观点，企图通过文化挑拨民族关系，破坏西藏文化建设事业的发展。通过马克思主义文化观教育，让广大藏族人民树立科学的精神，坚持中国特色、西藏特点的社会主义文化的根本方向，做先进文化的创造者、传播者和实践者，把西藏传统特色文化发扬光大。

（二）和谐稳定视域下西藏思想政治教育的主要对象

思想政治教育的对象是在一定社会历史环境下生活的现实的、具体的人的思想、观点、立场。人是处在社会关系之中的人，其思想和行为是社会诸多因素共同作用的结果，是随着社会的发展变化而发展变化的。因此，探索分析思想政治教育对象，必须将其放在现实的社会关系中进行考察，对教育对象进行历史的科学的分析，否则思想政治教育就会陷入主观主义和盲目的境地。西藏思想政治教育对象的研究，必须要结合西藏的实际情况深刻地认识教育对象，全面地把握教育对象的特点、思想政治道德状况。因此，要做好西藏思想政治教育工作，就必须深刻、全面地认识西藏思想政治教育对象。

1. 西藏各级干部

（1）各级干部的思想政治状况。

在市场经济条件下，加强各级干部队伍的思想政治教育建设工作势在必行。在西藏政治、经济文化、发展的新形势下，西藏干部队伍的整体思想状况是好的。长期以来，各级领导干部自觉贯彻落实党的路线方针政策，政治立场坚定；贯彻落实科学发展观，坚持科学发展；各级领导干部坚持科学执政、民主执政和依法执政，执政能力和执政水平不断提高；大多数领导干部能够响应党的号召，把学习政治理论同经济发展结合起来，把改造客观世界同改造主观世界结合起来，把解放思想同加快地区的发展结合起来，把贯彻中央及自治区党委的方针政策同各地区的实际结合起来，与全区人民一起发扬"老西藏"精神，艰苦奋斗，战胜了社会发展前进道路上的种种困难，取得了辉煌的成就。但是，干部队伍中确实存在同新的形势和任务要求不相适应的状况，其中固然有知识水平参差不齐、业务能力不足的问题，而最为突出的表现却是不注意讲政治甚至忽视政治的问题，以致造成思想政治建设薄弱，思想政治素质下降。主要表现为以下四点。

第一，理论知识缺乏，学习不够深入。有的干部仅限于对政治理论知识只言片语的引用，缺乏用马克思主义理论指导实践的能力，照本宣科，断章取义，对当代中国马克思主义的认识不深、领会不透，甚至出现认识上的偏差。

第二，理想信念淡化，甚至产生信仰危机。个别党员干部口头上信仰马克思主义，实际上并不信仰，而是崇尚金钱和权利，思想境界并不十分高尚。在工作过程中有意无意地淡化理想信念，甚至错误地认为只有资本主义那一套才能发展经济，因而会产生政治方向把握不稳、经济决策欠稳妥等现象。

第三，全心全意为人民服务的宗旨意识淡薄。有的领导干部官架子大，工作方法简单，作风粗暴，严重脱离群众，令群众非常不满；有的领导干部善于搭花架子，做表面文章，欺上瞒下，影响恶劣；有的领导干部不坚持原则，好人主义盛行，遇到问题绕弯弯，睁只眼闭只眼，缺乏责任心和使命感。

第四，不能很好地继承和发扬党的优良传统，滋生了腐败现象。有的干部沉溺于吃喝玩乐，对工作采取应付态度，说的一套，做的却是另外一套，把群众的疾苦丢在一边，把群众的意见当成耳边风，用党和人民赋予的权力为自己谋取私利，离党和人民的要求越来越远。

当前干部队伍中，在思想政治上存在的这些问题虽然只是发生在少数人的身上，但却会严重妨碍党的路线方针政策在西藏的贯彻落实，损害党和政府在西藏广大人民群众中的形象，削弱党组织的凝聚力和战斗力，影响西藏经济建设的顺利进行。如果低估这些问题的危害性，任其蔓延下去，势必会造成极其严重的后果。因此，在构建和谐稳定西藏的大政方针的引导下，就要加强干部队伍的思想政治建设，不断提高党员干部的思想政治素质。

（2）进一步加强各级领导干部思想政治教育。

第一，加强政治理论知识的学习。理论坚定是政治坚定的基础，理论素质是党员干部思想政治素质的灵魂。显然，政治理论学习的范围很广，内容很多，而最重要的是学习马克思列宁主义、毛泽东思想、邓小平理论、"三个代表"重要思想和科学发展观等理论，并密切联系思想和工作实际，不断提高认识能力和理论水平，提升用马克思主义的立场、观点和方法去观察、分析、处理问题的能力。

第二，坚定正确的理想和信念，做到政治信仰不动摇。理想、信念是人的政治灵魂、精神支柱、精神动力。共产党人的根本政治信仰是社会主义和共产主义，世界观是辩证唯物主义和历史唯物主义，这是任何时候都不能动摇的。如果动摇了这些根本的东西，就会动摇根本的政治立场，就会偏离甚至迷失正确的政治方向。正确的理想、信念永远是共产党人立身做事的根本，必须坚定不移，千万动摇不得。

第三，努力实践全心全意为人民服务的宗旨，做人民的公仆。人民是历史的创造者，是推动社会主义事业发展的根本动力。共产党执政的实质是人民当家做主。共产党人全部工作的出发点和归宿是为人民谋利益，这是立党之本、执政之本。任何党员干部都要坚持全心全意为人民服务的宗旨，坚持"从群众中来，到群众中去"的群众路线，保持同群众的血肉联系，想群众之所想，急群众之所急，以群众赞成不赞成、高兴不高兴、拥护不拥护作为自己的行为准则，把党的宗旨贯彻到实际工作和其他一切活动中去，落实到群众中去，实现好、发展好、维护好群众的利益。

第四，努力实践讲政治的要求，做讲政治的楷模。共产党人任何时候都要讲政治。在政治方向、政治立场、政治观点、政治纪律、政治鉴别力、政治敏锐性等方面要做到高标准、严要求，在实践上认真切实体现，始终保持政治上的清醒与坚定，时刻注意自己的人生境界，自觉解决好世界观、人生观、价值观上的问题。党员干部要堂堂正正做人，认认真真做事，兢兢业业奉献，在各方面以身作则，要求别人做到的，自己首先做到；要求别人不做的，自己首先不做。

面对西藏发展的新形势，就更加迫切需要切实加强领导干部的思想政治建设，着力提高干部队伍的思想政治素质。只有这样才能巩固改革、发展和稳定的成果，经受得住考验，为西藏经济发展提供必不可少的政治保证和政治条件，更好地推动和谐稳定新西藏的建设。

2. 西藏青年学生

（1）西藏青年学生的思想特点、心理特征。

藏族青年学生思想政治教育是关系藏族学生健康成长和社会主义和谐社会建设成败的大事。特别是在当前构建和谐稳定西藏的背景下，对藏族青年学生的思想政治教育进行研究，是培养合格藏族大学生、促进民族融合、保持西藏社会稳定与经济发展的重要策略。

第一,藏族青年学生渴望成功的愿望与自卑感并存。藏族青年学生渴望进步、渴望成功的愿望非常强烈。在日常的工作、学习、生活中表现得特别突出,但由于西藏区内基础教育滞后,藏族学生的整体知识基础、知识结构与汉族学生相比有很大的差距,学业压力给那些基础较差的藏族大学生造成了一定的精神压力和心理负担。许多藏族大学生在努力勤奋学习后得不到自己所期望的成绩,便对学习产生恐惧,有较强的自卑感。

第二,藏族青年学生人际交往困难与孤独感并存。藏族青年学生比较热情好客,内心渴望广交朋友。但由于受生长环境的制约,他们与外界交往较少,人际关系单纯、面窄,总体来看,社会化程度还不够高。同时,由于藏族独特的语言、文化、习俗等方面与汉族学生存在一定的差异性,汉藏学生之间的交流不多,藏族青年学生表现出人际交往困难,普遍有较强的孤独感。

第三,藏族青年学生情绪不稳定、意志力薄弱。藏传佛教倡导人际关系的构建要建立在理解的基础上,因长期受宗教环境影响,藏族学生的人格特质表现出性情宽厚的一面。藏族群众的意识深处还受到本教的影响,本教所倡导的是积极、奋发向上。因而,藏族学生还具备奋发向上、永不后退、一无所惧的个性。这二者的冲突使情绪不稳定、意志力薄弱的性格特征在藏族大学生的身上表现得特别明显,他们的个人情绪容易受环境的影响而产生较大的起伏,遇到困难也容易放弃,缺乏持之以恒的精神。

(2)藏族青年学生思想政治教育的切入点。

第一,以学生为本,构建和谐的师生关系。在藏族大学生思想政治教育中,构建和谐师生关系具有重要的意义。在这个过程中必须注意以下几点:一是老师要深入学生群体,重点解决藏族大学生最关心、关系最密切的问题,如学生的学习、生活习惯、情感交流等方面的问题。投入真挚的感情,以真挚、真切的感情去感染藏族学生,激发他们的情感共鸣,提升他们的思想认识。二是对藏族学生的关怀必须是长期的、持续的。我们对藏族学生的思想政治教育不是为了一时的教育效果,而是日常在对藏族学生的关心、关怀和体贴中,使思想政治教育真正深入到藏族大学生之中,并内化为其坚定的信念,外化为其高尚的行为。

第二,开展各种形式的互帮互助。藏族青年学生大多数来自经济欠发达地区,来到内地高校之后又因生活习惯、适应能力、语言沟通障碍等因素,导致学习成绩普遍较差。针对这一实际情况,在学习方面就要对藏族青年学生们进行帮助，如成立一对一的帮扶小组，通过帮扶小组的努力，不但能够提高藏族学生的成绩，同时也能够增进学生之间的交流与了解。我们还可以加强对藏族学生其他方面的帮助，如语言的提高、心理的调试、心理的疏导等。必要的时候可以对藏族学生有一些适当的政策倾斜，以鼓励藏族青年学生，如各种评优、入党等。通过多种形式的帮扶，在提高藏族学生综合素质的同时，让他们克服因学习成绩较差而产生的自卑心理，真正使他们实现全面、健康地发展。

第三，进行多种形式的交流。针对藏族学生人际交往困难与孤独感较强的特点，我们可以对藏族学生进行多种形式的交流，可以开展单向的、双向的、互动式的交流；可以是一对一的单独的交流，也可以是集体式的交流；可以是师生式的也可以是朋友式的；可以是正式的，也可以是非正式的；可以是心理沙龙，也可以是上课式的交流。通过不同形式的交流，使藏族学生真正打开心扉，真正融入集体的大家庭中来，通过交流增进了解、消除隔阂，真正实现心灵的畅通。

3. 西藏宗教人士

对几乎是全民信教的西藏来说，寺庙的稳定是社会和谐发展的一个重要方面。对寺庙稳定起着决定性作用的就是寺庙里的宗教人士，我们所倡导的构建和谐稳定西藏，就需要对寺庙的宗教人士进行相关的培训教育，从思想上教育广大宗教人士积极引导宗教与社会主义相适应，以建设一支拥护社会主义、拥护党的领导，自觉反对民族分裂，维护民族团结、社会稳定、祖国统一的爱国宗教人士队伍为目标，认真组织，周密安排，讲究实效。

首先，调查研究，确定重点。针对已有的相关分析进行调研，确定以消除宗教人士对党的宗教政策的误解和澄清被民族分裂主义和宗教极端势力搞乱的思想认识为培训重点。其次，科学设置培训内容。针对宗教人士思想实际，聘请知名专家学者及有影响的宗教人士，以科学的态度确定培训内容和重点，合理设置课程，撰写针对性强的讲稿，为各地提供参考材料。再次，精心组织教学。在教学中，注意理论联系实际，阐明政策法律道理，联系对敌斗争和经济、社会发展现实展开教育，注重从感情道义上打动人，引起参训宗教人士的共鸣。综合运用授课、座谈、讨论、参观考察、观看有关录像的方法，增强培训效果，增进宗教人士对党的宗教政策的理解，增强对党和政府的信任，坚定他们与党和政府合作的立场和信心。最后，随时掌握宗教人士思想状况，解决仍存在的问题。自治区领导干部应多与这些宗教人士进行座谈，阐明党的有关政策，并采纳宗教人士反映的合理建议。

我们所做的教育工作就是要让所有的宗教人士对党的宗教政策有明确认识，明白依法管理宗教事务，以及宗教与社会主义社会相适应的真正意义，真正体会到党的宗教信仰自由政策。同时认识到，是共产党和社会主义废除了封建剥削和民族压迫制度，使各族人民当家做了主人，使西藏发生了翻天覆地的变化。认识到没有共产党就没有新中国，就没有西藏美好的现实和未来。只有共产党才能领导各族人民实现现代化，走向美好的明天。使宗教人士普遍能够自觉依法履行教务，带领群众从事正常的宗教活动，而且能用所学政策法律等有关内容，引导教育信教群众。此外，应当利用教义中的积极因素，批驳宗教极端势力散布的异端邪说，遏制宗教狂热，有力地配合自治区反对民族分裂主义和与宗教极端势力的斗争。

五、和谐稳定视域下优化西藏思想政治教育环境

人类的生存和发展离不开环境的作用，以人为对象的思想政治教育的开展同样是在一定的环境中形成和发展的，特别是社会环境在思想政治教育中具有重要的作用。因此，探索在构建和谐稳定西藏背景下的思想政治教育，必须研究当前西藏社会中各类环境对人们的思想政治品德的影响，以及研究思想政治教育环境的优化，以期促进思想政治教育的科学化和教育效果的实效性。

一般意义上的环境是指周围所存在的条件，其总是相对某一中心事物而言的。通常所说的环境是指围绕着人类的外部世界，环境是人类赖以生存和发展的物质条件的综合体。环境为人类的社会生产和生活提供了广泛的空间、丰富的资源和必要的条件，主要包括自然环境和社会环境两种。思想政治教育环境是指思想政治教育过程中，所要面对的外部客观存在。具体是指影响人的思想政治品德形成、发展和思想政治教育活动开展的一切外部因素。那些凡是与思想政治教育有关的并对其发生影响的外部因素，都是思想政治教育环境的内容。

思想政治教育环境是一种多层次、多侧面、多要素的复合结构，从不

同的角度可以把思想政治教育分为不同的类型。

根据作用范围、规模大小进行划分，可以把思想政治教育环境分为一般环境和特殊环境。一般环境，又称为宏观环境，是指从总体上影响和制约思想政治教育基本内容、基本方向的各种因素的总和，包括物质经济环境、政治法律环境、历史文化环境等。一般环境对思想政治教育影响范围最广、规模最大，并且层次最高。特殊环境，又称为微观环境或工作环境，是指某个特定地区或部门思想政治教育工作展开所面临的具体情况、具体因素的总和。这些因素对某项具体的思想政治教育工作存在直接或间接影响，如果忽视它的存在，就可能造成思想政治教育工作脱离实际，而走向形式主义，无法产生应有的成效。

根据环境的具体层次和具体范围的差异性和特殊性，我们可以把思想政治教育环境划分为社会环境、家庭环境、学校环境、社交环境等。根据环境内容的不同进行划分，可以把思想政治教育环境分为物质经济环境、政治法律环境、历史文化环境等。从构建西藏和谐稳定社会的角度出发，分析并深刻认识西藏思想政治教育的环境，可以为西藏和谐社会建设创造良好的环境氛围，从而进一步推进西藏社会主义事业的发展，促进西藏社会稳定和繁荣兴旺。

(一) 西藏思想政治教育环境分析

西藏所面临的思想政治教育环境和内地所面临的环境有很多的相似之处。如随着社会主义市场经济的深入发展，社会经济成分、分配方式、就业方式、生活方式、信息传播方式等日益多样化，以及多元化社会思潮对人们思想的冲击，这些都对现代西藏和内地的思想政治教育提出了严峻挑战。但是，在相似之中又存在着一定的差异性。可以说，西藏思想政治教育环境是我国整体思想政治教育环境普遍矛盾中所存在的特殊矛盾。西藏特殊的地理位置和社会文化、历史等方面的因素，决定了它所面临的外部环境具有其自身的特殊性，并且比内地要更加复杂，主要体现在以下四个方面。

1. 经济发展较为缓慢

经济环境是西藏思想政治教育所面临的最基本的环境。人的思维方式、思想观念都受到社会经济发展水平的制约，这也就直接决定和影响着思想政治教育的发展水平及活动方式。西藏的草地、森林、水能、矿产、地热等自然资源十分丰富，但地区整体海拔高，高原可以利用的土地资源少，这些自然环境也间接地对人的思想产生一定的影响。1994年第三次西藏工作座谈会结合西藏当时的实际发展水平和长远发展目标，提出了新时期西藏工作的指导方针。会议组织安排了62项援藏建设项目，涉及农业、水利、能源、交通、教育等经济社会发展的各个方面，确定了"分片负责、对口支援、定期轮换"的干部援藏办法。在此基础上，西藏逐渐缩小了与内地的差距，但是与全国其他地区相比差距仍然较大。如农牧民收入增长比较缓慢，城乡差距拉大；西藏城乡居民收入的差距幅度也在不断扩大；经济总量低；产业结构存在问题等。经济发展的不平衡对人们的思想产生很大的波动，而这一客观现实却正好给民族分裂势力提供了可乘之机。社会经济发展的不稳定，不但十分不利于民族团结，而且还将会制约西藏社会和谐稳定发展。因此，经济发展水平是影响西藏开展思想政治教育的一个重要因素。

2. 宗教色彩氛围浓厚

西藏的宗教主要由藏传佛教、本教、民间宗教三种类别构成，此外，还有伊斯兰教和天主教。目前，西藏自治区共有藏传佛教寺庙1 700多处，住寺僧尼约4.6万人；本教寺庙约88座，僧人3 000多人，活佛93人，信教群众13万人以上；清真寺4座，伊斯兰教信众3 000多人；天主教堂1座，教民700多人。① 由于受经济发展、特殊地理位置、历史形成条件等因素的影响，宗教在西藏社会的各个方面仍然具有不可忽视的影响。一方面，宗教影响到人们的服饰、饮食、文化等各个方面，并倡导人们要和平、与人为善、勤劳朴实，通过宗教的教义教规约束信教群众的行为，使其注重修来世。另一方面，宗教又有其消极因素，有部分群众笃信宗教，相信宗教能够解决一切问题。特别是以十四世达赖为首的分裂分子，利用信教群众对宗教的信仰进行分裂活动，欺骗广大人民群众，甚至联合境外反动宗教势力插手西藏的宗教活动，制造不同宗教间以及同种宗教不同教派之间矛盾。宗教对西藏人们的生活方式、价值观念以及民族心理都有不同层次的影响，这就导致宗教问题经常和民族问题交织在一起。因此，宗教氛围浓厚是西藏地区开展思想政治教育过程中存在的一个特殊

---

① 《西藏的宗教》，见人民网西藏频道（http://xz.people.com.cn/GB/138902/139219/139607/8407524.html）。

性因素。

3. 民俗文化别具特色

西藏各民族创造的民俗文化，共同构成了多元化的、斑斓多姿的西藏民俗文化。西藏民俗文化具有互融性特征和时代性特征。互融性特征表现在对外来文化的兼收并蓄、改造融合方面，以及区内各民族文化相互交流互融、宗教文化与世俗文化的交汇互融上；时代性特征主要源自于西藏长期生产、生活过程中，随着历史的不断推移而逐渐丰富起来的藏文化，表现在民俗文化的历史进步性和丰富性上。西藏这片广阔的高原地域，并非如人们所想象的那样是一片与世隔绝的孤岛，西藏文化（包括民俗文化）始终未失去自己的个性而成为独树一帜的高原文化。西藏各民族虽有各自相对独立的地理单元，但他们都共同生活于西藏高原这一地域范围，彼此之间交往的历史相当久远，政治、经济和文化方面的联系也十分紧密。宗教在传统西藏社会占据着重要地位，对西藏民俗文化也有着极为深刻的影响。繁多的宗教节日与仪式，以及日常信仰礼俗中的念经、祈祷、转经等活动，婚丧嫁娶中的种种礼俗，无不带有宗教的深深印迹。西藏现有的丰富的民俗文化，同样也表现了西藏各族人民坚忍不拔的奋进精神，以及刚毅、强悍的民族性格和诚信无私的道德原则，折射和展示出西藏各族人民的精神风貌。

4. 网络传媒环境

20 世纪 90 年代，互联网的出现标志着以计算机技术应用为核心的信息网络时代的到来。国际互联网的飞速发展，在很大程度上消除了时空的阻隔，把整个世界连为一体，并改变着人们尤其是青年学生群体学习、生活的模式，影响着当代青年学生的世界观、人生观、价值观。从西藏信息通信监管工作会上了解到，2016 年西藏电话用户数达到 331.6 万户，普及率为 102.7 部/百人；固定宽带接入互联网用户达到 38.3 万户，家庭普及率为 54.2%；移动互联网用户达到 174.3 万户。① 海量信息的传播，在一定程度上冲击着西藏薄弱的教育资源的同时，网络安全也面临着西方强势技术的冲击，此外，相对封闭的教育环境遭遇网络的开放性和信息的多元侵入性，这些都使西藏思想政治教育在网络时代受到了各种冲击。伴随

---

① 孙开远：《西藏移动互联网用户达 174.3 万户——电信业务同比增长 24.4%》，见中国西藏新闻网（http://www.xzzw.com/xw/201701/t20170120_1665438.html）。

网络信息化和互联网技术的高速发展,外来信息的受众在不断增加,从这一角度来看,日益扩大的未知信息和受这些信息影响的人民群众,将面临负面、失真、反动信息的影响,这种具有信息化和现代化的网络环境影响,对西藏思想政治教育环境的发展具有一定的威胁。因此,西藏思想政治教育环境也要考虑到网络传媒环境这一重要因素,注意其在思想政治教育过程中具有的积极因素和消极因素,辩证地看待它。

(二) 西藏现有环境对西藏思想政治教育产生的不良影响

长期以来,在西藏自治区党委和广大思想政治教育工作者积极工作和努力之下,西藏思想政治教育工作取得了显著成效,也积累了丰富有效的经验。总体来看,西藏的思想和精神面貌是积极向上的,但是仍然存在着一些对思想政治教育产生着不良影响的负面因素,制约着西藏思想政治教育工作的有效开展。

1. 经济、文化环境对西藏高校思想政治教育产生的不良影响

随着经济体制深刻变革,以及随之而产生的社会结构变动,利益格局发生了深刻的调整,致使社会各阶层人们的思想观念也产生了深刻变化。国内环境的变化,必然会给西藏思想政治教育带来深刻的影响。西藏自和平解放以来,经济、文化发展都取得了很大的成就,但是由于自然、历史、社会等多方面的条件限制,经济社会发展的基础还相对薄弱,自我发展能力也不足,与中东部地区仍然存在较大差距;西藏自治区区内经济发展不平衡,城乡差距现象依然存在。在这种情况下,别有用心的人便会利用经济发展的不平衡制造问题、动摇人心,并造成社会的动荡,致使那些辨别能力弱的人们在思想上产生了对中国特色社会主义的怀疑,对中国共产党执政能力的怀疑,对民族区域自治制度的怀疑,对国家支援西藏优惠政策的怀疑。

马克思在历史唯物主义中指出社会经济与政治之间存在的科学关系,通过经济基础决定上层建筑的辩证关系原理,能够清楚地认识到,经济发展上的不平衡必然会对人们的思想观念及文化发展产生一定的影响。在社会主义市场经济环境下,各民族之间在经济上的交往更加密切,促使不同民族在文化之间也会相互影响。在这种情况下,少数民族文化常会面临更大的压力,而在这种压力下,其传统文化意识也会更加强烈。与此同时,民族文化差异性突显,就会更加地突出民族意识,并可能会因此而滋生狭

隘的民族意识，将本民族利益置于其他民族利益之上，致使民族关系逐渐恶化，从而造成政治上的不稳定。这种民族意识在青年学生中表现得更为明显，高校大学生日常生活中因为小事而产生的摩擦，容易上升成民族矛盾，严重的甚至会引起校园内群体性事件，扰乱高校内正常的教学秩序。另外，高校思想政治教育工作者不当言论也容易激起矛盾，造成不同语言、不同文化、不同民族的学生不团结的局面。

2. 民族宗教对西藏思想政治教育产生的不良影响

宗教属于上层建筑的一部分，是文化的一种极为特殊的表现形式，往往受到经济发展水平的制约，并对经济社会具有很强的渗透性。西藏地区以藏传佛教为主要宗教，信教人数多且相对集中。基于此种特殊的社会现实情况，以十四世达赖为首的"藏独"分裂分子抓住信教群众的虔诚之心，企图实施"西藏独立"，其反动分裂言论蛊惑人心，严重影响着西藏开展思想政治教育的效果。特别是对西藏青年学生来说，由于正处在心理发展尚未成熟的阶段，缺乏对问题的理性思考和鉴别能力，以及他们的成长环境、历史、经济等多方面的原因，极易被分裂势力所蛊惑和拉拢。在西藏学校中，一些地区的大多数青年学生有宗教信仰，但不影响正常的生活和学习；然而，有极少部分的学生会在学校传教，宣传宗教思想意识，散发具有极端宗教思想的传单、音像制品等。对这部分信教的学生而言，他们的宗教信仰具有极大的盲目性、从众性。首先，他们对宗教的信仰往往受到家庭环境的影响，更多的是把宗教活动当作一种民族文化传统。但是他们的宗教知识却仍然贫乏，不了解我国宗教存在的长期性与复杂性，对宗教信仰的认识也十分模糊；其次，他们将学习、生活、就业过程中遇到的问题，以及产生的一些困惑或无法解释的事情，都习惯寄希望于宗教，作为一种情感寄托，认为信仰宗教就能够解释自己的困惑，也可以解决一切问题。

鉴于目前国内外大环境的影响，加上西藏自身存在的特殊性，各种非法宗教的传播对西藏的安全会造成很大的负面影响。甚至有些境内民族分裂势力利用宗教的非理性色彩，煽动民族仇恨，制造政治与社会不稳定，来达到分裂祖国的目的，严重影响我国正常的宗教活动，造成社会混乱和政治不稳定。

3. 民族分裂主义对西藏思想政治教育产生的不良影响

西藏思想政治教育往往受到民族分裂主义的负面影响。长期以来，民族分裂势力妄图把西藏从祖国分裂出去,在破坏民族团结的稳定局面之时,其目的是成立其所谓的"大藏区"。民族分裂势力产生于20世纪第三次民族主义浪潮,以制造民族分裂、破坏祖国统一为目的,是反对社会发展和人类进步的政治力量。西藏长期受到境内外民族分裂主义的破坏和渗透,民族分裂与反分裂的斗争从未间断过。在西藏,极少数境内民族分裂势力、西方敌对势力和境外民族分裂势力对西藏人民进行思想渗透,制约着西藏思想政治教育的健康发展。

近些年,西方敌对势力支持敌对分子以及西藏境内极少数民族分裂势力,企图对西藏人民群众进行意识形态的渗透,以实现其"和平演变"中国的丑恶目的。首先,他们利用青年学生思想单纯、辨别是非能力弱、缺少社会经验等特点,把高校作为其渗透和分裂中国的主要场所,高校大学生作为其试图渗透和影响的重点对象,妄图在高校秘密建立民族分裂势力组织从事非法活动。同时,他们还会通过拉拢、鼓动不明真相的学生参与分裂活动。其次,敌对势力和分裂势力还利用非法印刷出版的反动图书、期刊等传播分裂思想;与此同时,他们通过在我国周边国家建立转播台,利用电视、电台、网络进行宣传,甚至利用境外非法宗教组织机构和宗教人士直接入境进行渗透,对西藏的稳定形成潜在的威胁。

4. 网络传媒对西藏思想政治教育产生的不良影响

随着现代科技的发展,以互联网为代表的信息化浪潮出现,网络信息化成为时代的一个标签。在这样的社会背景下,网络传媒给思想政治教育工作提供了更为广阔的空间,同时也影响和改变着人们的学习、生活方式和思维习惯,给思想政治教育工作带来了不良的影响。尤其需要注意的是,随着网络化和信息化时代的到来,互联网媒介受众和网络信息传播数量也急速增加,这导致思想政治教育在很大程度上受到网络传媒中不实信息和负面信息的干扰,对西藏思想政治教育也产生了一些负面的影响。

网络传媒对西藏思想政治教育产生的不良影响,主要产生于高校青年学生群体之中。西藏地处祖国西南边陲,由于自然环境和交通等方面原因的制约,长期以来与内地高校的学术交流都比较少,知识更新相对较慢,因此不能及时了解相关专业前沿性的知识,教育理念也相对滞后。西藏高校这种相对比较封闭的教育环境,受到了现代网络传媒开放性的冲击。青年大学生虽然在学校接受的是无神论的教育,但是QQ、微博、微信等传播载体仍然会通过比较隐蔽的方式传播宗教相关信息,给西藏高校开展无神论教育造成了很大的影响。

此外，西方发达资本主义国家凭借网络优势向全世界宣传自己的价值观、意识形态、生活方式，在鼓吹西方多元化社会思潮和思想意识的同时，企图在世界范围内消灭多元化，使全世界都接受其利益集团的生活方式以及价值观。在这种国际局势下，各种力量都力图在互联网上争得一席之地，以大肆传播其主导意识，这就导致各种思潮随之而来，而民族分裂主义一直在西藏活动猖獗，想要寻找时机煽动民族仇恨，以破坏社会和谐稳定的局面。西方反华势力长期对西藏广大人民群众进行价值观的渗透，削弱中华民族传统文化和优秀道德传统在中国的影响，扰乱各民族人民的世界观、人生观、价值观，以颠覆以马克思主义为核心的社会主义主流意识形态在我国的重要地位，逐步实现其对我国"西化""分化""弱化"的目的。然而，这种负面思想意识在西藏社会的渗透和扩张具有隐蔽性和欺骗性，需要我们提高警惕。我们要开展切实可行的思想政治教育，让广大人民群众认清西方国家的本质，以防范西方敌对势力对我实施渗透破坏。

（三）优化西藏思想政治教育环境的对策

思想政治教育环境对人的思想品德的形成，以及对开展思想政治教育的影响是客观存在的，但人的主观能动性又能改变环境。所谓的优化西藏思想政治教育环境，事实上就是要发挥主观能动性，把对西藏思想政治教育起到积极促进作用的环境因素加以利用，把消极的环境因素通过一定的手段转化为具有积极作用的因素，从而达到顺利开展思想政治教育的目的。

第一，充分发挥西藏自治区党委在推进西藏社会思想政治教育的主体领导作用。西藏自治区党委是西藏社会建设和改造的主体领导力量，是西藏开展党的思想政治教育工作的领导力量。在西藏经济社会长足发展和长治久安的社会发展目标实现过程中，一方面，要建立和完善与西藏经济社会发展相配套的制度，协调各方面的利益，尽量减少利益调整带来的震荡，为思想政治教育的顺利开展创造一个良好稳定的社会环境；另一方面，应当制定相应的地方性法规、自治条例等，对思想政治教育诸要素加以规范和引导，为思想政治教育环境的优化提供制度保障。与此同时，西藏自治区党委要充分整合影响全区思想政治教育环境的诸要素，协调各子系统使之形成思想政治教育的合力，形成共同营造良好思想政治教育环境的氛围和合力。

　　第二，通过发展来推进西藏经济环境的优化。经济环境是西藏思想政治教育所面临的最基本的环境，人的思维方式、思想观念都会受到社会经济环境发展水平的制约。西藏和平解放、民主改革以来，特别是改革开放以来，西藏经济发展取得了巨大成就，但是仍然存在着经济发展不平衡、城乡发展不平衡、草场沙化荒漠化等问题。而这些问题是发展中的问题，也只有通过发展才能解决这些问题。没有发展，就没有各族人民生活水平的提高，也就没有各族群众的团结与社会的稳定和谐。发展的同时还要处理好改革、发展、稳定的关系，把改革的力度、发展的速度和社会可承受度统一起来。当前西藏最明显的区情是发展滞后，整体经济水平相对落后，以及基础设施不完善。中央连续召开的六次西藏工作座谈会，相继出台的一系列特殊优惠政策和措施，给西藏建设、开发、发展提供了前所未有的历史机遇，因此应该以科学发展观为指导，立足西藏的区情，紧抓各种有利条件，把保障和改善民生作为出发点和着力点，创新发展思路，使人民群众得到更多的实惠。另外，要用足用好国家对口援藏政策以及我国东部和东南沿海发达省份对外开放的经验，积极转变经济增长方式，调整经济结构，加强区内基础设施建设，重视生态环境保护，深化改革开放，健全西藏社会主义市场经济体制，增强各族人民市场经济发展理念，增强忧患意识、竞争意识、创新意识，使西藏丰富的水能、地热能、太阳能、风能等资源得到合理有效利用，统筹城乡发展，促进区域协调发展，尽快缩小与沿海和内地发达省区的差距。在此基础上，巩固民族团结，增强各民族人民群众的凝聚力和向心力，为西藏经济社会的长足发展和长治久安奠定基础，从而促进思想政治教育活动有效开展。

　　第三，加大宣传教育力度，营造良好的社会氛围。首先，营造良好的社会舆论氛围和社会风气。舆论氛围的好坏是社会环境优劣的标准，也是顺利开展思想政治教育的前提。以科学的理论武装人，以正确的舆论引导人，以高尚的精神塑造人，以优秀的作品鼓舞人，从而形成正确的舆论导向。良好的社会风气对社会发展具有积极的促进作用，对顺利开展思想政治教育也有很大的正面影响。树立良好的社会风气，直接关系到思想政治教育开展的效果。其次，坚持和落实党的民族宗教政策，加强民族团结教育。民族区域自治制度是我国的一项基本政治制度，也是我国处理民族问题的一项根本政策。随着社会的进步和发展，民族区域自治制度应该逐步得到完善和发展。再次，以科学发展观为指导，全面贯彻落实党的宗教信仰政策。应当依法加强对宗教事务的管理与规范，积极引导宗教与社会主义相适应，还要加强马克思主义民族观和党的民族政策、民族知识的宣传与教育，通过教育来增强各族群众对祖国的认同、对中国共产党的认同、对中华民族的认同、对中华文化的认同、对中国特色社会主义道路的认同。西藏自治区长期处于反分裂、反渗透的第一线，西藏也是民族分裂主义长期渗透的地方，西藏思想政治教育更是我国思想政治教育工作的前沿，积极开展民族团结教育，进行爱国主义教育，创造各民族之间相互交流的良好氛围，加强不同民族之间的沟通，使不同民族、不同地域的人们对中华民族多元一体的格局有更加深刻的理解，使各族人民自然而然形成交往、交流、交融的和谐局面。

思想政治教育环境是一个大的系统，还受到其他因素的影响，且影响环境的因素也不是一成不变的。因此，需要不断地关注新的时代背景下西藏出现的新情况、新问题，使西藏思想政治教育环境优化成为常态工作，从而在实现西藏和谐稳定的社会环境下，推进西藏思想政治教育工作的顺利开展。

（陈敦山，西藏民族大学马克思主义学院教授、硕士研究生导师；戴畅，西藏民族大学马克思主义学院讲师）

中篇 学校德育与和谐西藏

党的十六届四中全会第一次明确提出，共产党作为执政党，要"坚持最广泛最充分地调动一切积极因素，不断提高构建社会主义和谐社会的能力"。自此，在中国共产党的正确领导下，全国开始了社会主义和谐社会建设。构建社会主义和谐社会符合人民的根本利益，符合社会发展的客观规律，赢得了全社会的普遍赞誉和积极支持。近十年的和谐社会建设，使人民群众思想上期盼和谐，行动上力促和谐，和谐的观念不断深入人心，和谐的环境不断优化。

西藏属于我国西部边疆省区，在60多年前仍是一个比欧洲中世纪还要落后的政教合一的封建农奴制社会，广大藏族群众都深受剥削阶级的剥削和压迫。1959年，在中国共产党的领导下，西藏实行了伟大的民主改革，使藏族群众翻身得解放，从此开始了幸福生活。改革开放以来，西藏社会各项事业取得了辉煌的成就，西藏社会进步明显。特别是近十年来，在全国构建社会主义和谐社会的良好氛围里，在全国各地构建社会主义和谐社会的具体行动感召下，西藏全区干部群众也积极置身于建设和谐西藏事业当中。由于学校教育在和谐社会建设中的基础性作用，尤其是高校肩负着为社会主义新西藏培养合格建设者和可靠接班人的重任，在构建和谐社会方面的作用就尤为重要，应该积极发挥我党思想政治教育的优良传统。近年来，西藏和谐社会建设取得的可喜成绩，与高校卓有成效的思想政治教育密不可分。为了把构建西藏和谐社会这个重大任务长期深化，使之更加深入人心，更加成为每个社会成员的自觉行动，需要继续发挥高校思想政治教育工作的重大作用，为和谐西藏建设服务。在当前新形势下，西藏高校要针对当前学生的特点以及思想政治教育面临的严峻形势，积极探索高校思想政治教育的一般规律，分析西藏高校思想政治教育的特殊规律，发挥思想政治理论课的主渠道主阵地作用，创新思想政治教育方式的方法和载体，不断增强高校思想政治教育的针对性和实效性，为构建和谐西藏发挥积极作用。

更好发挥教师教书育人作用,推动西藏高校思想政治工作深入开展

侯衍社

2014年以来,习近平总书记先后考察北京大学、北京市海淀民族小学和北京师范大学并发表重要讲话,对大学生、小学生和教师都提出了殷切期望和明确要求。认真学习、深刻领会和切实贯彻习近平总书记的这些重要讲话精神,特别是他在北京师范大学与师生座谈时关于"四有"好教师的深刻论述,对我们更好发挥教师教书育人的重要作用,推进西藏高校思想政治工作的深入开展,具有重要意义。

一、认真学习领会习近平总书记一系列重要讲话精神,深刻把握其思想内涵和精神实质

2014年5月4日,习近平总书记在与北京大学师生座谈时发表了题为《青年要自觉践行社会主义核心价值观》的重要讲话,他十分强调在我国树立社会主义核心价值观的重要性。他指出,我国作为一个有着13亿多人口、56个民族的大国,确立反映全国各族人民共同认同的价值观"最大公约数",关乎国家前途命运,关乎人民幸福安康。他特别强调了青年树立和培育社会主义核心价值观的重要性,掌握了正确的世界观、人生观、价值观这把总钥匙,就能够对是非、正误、主次、真假、善恶、美丑做出正确判断和正确选择。围绕着如何践行社会主义核心价值观,他从理想信念、思想品德、知识能力、学风以及世界观、人生观、价值观等方面对大学生提出了明确要求,希望广大青年要在以下四个方面下功夫:一是要勤学,下得苦功夫,求得真学问;二是要修德,加强道德修养,注重道德实践;三是要明辨,善于明辨是非,善于决断选择;四是要笃实,扎扎实实干事,踏踏实实做人。从知行合一上下功夫,核心价值观才能内化为人们的精神追求,外化为人们的自觉行动。他殷切期望广大青年,要在

党的领导下,"勇做走在时代前列的奋进者、开拓者、奉献者,以执着的信念、优良的品德、丰富的知识、过硬的本领,同全国各族人民一道,担负起历史重任。"

2014年5月30日,习近平总书记在北京市海淀区民族小学考察工作时,做了《从小积极培育和践行社会主义核心价值观》为题的重要讲话。他强调,"我们倡导的富强、民主、文明、和谐,自由、平等、公正、法治,爱国、敬业、诚信、友善的社会主义核心价值观,体现了古圣先贤的思想,体现了仁人志士的夙愿,体现了革命先烈的理想,也寄托着各族人民对美好生活的向往。只要是中国人,就应该自觉培育和践行社会主义核心价值观。"适应少年儿童的年龄和特点,他明确提出了少年儿童培育和践行社会主义核心价值观的四点要求:一是记住要求,就是要把社会主义核心价值观的基本内容熟记熟背,让它们融化在心灵里、铭刻在脑海中。二是心中有榜样,就是要学习英雄人物、先进人物、美好事物,在学习中养成良好的思想品德追求。三是从小做起,就是要从自己做起、从身边做起、从小事做起,一点一滴积累,养成好思想、好品德。四是接受帮助,就是要听得进意见,受得了批评,在知错就改、越改越好的氛围中健康成长。习总书记强调:学校要把德育放在更加重要的位置,全面加强校风、师德建设,坚持教书育人,根据少年儿童特点和成长规律,循循善诱,春风化雨,努力做到每一堂课不仅传播知识,而且传授美德,每一次活动不仅健康身心,而且陶冶性情,让社会主义核心价值观的种子在学生们心中生根发芽。

2014年9月9日,习近平总书记在同北京师范大学师生代表座谈时做了题为《做党和人民满意的好老师》的重要讲话,他强调指出教师在实现"两个百年"目标、实现民族伟大复兴中国梦的历史进程中担负着特殊历史使命。他对全国教师提出了做"党和人民满意的好老师"的四条标准:一是要有理想信念,二是要有道德情操,三是要有扎实学识,四是要有仁爱之心。好的教师应该是"经师"和"人师"的有机统一,既要做具有扎实学识的"经师",更要做具有理想信念、有道德爱心的"人师"。他强调指出:"教师重要,就在于教师的工作是塑造灵魂、塑造生命、塑造人的工作。"他从为实现民族伟大复兴培养合格接班人的高度强调:今天的学生就是未来实现中华民族伟大复兴中国梦的主力军,广大教师就是打造这支中华民族"梦之队"的筑梦人。他希望全国广大教师把全部精力和满腔真情献给教育事业,在教书育人的工作中不断创造新业绩。

2014年9月28日至29日,习近平总书记在中央民族工作会议暨国务院第六次全国民族团结进步表彰大会上的重要讲话中强调:"加强中华民族大团结,长远和根本的是增强文化认同,建设各民族共有精神家园,积极培养中华民族共同体意识。"他着眼中华民族始终追求团结统一的奋斗史,深刻指出了加强中华民族大团结、构筑各民族共有精神家园的方向和路径,为我们做好民族工作提供了重要指导。

习近平总书记这一系列重要讲话,从关系到实现全国各族人民始终同心同德、团结奋进的高度,从维护国家统一和民族地区和谐稳定的高度,从实现中华民族伟大复兴中国梦的高度,强调一定要加强青少年的思想政治教育,特别是理想信念教育和思想品德教育,使之树立正确的世界观、人生观和价值观,把他们培养成为社会主义事业的合格建设者和可靠接班人。为此,就必须充分发挥好教师教书育人的主导作用。习近平总书记这一系列重要讲话精神对更好发挥教师在思想政治工作中的作用具有重要指导意义,对新阶段西藏高校深入开展好思想政治工作也具有重要指导意义。

二、当前西藏高校思想政治工作面临的主要困难和问题

西藏高校思想政治工作的主要对象是少数民族大学生。他们的政治意识、思想道德、心理状况和学习情况,他们的世界观、人生观、价值观,关系到学生稳定、学校稳定,关系到民族团结、国家稳定的长远大局。特别是境内外敌对势力千方百计地利用因历史原因所造成的少数民族地区与发达地区之间的差距,利用民族、宗教问题进行思想渗透和政治分化,给西藏高校思想政治工作带来了特殊困难和问题。近年来,达赖分裂集团加紧与我们争夺青少年,拉拢、腐蚀青少年特别是西藏高校大学生,致使西藏高校处于反分裂斗争的前沿阵地。正如习近平同志在庆祝西藏和平解放60周年大会上的讲话中所强调:"做好西藏工作,是深入贯彻落实科学发展观、全面建设小康社会的迫切需要,是实现可持续发展的迫切需要,是维护民族团结和社会稳定的迫切需要,是维护祖国统一和国家安全的迫切需要。加快西藏发展、维护西藏稳定,既是中央的战略部署和明确要求,

也是西藏各族干部群众的强烈愿望和共同责任。"① 做好西藏高校思想政治工作,对维护祖国统一和国家安全,维护西藏的和谐稳定,对加快西藏地区的跨越式发展,具有十分重要的作用,西藏高校思想政治教育工作者必须站在这样的高度,科学分析存在的问题,切实采取有效措施,以更加积极主动的姿态创造性地开展工作。

应当承认,西藏高校大学生思想政治状况的主流是好的,是积极的、健康的、向上的,是大有希望大有前途的。广大学生爱国、爱党、爱藏、爱校,对国家的未来、西藏地区的发展前景都十分关注、充满信心,他们整体上具有自强、创新、创业和成才的意识。同时,由于国内外复杂因素的影响,也有一部分大学生在政治觉悟、道德状况方面呈现出比较复杂的情况,在少部分大学生身上不同程度地存在着理想缺失、信念不坚定、价值取向扭曲、责任感不强、艰苦精神淡化、团结观念较差、心理素质欠佳等问题。陈敦山在《西藏高校思想政治教育理论与实践》一书中,具体分析了目前西藏高校思想政治工作面临的主要难题:第一,基础知识水平参差不齐,既导致学生学习上的困难,也影响到思想政治教育的效果。第二,部分学生受浓厚宗教氛围的影响,不同程度地存在着宗教信仰心理或宗教感情,对宗教的本质认识不清。第三,学生学习压力不大、动力不足、进取意识不强。第四,达赖分裂集团的分裂破坏活动,致使西藏不稳定因素增大,对思想政治工作直接形成挑战,增大了思想政治教育工作的难度。第五、思想政治教育工作队伍整体力量不足、素质不高。② 陈敦山的分析是比较全面中肯的。对这些问题,我们需要高度重视并有针对性地采取有效措施加以引导和解决。高峰、胡敏、金华等人认为,西藏高校大学生在政治认知方面的特点主要表现为:一是一致性与模糊性并存;二是稳定性与易变性并存;三是主动性与被动性并存;四是现实性与理想性并存。只有对西藏高校大学生政治认知的特点和规律有了正确把握,才能使马克思主义"五观两论"教育得以顺利开展,才能使大学生"四个认同"

---

① 习近平:《在庆祝西藏和平解放 60 周年大会上的讲话》,载《人民日报》2011 年 7 月 20 日第 2 版。

② 参见陈敦山《西藏高校思想政治教育理论与实践》,西藏人民出版社 2012 年版,第 12—17 页。

能力有效提高。①

应该指出，目前西藏高校在思想政治工作方面做了不少探索，取得了明显成效。比如西藏民族大学在开展思想政治教育方面，工作是很扎实的，成效也比较突出。2013年9月2日《西藏日报》以《西藏民族大学努力建构大学生思想政治教育工作大格局》为题对此作了长篇报道。文章指出：西藏民族大学面对新形势、新任务、新要求，紧跟时代步伐，进一步发扬优良传统，不断探索民族高校大学生思想政治教育工作的特殊规律，建立和完善长效机制，推动思想政治工作上水平、上层次，取得了显著成效。学校通过构建"坚持一个中心，抓好三支队伍，打造六个阵地"思想政治教育工作体系（坚持"一个中心"，凸显思想政治工作在育人工作中的核心地位；抓好思想政治理论课教师、班主任及政治辅导员、党团干部"三支队伍"，为思想政治教育人才工程提供了强有力的支撑；打造"六大阵地"，包括思想政治理论课主阵地以及民族团结进步教育、校园文化、社会实践、网络教育、心理健康教育等辅助阵地，形成思想政治教育工作的强大合力），狠抓大学生思想政治教育工作，为培养社会主义新西藏的合格建设者和可靠接班人这一育人工作目标的实现夯实了基础。

高峰、胡敏等老师撰写的长文《创新模式增强西藏高校思想政治教育针对性实效性》②，对加强西藏高校思想政治工作的针对性、实效性作了比较系统和颇有价值的探讨。文章比较系统地梳理了多年来西藏高校思想政治教育工作在内容上逐渐形成的"四个一"教育模式，即"一个抓手""一个切入点""一个核心""一个理念"。"一个抓手"，就是坚持以马克思主义国家观、民族观、历史观、宗教观、文化观，马克思主义唯物论和无神论的"五观两论"教育为抓手，增强大学生对祖国的认同、对中华民族的认同、对中华文化的认同、对中国特色社会主义道路的认同这"四个认同"的思想意识。"一个切入点"，就是坚持以民族团结进步教育为切入点，增强大学生维护民族团结，反分裂、反渗透的思想意识。"一个核心"，就是坚持以"老西藏精神"教育为核心，增强大学生树立

---

① 参见高峰、胡敏等《创新模式增强西藏高校思想政治教育针对性实效性》，载《西藏民族学院学报（哲学社会科学版）》2013年第34卷第6期。

② 参见高峰、胡敏等《创新模式增强西藏高校思想政治教育针对性实效性》，载《西藏民族学院学报（哲学社会科学版）》2013年第34卷第6期。

崇高理想信念，以艰苦奋斗精神为西藏社会发展建功立业的思想意识。"一个理念"，就是坚持以人为本的教育理念，培养广大学生增强自信、超越自我、塑造成熟健康人格。文章对西藏高校思想政治教育工作这一新模式的理论概括，十分有利于增强西藏高校思想政治教育的针对性、实效性。

由于面临着各种复杂的形势和特殊的任务，目前西藏高校思想政治教育工作在思路理念、体制机制、内容方法、条件保障以及队伍建设等方面都还存在着需要进一步加强和改进的方面。以下笔者仅从教师队伍这个维度，谈谈在新阶段加强西藏高校思想政治工作的一点浅见。

三、进一步强化教师在高校思想政治工作中的重要作用

习近平总书记在同北京师范大学师生代表座谈时强调，"四有"好教师是"经师"和"人师"的统一，是品行和学问的统一，是德与才的统一。从他的论述可以明确看出，他所强调的"四有"是有理想信念、有扎实学识、有道德情操、有仁爱之心。在这"四有"中，三个方面都明确指向了教师的政治思想和道德情操，也就是教师的"德"的方面，扎实学识其实也有道德意蕴在其中。习近平总书记关于好老师的论述，对深入开展西藏高校思想政治工作具有重要的指导意义。面对新形势新任务，高校教师特别是思想政治课老师，要努力做"经师"和"人师"的有机统一，按照习近平总书记要求，努力发挥好以下四方面的重要作用：以理想信念感召学生，以人格魅力感染学生，以扎实学识吸引学生，以仁爱之心塑造学生，通过自己扎扎实实的努力，为西藏高校思想政治工作的深入开展做出自己应有的贡献。

1. 以理想信念感召大学生，让核心价值观入脑入心

高校教师坚定理想信念，大学生才可能树立理想信念。作为教师，要客观评价中华人民共和国成立以来和改革开放以来我国取得的巨大历史成就，客观评价中国共产党成立以来带领全国各族人民取得的巨大历史成就，不断增强对中国特色社会主义理论、道路和制度的信心，坚定中国特色社会主义理想信念，做中国特色社会主义共同理想和中华民族伟大复兴中国梦的积极传播者。要积极倡导并践行"富强、民主、文明、和谐，自由、平等、公正、法治，爱国、敬业、诚信、友善"的社会主义核心价值观。特别是，西藏高校教师要结合西藏高校实际，坚持马克思主义国

家观、民族观、历史观、宗教观、文化观，积极开展唯物论和无神论教育，增强大学生对祖国的认同、对中华民族的认同、对中华文化的认同、对中国特色社会主义道路的认同。要围绕"建设团结、民主、富裕、文明、和谐的社会主义新西藏"这个宏伟目标，大力倡导"特别能吃苦、特别能战斗、特别能忍耐、特别能团结、特别能奉献"的"老西藏精神"，努力培养适合西藏经济社会发展需要的合格建设人才，为西藏的跨越式发展和长治久安贡献力量。

2. 以人格魅力感染大学生，引导他们把握好人生方向

师者，为师亦为范，学高为师，德高为范。教师的道德情操和人格魅力是成功教育的重要条件。毛泽东在烽火连天的战争年代还牢记着恩师徐特立60岁生日并且亲自写信祝贺他："你是我二十年前的先生，你现在仍然是我的先生，你将来必定还是我的先生。"就是因为徐老具有"革命第一，工作第一，他人第一"的政治理想、道德情操和人格魅力。习近平总书记指出，教师的职业特性决定了教师必须是道德高尚的人群。"做一个高尚的人、纯粹的人、脱离了低级趣味的人，应该是每一个老师的不懈追求和行为常态。"

西藏高校教师面对着来自藏区的大学生，更要注重自身的道德修养和言行举止。许多教师在日常教学和工作生活中率先垂范、以身作则，以高尚的道德情操赢得了广大学生的衷心拥护和爱戴，与民族大学生建立了深厚的友谊，大大促进了思想政治教育工作的开展，在引导和帮助学生把握好人生方向方面发挥了重要作用。

3. 以扎实学识吸引大学生，让他们领略知识和智慧的力量

学识是教师之基。扎实的知识功底、过硬的教学能力、科学的教学方法是老师的基本素质，也是吸引学生的硬实力。孔子的贤徒颜渊曾经对孔子如是评价："仰之弥高，钻之弥坚；瞻之在前，忽焉在后。夫子循循然善诱人，博我以文，约我以礼，欲罢不能。既竭吾才，如有所立卓尔。虽欲从之，末由也已。"这种高山仰止的仰慕之情正是学生对老师学识能力的高度肯定。

大学生的主要任务就是学习。思想政治理论课是科学的，具有科学系统内容和内在逻辑结构，必须以科学的态度对待它、学习它、研究它。思想政治理论课又具有意识形态性，讲授它需要科学的教学方法和较高的教学技巧，特别是在西藏高校，教师面临的情况较之一般高校更为复杂，因

此，对高校思想政治理论课教师的要求比一般高校的教师更高：既要具有广博的一般知识，又要具有精深的专业知识；既要掌握系统的科学理论体系，又要具有良好的教学方法和教学艺术，这样才能在开展教学过程中既让大学生学到科学知识，又学到分析问题的方法，既授人以鱼，又授人以渔；既让学生领略到科学理论的魅力，又领略到智慧的魅力，从而能够让学生对所学知识入脑入心，在"润物细无声"的过程中开展思想政治教育工作。教师在教学方法方面，要特别注意做好以下工作：一是增强课堂教学中教师和学生之间的良性互动，调动教和学两个方面的积极性。二是积极采用灵活多样的教育方式方法。一些老师的教学实践表明，选取一些大学生感兴趣的热点专题问题，如人生观问题、价值观问题、爱情观问题、成长成才问题等，会受到大学生热烈欢迎和积极配合。三是适当加大实践教学的分量，坚持理论教育和实践教育相结合。要进一步加强西藏大学生的实践教育，使他们对我国国情、民族地区实践，对我国当下正在深入进行的波澜壮阔的改革开放和现代化建设有较多较深的了解和认识，使他们在理论和实践的相互观照、相得益彰中提升自身的思想道德和知识水平。

4. 以仁爱之心塑造大学生，做他们的好朋友和贴心人

"仁者，爱人。"爱是教育的灵魂，没有爱就没有教育。思想政治理论课教师要坚持以人为本，注重人文关怀。一要坚持解决思想问题与解决实际问题相结合。开展思想政治工作要贴近实际、贴近生活、贴近学生，要注重摆事实、讲道理、办实事，坚持以理服人，以情感人，循循善诱地开展具有针对性的教育工作，积极服务于学生学习生活的各种正常需要。二要注重加强大学生心理健康教育。由于学习、生活、经济和情感等方面的压力，有的大学生出现了心理压力过大、急躁焦虑等问题，严重影响着他们的正常学习和生活。对此我们要积极采取措施，及时疏导学生情绪，最大限度地减轻他们的精神压力，以保障他们正常的学习和生活。同时，要未雨绸缪，针对大学生心理健康问题的特点和趋势，制定科学合理的大学生心理健康教育规划和措施，通过相关的沟通辅导、心理咨询、诊疗服务等方式方法，进行有效引导和疏导，不断增加他们的正能量，从而培育他们自尊自信、理性平和、积极向上的健康心态，把他们培养成为合格的建设者和可靠的接班人。

（侯衍社，中国人民大学马克思主义学院副院长、教授、博士生导师）

加强民族高校思想政治教育
促进西藏和谐稳定发展

李 丽

半个多世纪以来,在中国共产党的坚强领导下,西藏各族人民在祖国大家庭里从黑暗走向光明,从落后走向富裕,从专制走向民主,从封闭走向开放,迎来了历史上发展最好的时期,政通人和,百业俱兴,社会和谐稳定,社会建设取得了举世瞩目的辉煌成就。建设和谐西藏是造福西藏各族人民的伟大事业,而西藏高校的思想政治教育积极有效地推动着西藏的和谐稳定,是西藏和谐稳定发展的思想保障。

一、构建民族高校和谐校园,培养"和谐是福,动荡是祸"的理念

民族高校和谐校园的构建是西藏和谐社会建设的重要内容,校园的稳定建设也是西藏社会稳定的重要组成部分。扎实做好民族高校学生的思想政治工作,培养"和谐是福,动荡是祸"的理念,有助于推动西藏社会的和谐稳定建设。

(一)树立和谐发展观念,构建和谐校园

高等学校是培养高素质人才的重要基地。民族高校是党和国家为解决国内民族问题而建立的综合性普通高等院校,有效地提高了少数民族地区综合素质和文化水平,为国家培养了大量的少数民族干部,为民族团结事业做出了突出的贡献。民族高校大学生和谐发展观念的树立,是构建和谐校园的基础。在民族高校内,营造一个民主法制、公平公正、诚信友爱、充满活力、文明高雅、融洽祥和、团结奋进、学生健康成长的和谐校园环境,是培养民族地区合格建设者和接班人的本质要求。民族高校是各民族诸多青年精英的聚集地,是一个展现才华的平台,高校的思想政治教育就

是要引导这些充满青春活力、个性张扬、富有创造力的青年学生树立正确的世界观、人生观、价值观，培养其对伟大祖国的认同、对中华民族的认同、对中华文化的认同、对中国共产党的认同、对中国特色社会主义道路的认同。要构建和谐稳定的校园环境，必须牢固树立和谐发展观念，西藏高校的思想政治教育应该围绕学校的中心工作，以西藏的和谐稳定发展为依托，为学校的教学、科研、人才培养等营造和谐发展的氛围，为学生的身心健康成长提供支撑平台。

（二）培养民族团结理念，奠定和谐基础

民族高校是进行民族团结理念教育的主要阵地，各民族学生是民族团结教育的主要对象和接受者。因此，深入开展民族团结教育对建设和谐校园有着举足轻重的作用。首先，民族团结是社会主义民族关系的核心内容之一。中华民族生生不息，靠的就是各民族团结友爱、互助互敬。加强各民族学生交往交流交融，促进各民族团结，重在交心，将心比心，以心换心。相互尊重各民族的风俗民俗、生活习惯等，使各民族学生团结一心、亲如一家。其次，民族团结理念深入学生家庭。由于大多数学生来自比较偏远、教育比较落后的地区，而家庭对学生的影响是长期的、随时的、潜移默化式的。为了不让学校教育陷入"5＋2＝0"① 模式，把对学生的民族团结教育深入到学生家庭是非常重要的。学生在学校所受的现代化教育、科学文化知识教育以及道德法制教育等要能有效地影响到学生家庭，营造健康、和谐的家庭环境。每一个家庭这样的小单元融洽和谐了，就能促进当地的和谐稳定建设。

（三）加强和谐心理建设，促进身心健康发展

在和谐校园的构建过程中，社会心理的和谐是至关重要的。大学生个体的心理和谐是思想政治教育应该解决的一个重要问题，也是和谐校园建设的重要内容，同时为和谐社会的主流价值观的形成奠定基础。社会的和谐与社会每个成员的心理和谐有着密切的关系，心理和谐是构建和谐社会的基础。近年来，为了提高国民的整体素质，高校招生规模不断扩大，特

---

① "5"指学生在校5天接受正面教育；"2"指学生在双休日回到社会接触到消极、负面影响；"0"指正面教育与负面影响相抵消，导致教育结果为0。

别对民族地区的扩招,引发了部分社会问题,诸如,就业压力增大、社会竞争加强、民族地区与非民族地区受教育的基础不同,等等。这一系列问题引发了处于活跃期的青年大学生心理上的不和谐,严重影响了和谐校园建设,不利于良好的学习风气的形成,不利于学生的健康发展。因此,高校思想政治教育应该充分发挥其作用,积极教育、引导大学生解决类似问题,确保大学生身心健康,从而促进校园和谐发展。

二、加强民族高校思想政治教育,促进西藏和谐稳定发展

西藏自古以来就是我国不可分割的一部分,西藏社会的和谐稳定关系着国家的和谐发展。因此,西藏高校的思想政治教育肩负着为西藏现代化建设培养建设者和接班人的重要使命和责任,是西藏建设和谐稳定社会、维护长治久安的重要内容。由于西藏地理环境特殊,政治、经济、文化发展特殊,尤其是近年来,流亡国外的分裂主义势力不断对西藏进行思想文化渗透,特别是对有知识有文化的青年大学生的引诱和毒害愈演愈烈,与我们争夺接班人,这对西藏高校的思想政治教育提出了严峻的挑战。因此,西藏高校的思想政治教育在建设西藏和谐稳定社会方面有着举足轻重的作用。

(一)民族高校思想政治教育为西藏的和谐稳定发展提供了思想基础

由于生活环境不同,学生的价值观也不尽相同。有人追求金钱的获得,有人追求荣誉的光环,有人追求精神的享受,更有人追求不劳而获,每一种选择都有可能成为其终生奋斗的目标。高校的思想政治教育就是在尊重诸多不同价值选择的前提下,弘扬和谐社会的主导价值观,让其成为更多青年学生的价值追求,形成社会主流价值观,培育社会正能量。西藏社会的和谐稳定,需要青年大学生有正确的积极的价值观作为一种普遍的理想信念,为建设和谐西藏提供坚强的精神支柱。这种基本价值理念即是要坚持马克思主义世界观和方法论的指导作用,坚持集体主义、爱国主义、为人民服务、艰苦奋斗等思想的奠基作用,坚持社会主义核心价值观、社会主义新型道德的规范作用,坚持健全人格、创新意识、创新能力

的启发作用。西藏高校思想政治教育应当责无旁贷地担负起重任，以和谐稳定的社会主导价值观整合、引领不同的积极正确的价值观，为建设和谐稳定的社会主义新西藏提供思想基础。

（二）民族高校思想政治教育为建设西藏和谐社会奠定了政治基础

西藏社会的和谐稳定关系着国家的稳定发展。和谐社会是一个公平正义、民主法制、人民安居乐业的社会，这也是一个国家、一个社会的政治价值追求。和谐稳定的社会中，每个人应该具有公民意识，社会通过法制和政治体制来保证公民的政治权利。在西藏高校的思想政治教育中，特别注重培养青年大学生正确的政治价值观，通过思想政治教育课程、专题讲座以及辅导员、班主任的正确引导，不断传播正确的政治文化，坚决反对民族分裂的言行，使学生认清第十四世达赖是图谋西藏"独立"的分裂主义政治集团的总头子，是国际反华势力的忠实工具，是在西藏制造社会动乱的总根源，是阻挠藏传佛教建立正常秩序的最大障碍；通过各种积极的社会实践活动增强大学生爱国情感、政治参与的激情，增强对伟大祖国的认同感、对中国共产党的认同感、对民族团结的认同感，比如高校可把思想政治教育工作寓于丰富多彩的校园活动中，潜移默化，让每一个学生由衷地充满责任感、使命感，坚定政治信仰，逐步成长为具有公民意识的合格公民。西藏的和谐社会应该成为有权利义务意识的公民社会，高校为大学生培养公民意识提供了有利的平台，让他们进一步了解中国的民主法治，明确自身担负的维护祖国统一、民族团结的重任，从而为培养和谐稳定西藏社会的合格建设者和接班人打下良好的基础。

（三）民族高校思想政治教育为建设西藏和谐社会提供了人才储备

和谐西藏最终目标是维持西藏社会的长治久安、稳定发展、人民安居乐业，同时为社会主义建设培养全面发展的接班人。西藏高校的生源大多数来自于西藏偏远的农牧区，那里自然地理环境恶劣，经济条件落后，宗教影响深厚，家庭观念封闭传统，教育落后，师资匮乏，人民群众受教育程度普遍较低。通过国家政策扶持，目前西藏绝大多数孩子已经可以正常上学甚至接受高等教育，发挥自己的才能，为社会和谐稳定贡献力量。西藏高校的思想政治教育就是在吸纳和谐思想、尊重青年大学生个性化发展和坚持主导价值观的基础上，培养人的创新意识，实现人的全面发展。培养学生正确的世界观、人生观、价值观，培养其以爱国主义为核心的民族精神和以改革创新为核心的时代精神，培养正确的社会主义核心价值观，使学生形成强烈的使命感责任感，敢为天下先的创新精神和敢于追求真理的科学态度，并将自己的所学所悟应用于社会实践，为建设和谐稳定的社会主义新西藏出力。如今，随着越来越多的西藏大学生走向社会，高校思想政治教育的积极作用进一步得以彰显，一大批有着崇高理想、具备高尚的道德文化素养和坚定正确的政治信念的大学生，成了建设和谐稳定西藏的主力军，他们的和谐理念和精神将会伴随着他们的足迹传播到西藏社会的各个角落，推动西藏和谐稳定发展和繁荣昌盛。

（李丽，西藏民族大学马克思主义学院讲师，在读硕士研究生）

民族院校思想政治理论课教学改革的思路

崔海亮

我国是一个由 56 个民族组成的统一的多民族国家，少数民族大学生思想政治素质的状况直接关系着国家统一和民族团结，也关系着全面建成小康社会奋斗目标的实现和社会主义和谐社会的发展。民族院校的思想政治理论课教学对培养民族院校大学生树立坚定正确的政治方向发挥着主渠道的作用，对推进民族地区的马克思主义大众化、巩固马克思主义在意识形态领域的指导地位、维护民族团结与国家统一、保持民族地区的和谐发展和繁荣稳定，都具有重要的意义。2005 年，《中共中央宣传部、教育部关于进一步加强和改进高等学校思想政治理论课的意见》（简称《05 方案》）中明确指出："面对新的变化和情况，高等学校思想政治理论课教育教学还存在亟待解决的问题，学科建设基础比较薄弱，课程内容重复，教材质量参差不齐，教学方式方法比较单一，教学的针对性、实效性不强。"对民族院校的思想政治理论课教学来说，这些问题更加突出，特别是随着民族分裂势力的抬头和马克思主义理论学科建设的发展，民族院校的思想政治理论课教学越来越难以适应新形势的发展。因此，民族院校思想政治理论课教学改革势在必行。

一、民族院校思想政治理论课改革的必要性

（一）新形势的挑战

进入 21 世纪以来，民族院校思想政治理论课教学所面临的形势已经发生了很大变化，这些变化主要表现在以下两个方面。

1. 民族分裂势力猖獗

从 20 世纪 90 年代以来，在我国的新疆、西藏等地，国际恐怖势力、宗教极端势力和民族分裂势力活动猖獗，不断进行一些打、砸、抢、烧活动和民族分裂活动，极大地影响着民族地区的稳定与发展。进入 21 世纪

以来,"三股势力"的活动与国外反华势力相互勾结,在我国民族地区进行渗透、颠覆和分裂活动。2008年西藏拉萨发生了"3·14"暴力事件,2009年新疆乌鲁木齐发生了"7·5"暴力事件,2012年青海、四川、西藏等地发生了僧人自焚事件,2013年新疆鄯善"6·26"暴力恐怖事件和新疆和田"6·28"群体聚集闹事事件,这些都为我们敲响了警钟:民族地区反分裂、反渗透的形势十分严峻,民族地区维稳工作的任务十分艰巨。日益严峻的斗争形势对民族院校的思想政治理论宣传教育工作也是一个挑战。要应对这种挑战,就必须对民族院校的思想政治理论课教学进行改革。

2. 马克思主义理论一级学科的设立

2005年,国务院学位委员会决定成立马克思主义理论一级学科,下设马克思主义基本原理、马克思主义发展史、马克思主义中国化研究、国外马克思主义研究、思想政治教育这5个二级学科,2008年又增设了中国近现代史基本问题研究二级学科,共6个二级学科。"马克思主义理论一级学科一旦确立,其任务已经超越了原有的马克思主义理论与思想政治教育二级学科所涉范围,有了更广阔的发展空间,开始新的建设历程。"[①]徐维凡认为,要处理好马克思主义理论一级学科建设与思想政治理论课教学的关系,就必须认识到马克思主义理论一级学科建设的主要任务是为高校的思想政治理论课服务,为思想政治理论课提供学科支撑,要建立马克思主义理论一级学科与思想政治理论课之间的新型联系。"设立马克思主义理论学科的重要动因之一,就是为了把思想政治理论课作为马克思主义理论学科建设的重要方面,将其提高到学科的高度来加以建设。"[②]依托马克思主义理论一级学科,不断提高思想政治理论课的课程质量。设立马克思主义理论学科的另外一个原因,就是要把马克思主义理论作为一个整体来研究,突出马克思主义理论的整体性。这样的一个转变对民族院校的思想政治理论课教学来说也是一个挑战。目前,民族院校的部分思想政治理论课教师还没有马克思主义理论的学科意识,还是按照自己以往的知识

---

① 徐维凡:《关于马克思主义理论一级学科建设与思想政治理论课相互关系的思考》,载《思想理论教育导刊》2006年第11期。
② 韩振亮:《马克思主义理论学科建设和思想政治理论课建设中需要解决的两个问题》,载《思想理论教育导刊》2009年第2期。

体系和教学方法进行教学，已经远远不能适应新形势发展的需要。

（二）教学效果不理想

高校思想政治理论课的教学效果不理想是一个比较普遍的问题，因此，《05方案》中提出："在新的形势下，要认真总结经验，解决存在的问题，进一步加强和改进高等学校思想政治理论课教育教学，提高思想政治理论课的针对性和实效性。"对民族院校来说，这个问题更为突出，因为民族院校大学生理论基础比较差，而且又有着不同的宗教文化背景，在接受马克思主义理论方面有更大的难度。要想提高民族院校思想政治理论课的教学效果，就必须在教学方法、教学内容、教学形式等方面进行改革。

二、当今民族院校思想政治理论课教学存在的主要问题

（一）教学理念滞后

虽然"以人为本"的教学理念我们许多教师都知道，但这一理念并没有真正落实。教师在备课、上课的时候往往忽视了学生的主体地位，我们的课程设置、教学管理规定也没有充分地考虑到学生的心理需求和接受能力。我们的教师和学生管理人员是以一种居高临下的姿态来对待学生的，并没有把学生看作具有独立个性的、与教师地位平等的主体。因为学生的主体地位不突出，所以学生对课堂教学只能被动地接受，缺乏积极性与主动性，甚至对教学的内容会有抵制情绪，导致教学效果低下。在调侃"必修课选逃，选修课必逃"的同时，我们教师是不是也应该反思自己的教学理念？"思想政治理论课是高校思想政治教育的主阵地，必须把'以学生为本'的重要理念贯穿于教学的始终，体现于教学目标、教学内容、教学方法、考试考核等方面，尊重学生的主体地位，以增进高校思想政治理论课的实效性。"① 因此，我们必须树立尊重学生、理解学生、关心学生、引导学生的教学理念，注重教学过程，学生平等参与，教师积极引导，活跃课堂气氛，提高教学效果。

---

① 潘文兴：《民族地区高校思想政治理论课教学方法创新研究——以广西壮族自治区为例》（硕士学位论文），华中师范大学2011年。

另外，还要提倡以学生为中心的养成教育和自主、合作、探究、创新的教学理念，充分发挥学生的主动性与创造性，使每一个学生都能得到全面而充分的发展。

（二）教学管理不严

教学管理制度是保证教学效果的一个重要方面。虽然每个民族院校都有自己比较完善的教学管理制度，但是在实际教学中，并不能严格按照管理制度来落实。有些思想政治理论课教师上课没有教案，不能很好地组织课堂教学，考勤不严格，学生迟到、早退、旷课等现象不能有效遏制，甚至个别学生一学期只上几次课。正常课堂教学的课时都不能保证，教学的效果可想而知。另外，目前多数民族院校对思想政治理论课的考核不严格，一再降低考核标准也导致教学效果不理想。由于平时课堂教学环节没有抓落实，许多基本理论学生都没有掌握，加上民族院校学生基础本来就差，为了保证学生的及格率，不影响学生毕业，在期末考核的时候，多数民族院校的公共理论课都采用开卷考试的形式，并且考试内容尽可能简单。考试不及格的学生还可以多次补考、重修。结果是虽然绝大多数学生都能通过考试，但实际上，他们并没有掌握多少知识。对学生过分的纵容迁就，使许多学生思想上不重视思想政治理论课学习，从而导致课堂出勤率低、教学效果差的恶性循环。

（三）教学方法单一

由于教学理念的滞后、教学技术和教学设备的落后，目前民族院校的思想政治理论课的教学主要采用课堂讲授的方法，以理论灌输为主，教学方法过于单一。实践教学是思想政治理论课教学的一个重要方面，也是提高教学实效性的重要途径，但是经费、组织管理等方面的原因，思想政治理论课的实践教学难以开展。校园文化建设是思想政治理论课教学的辅助部分，是全面育人不可缺少的重要方面，是展现教育理念、学校特色的重要平台。良好的校园文化能以鲜明正确的导向指引、鼓舞学生，以内在的力量凝聚、激励学生，以独特的氛围影响、规范学生。大力加强大学校园文化建设，对形成良好的校风、教风与学风，增强德育工作的针对性和实效性，引导大学生树立正确的社会主义荣辱观都具有十分重要的意义。民族院校在校园文化建设方面有更多的教学资源可以利用，某些民族院校的校园文化建设也很有特色和成效，但是目前在拓展校园文化建设的领域、创新校园文化建设的方法等方面，仍然存在很大的探索研究空间。

（四）人才队伍匮乏

民族院校的思想政治理论课教师不仅承担着全校公共理论课的教学任务，还承担着马克思主义理论学科建设的任务。2005年设立马克思主义理论一级学科以来，各高校都在加强学科建设，马克思主义理论专业的人才非常缺乏。民族院校由于自身条件的限制，在引进人才方面缺少优势，很难引进所需要的人才。"从教师队伍这个层面来说，今后几年，要全面实现中央提出的思想政治理论课教学状况明显改善的目标，关键在教师，但目前瓶颈也在教师。无论数量上、素质上，当然还有教学科研组织上，都与大学生思想政治教育的形势和任务不相适应。"①对民族院校来说，不仅思想政治理论课教师的素质有待提高，而且教师队伍的数量也极度缺乏，这个问题不解决，改善教学效果、推进学科建设、提高科研势力和竞争力都是空谈。因此，我们必须紧紧抓住教师队伍建设这个关键环节和决定因素，把教师队伍建设作为思想政治理论课教学和学科建设的重中之重。

（五）学科建设乏力

2005年，国务院决定成立马克思主义理论一级学科，其重要目的就是为了把马克思主义作为一个整体来理解，以学科建设带动科研、教研与教学，为思想政治理论课的发展提供学科支撑。从目前民族院校的情况来看，许多教师传统的观念还没改变，只有课程意识和专业意识，而没有明确的学科归属意识和学科建设观念。另外，由于人才队伍的缺乏，许多思政课教师承担着十分繁重的教学任务，即使他们具有学科建设的观念，也没有过多的精力从事教研与科研。目前，绝大多数民族院校的学科建设都是力不从心，难以推进。近几年，其他高校马克思主义理论学科建设发展都非常快，新设了许多马克思主义理论一级学科的硕士点和博士点，与这

---

① 韩振亮：《马克思主义理论学科建设和思想政治理论课建设中需要解决的两个问题》，载《思想理论教育导刊》2009年第2期。

些兄弟院校相比，民族院校的学科建设已经远远落在后面。如果民族院校在学科建设方面不能采取有效措施来加快发展，不仅思想政治理论课的教学水平难以提高，而且还将逐渐被边缘化，甚至会失去与其他高校科研交流与对话的平台。

三、如何有效推进民族院校的思想政治理论课教学改革

（一）教学目标的明确

2004年中央"16号文件"指出，大学生思想政治教育的主要任务有四个方面：一是以理想信念教育为核心，使大学生确立在中国共产党领导下走中国特色社会主义道路、实现中华民族伟大复兴的共同理想和坚定信念，使他们中的先进分子树立共产主义的远大理想，确立马克思主义的坚定信念。二是以爱国主义教育为重点，深入进行弘扬和培育民族精神教育。三是以基本道德规范为基础，深入进行公民道德教育。四是以大学生全面发展为目标，深入进行素质教育，促进大学生思想道德素质、科学文化素质和健康素质协调发展。

对民族院校的思想政治理论课教学来说，除了以上四个教学目标之外，还应该结合民族地区"三股势力"猖狂的严峻形势，牢牢把握反分裂、反渗透教育这条主线，加强马克思主义国家观、民族观、宗教观、文化观教育，树立"汉族离不开少数民族，少数民族也离不开汉族"的观念，巩固马克思主义在意识形态领域的指导地位，坚决维护民族团结与国家统一。

（二）教育资源的整合

教育资源指的是人类在长期的文明进化和教育实践中所创造积累的教育知识、教育经验、教育技能、教育制度、教育品牌、教育理念、教育设施以及教育领域内外人际关系的总和。随着信息化的发展，教育资源与网络平台相结合，打破了时间与地域的限制，实现了网络共享。目前已经建立了中国教育资源网、中华教育资源网、教育资源库、上海教育资源库等网站，为教育的发展提供了丰富的教育资源。

民族院校具有十分丰富的地方特色教育资源。主要包括美丽的自然风光、独特的地方历史文化和风土人情、时代风貌中的地域精神以及反映这

些精神的历史遗迹、文物、博物馆、纪念馆、展览馆、烈士陵园和杰出人物等。开发这些地方特色教育资源，有利于丰富思想政治理论课程的教学内容，拓宽实践教学的空间，丰富和改进思想政治理论课的教学方式方法，提高大学生研究性学习的能力。① 这些特色教学资源贴近民族地区实际，对民族地区高校学生具有较强的亲切感并易于被学生接受，有利于对学生进行爱国主义教育和公民道德教育。用好这些教育资源，可以大大提高民族院校思想政治理论课的教学效果。因此，可以考虑建立民族院校教育资源网，实现资源共享，不仅能加强民族院校之间的交流，还可以提高思想政治课的实效性。

（三）教学方法的创新

随着新形势的发展，以往的以灌输为主的单一的课堂讲授方法必须改变，应该结合教学实际，积极吸收一切有利于提高民族院校思想政治课教学实效性的方法。

第一，要实现教学方法和方式的多样化。要注重多种教学方法的综合运用，根据教学实际的需要，可以灵活地采用课堂讨论、主题演讲、调查研究、自主合作学习等多种方法。积极探索情景教学、模拟教学、案例教学、电化教学、多媒体教学、网络教学、实验教学等教学方式，充分利用多媒体的教学手段，增强思想政治理论课教学的直观性、生动性和感染力。

第二，积极开展实践教学，不断拓展实践教学的领域。实践教学是思想政治理论课的一个非常重要的方面，也是提高大学生思想觉悟和认识水平的一个有效途径。要认真组织大学生参加军政训练、社会调查、生产劳动、志愿服务、公益活动、勤工助学等多种实践活动，这些活动可以提高大学生的思想觉悟和认识问题解决问题的能力，增强学生的历史责任感和使命感，培养学生的爱国主义精神和艰苦奋斗精神，从而获得思想政治理论课课堂教学所不能替代的教学效果。

第三，加强校园文化建设，为思想政治课教学营造良好的育人氛围。良好的校园文化可以培育、激励学生形成积极向上的精神风貌，有利于培

---

① 参见韦国友《论地方特色教育资源在高校思想政治理论课建设中的作用》，载《南宁师范高等专科学校学报》2007年第24卷第4期。

养学生良好的行为规范与生活方式，形成良好的校风、教风与学风，提高教学的效果。

（四）师资水平的提高

提高高等学校思想政治理论课教育教学质量和水平，关键在教师。师资队伍建设是民族院校思想政治理论课教学和学科建设的关键。目前，民族院校师资队伍建设存在两个突出问题。一方面，教师的知识结构有待完善，教学科研能力有待提高；另一方面，优秀中青年学术带头人缺乏，特别是缺少既具渊博学识，又有教学热情的学术骨干。如前文所说，民族院校由于自身条件的限制，在引进人才方面缺少吸引力，那么解决师资队伍问题就应该立足于自身。各民族院校应该利用对口支援高校的优势和国家的优惠政策，加大对本校教师进一步深造的支持力度，给本校教师提供更多的脱产进修、攻读学位、会议交流、课程培训、访学的机会，尽快提高师资队伍的水平。

（五）学科建设的配合

马克思主义理论一级学科设立后，学科建设也成为民族院校思想政治理论课教学所面临的一个重要任务，有力地推动着思想政治课教学水平的提高。不仅如此，学科建设的水平已经成为衡量高校思想政治理论课综合实力的一个最重要的指标，直接关系着高校思想政治理论课教学单位在学术交流中的地位和影响力。目前，民族院校的马克思主义理论学科建设已经落后，而且逐渐被边缘化，逐渐被排除到马克思主义理论学术话语体系之外。在日益严峻的形势下，民族院校的思想政治理论课教师一定要有危机意识，要树立明确的学科归属意识，提高自己的科研能力，以科研带动教学水平的提高和教学效果的改善。民族院校思想政治理论课的主管领导一定要高度重视学科建设，千方百计引进人才，不断提高科研水平，努力增加学术积淀，尽快审批马克思主义理论的硕士点和博士点。有了学科建设的有力配合，才能提高思想政治课的教学水平和教学效果，也才可能和其他高校进行平等地交流，才能使思想政治理论课有广阔的发展空间。

总之，当今民族院校的思想政治理论课教学面临十分严峻的形势，民族院校必须增强危机意识与使命感，不断推进教学改革，加快学科建设。在教学改革与学科建设的相互配合下，才能提高民族院校思想政治理论课教学的针对性和实效性，才能实现教学目标，从而为民族地区的和谐稳定与繁荣发展发挥更大的作用。

（崔海亮，延安大学马克思主义学院副教授）

以正确的人生价值观引导大学生服务于和谐社会构建

曹水群

和谐,指的是矛盾双方相辅相成、相反相成、互助合作、互利互惠、互促互补、共同发展的一种关系状态。这种关系既包括人与人的关系、人与社会的关系,也包括人与自然的关系。和谐社会关系形成的前提条件是:每个人在为人处事时,必须遵循"己欲立而立人,己欲达而达人"的原则。也就是说,自己求生存的同时,不能危及他人、社会、自然的生存;自己求发展的同时,也要给他人、社会、自然留下发展的空间,最终达到双赢甚至共赢的状态。

人生价值观是一个人行为的"指挥棒"。一个人怎么样看待"人的价值",直接决定着他将以什么样的方式度过自己的一生,将以怎样的态度对待他人、自然和社会。人与人、人与社会、人与自然的关系是否能够和谐,关键在于人们拥有什么样的人生价值观,他的人生价值观是否有益于和谐社会关系的形成。大学生是未来社会建设的主力军,构建和谐社会关键在他们。大学阶段是一个人人生价值观形成的关键时期。从这个意义上说,探讨和谐社会需要构建什么样的"人的价值"理论,我们应以什么样的人生价值观引导和教育大学生,使其树立有益于和谐社会构建的人生价值观,是非常必要和重要的。

"人的价值"到底是什么?对这个问题的看法,学界主流的观点是:把人的价值分为两个方面,一是人作为价值关系的客体,因其言行满足了他人或社会的需要而有价值,这种价值称作人的社会价值;二是人作为主体,因他人的言行或社会的举措满足了自己的某种需要,这种满足对作为主体的人是有价值的,这种价值称作人的自我价值。关于人的自我价值和社会价值的关系,为了避免重视其中一个而忽视另一个,从而导致形而上学的片面错误,持这种观点的学者强调自我价值和社会价值的统一。也就是说,一个人的价值,取决于两方面:一是自己能否给社会带来益处;二是社会能否给自己带来益处。这样的观点看起来是体现了"人人为我、我为人人"的公平、和谐理念，但还是有问题。比如，既然人的价值是由自我价值和社会价值两部分组成，那么，当社会价值一定时，一个人向社会索取越多，自我价值越大，他的人生是否就更有价值？如果这个答案是肯定的，势必加剧自私自利、重视索取、轻视奉献之社会风气。此观点的另外一个缺陷是：若他人的言行或社会的举措满足了主体的某种需要，按照价值的定义来说，这只是体现了他人或社会对这个主体的价值，是他人或社会的价值表现，我们又怎么能称之为主体的"自我价值"呢？这在逻辑上是完全讲不通的。

很显然，现有的、处于主流的"人的价值"理论体系有着比较明显的缺陷和不足，所以，对旧的理论进行发展和完善，构建一种新的、更完善的人生价值理论体系，就不仅仅是理论创新的需要，更是构建和谐社会的迫切要求。

一、关于"人的价值"的重新界定

价值是反映主、客体关系的关系性范畴。事物是否有价值以及价值的大小，取决于它能否满足主体需要以及满足主体需要的程度。从这个意义上来说，个人的价值，取决于他能否满足主体需要以及满足主体需要的程度。这个主体，可以是个人、群体（集体），也可以是社会。也就是说，一个人有没有价值，取决于他的思想、言语、精神、行动能否给个人、群体（集体）、社会带来益处，或满足个人、群体（集体）、社会的物质需要或精神需要。学界把这种关于"人的价值"的观点称为"效用论"或"客体论"。

有学者认为，人不同于一般的物，一般的物只能作为客体，作为人认识或改造的对象而存在。而人不同，人在社会关系当中，既可以作为实践的客体，也可以作为认识活动和改造活动的主体。关于"人的价值"的"客体论"似乎只强调了个人作为价值关系的客体存在，而否定了个人作为价值关系的主体存在（这也是此理论被称为"客体论"的原因），所以，是有缺陷的。

其实，以上理论被称为"效用论"还可以理解，但被称为"客体论"却不是很恰当。因为，"个人的价值，取决于他能否满足主体需要以及满足主体需要的程度。"在这个概念界定中，其实隐含着人在社会中的双重角色，即：价值主体和价值客体，或自己的需要被满足，或满足别人需要。人是社会的人，人在社会物质资料的生产、生活活动中总是紧密地联系在一起并相互作用着。在复杂的社会价值关系中，个人既可以是价值关系的主体，也可以是价值关系的客体。如：张三的言行因为满足了李四的需要而体现出自身的价值，在这个价值关系中，张三是价值关系的客体，李四是价值关系的主体。反过来，李四也会因为自己的言行满足了张三的需要而体现出自身的价值，在这一价值关系中，李四是价值关系的客体，而张三又成为价值关系的主体。所以，从整个社会、整个人类群体的角度来看，价值"效用论"并没有否定人在价值关系中的主体性。

一个人在判断一件事情要不要去做的时候，一般情况是：首先判断此事对自身有没有价值和意义，而不是看此事对别人有没有价值和意义。也就是说，大多数人在选择"要不要去做""要用多大的气力去做"的时候，往往是先看此事对自身有没有价值，有什么价值，有多大价值。对自身有价值或价值大，就用大的气力去做；对自身没价值或价值小，就不做或用小的气力去做。一个人若因为自己的言行而获得精神上或物质上的满足，那么，这个人既是价值关系中的主体，也是价值关系中的客体。此时，价值主体与价值客体是一体的。

综上所述，"个人的价值，取决于他能否满足主体需要以及满足主体需要的程度"，这个主体，包括自己和他人。可以用一个简单的等式表达这个意思，即：个人的价值 = 自己需要被满足的程度 + 他人需要被满足的程度。在这个等式中，若需要被满足，就是正价值；若需要被损害，就是负价值。如果一个人的言行在满足自身需要的同时，而损害了他人的利益，那么，正价值和负价值相互抵消的结果是，此人的人生价值会大打折扣。损害他人的程度越深，损害的对象越多，人生的负价值就越大。说到这里，有些人可能会说："如果一个人掏钱帮助了穷人，穷人的需要得到满足了，但此人的利益损害了。按照以上等式，那么此人的人生价值不也大打折扣了吗？"事实不是这样的。如前文所述，一个人之所以能自愿做一件事，就是因为此事对自身有正价值，或满足物质上的需要，或满足精神上的需要。你在掏钱帮助穷人时，物质上看起来是受损失了，但精神上却得到了满足，或得到了"赠人玫瑰，手有余香"的满足感，或得到了社会成员对自己的赞誉和肯定。所以，"掏钱帮助穷人"的行为带来了双重的正价值：既满足了自己的需要，又满足了别人的需要。这种"既利己，又利人"的行为，创建的是"双赢"的人际关系，是和谐社会构建的基础。

有些人可能会提出这种疑问："如果一个人的言行仅仅满足了他人的需要，而对满足自己的需要来说，没有任何意义。按照以上等式，此人的价值只包含满足别人需要的部分，满足自己需要的价值部分为零，这对个人的价值总量评价来说，不是有损害吗？若真的有损害，我们怎么还提倡'毫不利己，专门利人'的精神呢？"对此疑问，笔者的回答是：首先，如果一件事情对自身没有任何精神上或物质上的意义，那么人们就不会去做。所以，以上的假设是不存在的。其次，那些看起来"毫不利己，专门利人"的人，其实也是满足了自己的"私利"的，这种"私利"就是"追求自己的信仰，实现自己的理想"，是一种精神上的满足。

按照以上论述，一件事情，即使对他人有价值，但如果对自身没有任何价值或意义，人们是不会自愿去做的。但你不愿去做，并不等于你就不去做。也许因为外界的压力，你最终被逼无奈去做了。在这种情况下，该如何评价你的人生价值？笔者以为，评价一个人的价值，应注重结果。不管行为是否出于自愿，只要结果能在一定程度上满足主体需要，那么，此行为就是有价值的。

综上所述，个人的价值在于：通过自己的言行，满足主体（包括自己和他人）的需要。满足需要的程度越高，人生价值越大，反之越小。

二、对"人的价值"相关问题的探讨

（一）对需要的界定

人的需要是复杂的，甚至有些需要是相互冲突的。在这种情况下，应怎么样评价人的价值？

有些人喜欢看血腥的杀人场面，而你满足了他的需要杀了人，这是否说明你的人生很有价值？供奉在日本靖国神社里的14个二战甲级战犯，对虔诚祭拜他们的人来说，这些战犯是"民族英雄"，而对遭受过日本侵略的受害国来说，这些战犯就是"杀人恶魔"。那么，面对如此复杂的需要，我们应该怎样评价人的价值？标准只有一个，即：此处的需要一定是合理、合法、正当、健康和人道的，不损害人民大众的根本利益，符合历史发展客观规律，符合世界发展潮流，符合人们求真、向善、爱美的天性。一个人若能满足主体的以上需要，那么，他的人生就有价值，否则，就没有。

（二）不能以人创造的价值来衡量人的价值

人创造的价值有大有小，人的价值能以人创造价值的大小来衡量吗？按照马克思主义的观点，价值是凝结在商品中的抽象劳动。也就是说，一个商品，其中凝结的抽象劳动越多，商品的价值越大。一个人的劳动生产率越高，他在单位时间内创造的价值总量就越大；一个人的劳动复杂程度越高，其在单位时间内创造的价值总量也会越大。如果以一个人创造的价值总量来衡量社会成员的人生价值，虽对那些贡献大的人有激励作用，对其他的社会成员也有一定的导向作用，但此种价值判断对社会的良性运转来说不利。比如，一个农民，一辈子兢兢业业地种庄稼，他生产的粮食很有限，那么，他的人生和袁隆平比起来，是否就一文不值了呢？一个身患重症的人，他和疾病做斗争，既花费了很多社会医疗资源，因为身体的原因，为社会创造的价值又极其有限，这是否说明，他的人生价值就很微小呢？

如果以人创造的价值量的大小来衡量人生价值，其弊起码有二：一是过分重视物质，忽视了精神，助长社会的物化倾向。我们可以说袁隆平创造的价值远远大于平凡的老农民，但不能说袁隆平的人生价值大于老农民。老农民创造的价值小，但其任劳任怨的品格、积极的生活态度、踏实不浮躁的人生精神对社会来说，也在默默地传递着另一种正能量。身患重症的人已经没有能力为社会创造物质价值了，但其热爱生活、珍惜生命、与挫折顽强抗争的精神也为社会传递着精神上的正能量。二是助长社会的短视化、功利化倾向。比如，一个长期默默无闻从事科学研究的人，他日复一日、年复一年地实验、推理，再实验、再推理，可谓殚精竭虑、呕心沥血，但仍无重大发现、发明或创造，既没有主持过任何重大项目，也没有发表相关的高质量学术论文，这是否可以说明，他的人生价值很小？如果是肯定回答的话，那么，还有谁愿意长期一如既往、踏踏实实坐下来，做一些对人类有重大意义却不能在短期内取得研究成果的科学探索呢？

（三）若能满足更多人的需要，则此人的价值更大

一个人的言行，对有些人来说可能很有价值，而对另外一些人来说，可能毫无意义。如果个人的言行，可以满足更多人的需要，那么，这个人的价值就相应更大一些。反之，如果一个人的言行损害了更多人的利益，那么，他的人生价值就更小。

当一件事情对部分人有益，而对另外一部分人有害时，那么，这件事情该不该干呢？抉择的原则应该是：当受益人数多于受害人数时，此事就可干，反之，罢手。如：一个人大吃大喝、奢侈浪费，极大地满足了自己对物质的需求和虚荣心，但同时又浪费了社会的大量资源，损害了其他社会成员的利益。那么，如前文所述，他的人生价值＝正价值1（满足了一个人的需要，正价值只有一个）＋负价值1＋负价值2＋负价值3＋…（伤害了很多社会成员的利益，所以负价值很多），此人的人生价值评价结果可想而知。又如：一个造纸厂厂长，他既为社会创造价值和使用价值，又能满足自己的需要，这些都属于人生正价值，看起来是两全其美。但，如果他未能有效保护环境，肆意砍伐林木，肆意排污，危害了周边居民的居住环境和身体健康，那么，此厂长的人生价值＝正价值1＋正价值2＋正价值3＋…（满足自己和他人需要而呈现出的正价值）＋负价值1＋负价值2＋负价值3＋…（损害社会成员利益而呈现出的负价值）。

（四）一个人有无价值、有多大价值的影响因素有四个

人和一般的物不同。一般的物只能充当价值关系中的客体，而人在价值关系中，既可以以客体的身份存在，又可以以主体的身份存在。之所以如此，是因为人是有意识的，有主观能动性，能在意识的指导下认识和改造社会。人既然和一般的物有根本的区别，那么，关于"人的价值"界定和"物的价值"界定就应该有区别。"物的价值"以能否满足主体需要以及满足主体需要的程度为标准，它看重的是物的属性、结构是否和主体的需要相契合以及契合的程度。作为社会主体的"人的价值"应该界定为"是否有意愿、有行动、有能力满足主体需要以及满足主体需要的程度"。所以，一个人有无价值、有多大价值关键要看对以下四个问题的回答，即：有无满足主体需要的意愿？有无满足主体需要的行动？有无满足主体需要的能力？自己的言行对满足主体的需要来说是否产生了实际的积

极作用？对以上问题的回答，只要有一个是肯定的，那就说明人生是有价值的。肯定的回答越多，说明人生越有价值。

（五）"人的价值"中的人指的是"现实的人"

有人设想这样一种情境：有这样一个人，他和其他社会成员没有任何的言语和思想的交流，他生产，但生产的目的只是为了自己消费，既没有同他人免费分享自己的产品，也没有发生与其他生产者交换产品的行为，也就是说，此人没有与任何其他社会成员发生社会关系，也就没有满足他人需要的任何机会，那么，这个人的价值如何判断？对此疑问，答案有两个方面：首先，社会是由"现实的人"构成的。所谓"现实的人"，就是处于一定的现实的社会关系之中，从事一定的物质生产实践、社会政治实践和文化实践的人，而不是处在某种虚幻的离群索居和固定不变状态中的人。① 即使存在着一个脱离社会关系的非"现实的人"，他也不是我们研究的对象。其次，即使存在着这样的人，他虽然没有与他人有言语、思想和产品的交流、分享和交换，但他在日常活动中总要与大自然发生关系，而这种关系对他人总是有直接或间接、正向或负向的影响，或者是满足了他人的需求，或者是损害了他人的利益。所以，他的人生价值仍然取决于满足自身需要和他人需要的程度。

（六）判断一个人的价值，要坚持唯物辩证法

一是要坚持唯物主义，做到客观，实事求是，一切从实际出发。不仅要看到他的所思所想，更要看到他的所作所为，不掩饰、不隐瞒、不夸大。二是要坚持辩证法，用全面、发展、联系的眼光看待他的人生价值。既要看到他的过去，也要看到他的现在和未来；既要看到他的前半生，也要看到他的后半生；既要看到他对主体物质上的意义，也要看到他给予主体精神上的满足；既要看到他的意愿、行动和能力，也要看到其行动对主体的实际影响；既要看到他的言行对所处时代的影响力，也要预见到其对未来社会的影响。

---

① 《马克思主义与社会科学方法论》编写组：《马克思主义与社会科学方法论》，高等教育出版社2013年版，第57页。

三、小结

一个人怎么样看待"人的价值",直接决定着他将以什么样的方式度过自己的一生,将以怎样的态度对待他人、自然和社会,将对社会产生积极的意义还是消极的影响。所以,追问"人的价值"到底是什么,构建科学合理的"人的价值"理论体系,并用之引导和教育大学生,这对和谐社会关系的形成来说是非常必要和重要的。

个人的价值,取决于他能否满足主体需要以及满足主体需要的程度。这个主体,包括自己和他人。满足的主体越多,满足需要的程度越大,人的价值就越大。一个人在满足自己需要的同时,不能伤害他人的利益。否则,人生价值就大打折扣甚至变成负价值。用两句话概括"人的价值"之真谛,即:利他又利己,人生有意义;为己也为他,幸福大家。大学生作为未来社会建设的主力军,如果都能自觉地用这种价值观来规划自己的人生、约束自己的行为,那么,和谐社会构建就不会成为一句空话。

(曹水群,西藏民族大学马克思主义学院教授、硕士研究生导师)

儒家理想人格对当代大学生理想人格塑造的启示

胡 敏

理想人格也叫人生境界，是指人们一生所追求的自我完善的目标。牟宗三先生认为："在中国文化大动脉中，终极关心的问题就是教人如何真正成为一个人，如何成就一个完美人格"。① 在中国传统文化尤其是儒家文化中，有许多关于理想人格的论述，其代表人物孔子和孟子的思想里包含的其设计出的理想人格模式，影响和造就了中华民族无数志士仁人，也造就出了中华民族灿烂的民族文化和独特的人文精神。儒家文化的核心观念表现在"仁、义、礼、智、信"的道德思想上，这种道德思想的实质就是一种理想人格，它所推崇的仁爱、正义、责任、进取、智慧、诚信等人格特征，也是当代中国在构建和谐社会进程中对培养合格大学生和建设者所需要的理想人格的要求，不仅有利于培养学生健康人格和良好心理素质，形成正确的人生观、价值观，帮助他们构建适应现代社会发展所需要的理想人格，成就一个身心健康、社会适应良好的健康的社会人，而且对实现社会和谐也具有十分重要的意义。

一、儒家理想人格的基本内涵及心理表现

理想人格是人的理性化的个性特征与精神品格，是表征人格发展最佳状态的主体性范畴，其基本内涵是指为一个社会中的人们所普遍推崇和肯定，反映民族文化精神和理想，并由国家倡导和推广的人格模式，是一定社会或阶级的道德要求和理想的结晶，具有很强的时代性和阶级性。儒家理想人格的实质是一种道德型理想人格，其核心内容包括"仁、义、礼、

---

① 牟宗三：《中国文化的省察——牟宗三讲演录》，台湾联经出版事业公司1983年版，第103页。

智、信"五个方面。

(一)"仁"——人际关系和谐的准则

仁,就是仁爱、善良、宽容。作为中国传统文化中理想人格的第一个特征,"仁"是最基本的思想,是个体人格的内在意识。孔子视仁德为理想人格。孔子说:"人者,仁也"。所谓"仁",就是"己欲立而立人,己欲达而达人",强调"己所不欲,勿施于人",要求每个人都要做到洁身自好,既要相互亲善、关怀、支持,又要相互谅解、妥协与克制。"己所不欲,勿施于人"就是在人际交往中要讲究宽厚、忠恕,提倡站在他人的立场上来想问题。把"仁者爱人"作为自己与他人关系的准则,强调人与人之间要多一些理解和尊重,多一些关爱与宽容。在这里,仁的对象很广泛,包括爱社会、爱家庭、爱朋友、爱事业和爱自然,超越了血亲之爱,达到了"仁者以天地万物为一体"和"泛爱众"的境界。这样的"仁"对社会、对他人怀有很深的认同、同情与爱,真诚地帮助别人就像帮助自己的家人一样,对他人也能像宽容自己和家人一样,做到"老吾老以及人之老,幼吾幼以及人之幼",与人为善,先人后己,推己及人,将心比心,从而以奉献社会、热心公益为荣。作为儒家理想人格的第一个特征,"仁"是现代社会人际交往中很重要的一条原则,符合心理素质培养的要求,也是心理健康的人应具备的条件。这种仁爱和谐正是现代社会以实现社会和谐、共同发展为目的的和谐社会的理想状态。

(二)"义"与"礼"——内外和谐的规范条件

遵守秩序、适当约束自我,是儒家理想人格的第二个特征。如果说"仁"是儒家文化中社会行为的思想内容,那么"礼"与"义"则是"仁"的外部表现方式,是外在的社会制约;儒家视"仁、义、礼"于一体的君子为大丈夫,其为人高风亮节、光明磊落、耿介纯洁。要达到人际关系和谐,就应当在人与社会关系中,自觉用"礼"与"义"来约束自己的言行。

"义"就是做事光明磊落、堂堂正正、公平公正。义是善和美、合理与应当的化身。"义者,宜也",就是讲人的行为要与一定的社会准则相适宜,所以孔子提出"君子之仕也,行其义也""义以为质",提倡"行义以达其道""君子喻于义,小人喻于利"。作为判断是非善恶的基本价值规范,"义"是人们立身处世的根本。在今天的社会生活中,守义就表现在,对待他人的关系要重情义,追求人间道义,做人正直公道;对待国家和社会的关系要提倡维护社会整体利益,主张"天下为先""急公义而轻私利"等,提倡对全社会共同利益和国家利益的高度负责;在社会发展方面,提倡弘扬正气、正能量、正思维,坚持培养社会成员的社会责任感、坚强意志和进取精神,维护社会公平和正义。

"礼",就是规矩。传统文化中的"礼",主要表现为人的尊重态度及自制行为方式——"非礼勿视、非礼勿听、非礼勿言、非礼勿动",所谓"礼者,德之基也"。在个人具体的行为规范上表现为人的一种修养,如发自内心的谦让、礼貌、尊重、欣赏、赞美等品格,于整个社会当中就是应遵守的礼节、礼仪、礼貌以及待人处事之道。通过"礼",一方面使自己遵守一定的文化规范,与他人和社会保持一致;另一方面,在"义"与"礼"的实践中"明理知耻",修养身心,使内心达到和谐。

(三)"智"与"信"——理想人格实现的途径与方法

理想人格是一个统一整体,五大内涵之间都有着密不可分的联系,相互补充,互为支撑,在相互作用中最终达至整合。要实现理想人生的状态,除了内部内容和外部表现形式以外,实现理想人格的方法和途径就是"智"与"信"。

"智",就是明辨是非,其道德内涵表现为智慧、机敏、聪明、知道遵道、知己知人、慎言慎行、好学知过、量力而行、居安思危等。"智"是一种人生智慧,在达到理想人格的方法上,孔子强调立志(志于道、志于学)、博学(切问、近思、广博)、审问、慎思(敏于事、慎于言)、笃行(言忠信、行笃敬),同时特别强调内自省,随时反省自己的过失,以达到"仰不愧于天,俯不怍于人"的境界。当今社会,我们应该赋予"智"更多时代的新内涵,以开创出能够为整个社会充满创造和进取动力、促进人与社会不断进步与发展为目的的"智",大力提倡勤于学习、善于思考的品德,大力提倡科学理性、务实行动的品德,大力提倡追求真理、善于创新的品德,以整个社会充满创造活力和进取动力、人与社会不断进步为目标。

"信",就是信任、信用、诚信,是人之为人的根本所在。从心理健康的角度来说,诚实守信是一种人格特质,是把诚信作为善良人性的基本要求，是对人的本性的价值的肯定。诚信行为也是尊重客观事实、真实不做假的行为。诚信被儒家称为"进德修业之本""立人之道"和"立政之基"。孔子讲"人而无信，不知其可"，并把"信"提到了"民无信不立"，以至去兵、去食、宁死必信的高度。作为领导者，作为政府，作为个人，都要以信取得社会和他人的信任，对内真诚不自欺，对外要言行一致，表里如一，身体力行，不狂妄，不欺诈等，这样才能自信、处世端正。诚信者对事先认为不好的事情坚决不做以保持良心的纯洁，并且敢于正视现实，用自己的理智使自己去做应当做的事情，让世间多一份真诚、和谐和温暖。而个人的人格就在这种实践与追求中升华，受到无数人的推崇与效仿。今天我们讲信，应该在社会中大力提倡做人诚实守信，大力提倡符合市场经济需要的契约信用，大力提倡人们的责任意识、敬业精神，大力提倡建设现代信用社会。

二、儒家理想人格对当代大学生人格塑造的启示

大学生是社会发展的储备力量，儒家理想人格中的积极因素是促进当代大学生全面发展的丰富营养。在传承传统文化理想人格合理成分中塑造理想人格，培养健康的心理素质，符合国家和社会发展对培养人才的要求。大学生理想人格的塑造就是培养其在激烈的竞争氛围中面对挫折和奋发进取的意志力量，培养自强不息、积极有为、奋发向上的进取精神，培养尚和持中的和谐观念以及和谐良好的人际关系，培养注重整体利益、把实现人的社会价值作为人生最重要目标的建设者和接班人。我们在对大学生理想人格的培养中，除了要汲取优秀传统文化中理想人格的合理成分外，还应注入时代发展的新内容，培养反应时代精神并服务于时代发展的新的品质。

（一）自强不息、积极有为、奋发向上的进取精神

儒家的人生观是积极进取的，充满强烈的现实态度和实用理性精神。儒家文化中坚持和倡导的热心救世、百折不回、进而不止的积极入世观是一种重要的思想观念，对大学生形成"天下兴亡，匹夫有责"的社会责任感具有十分重要的影响，它贯穿整个中华民族历史文化发展过程，激励着中华民族不断进取，从而推动了民族的发展和前进。这种民族发展的精

神动力就是"自强不息""积极有为""奋发向上"的奋斗精神。之所以对当今社会还具有借鉴和传承的价值，就在于它强调发挥人的主观能动性，强调依靠自己的力量，顽强拼搏，在于它是一种积极有为的进取精神，能使人居安思危，艰险不惧，胜不骄，败不馁，锐意进取，永不满足，永不停步。当代大学生在建设和谐社会的进程中，面对全球科学技术迅猛发展和综合国力激烈竞争，面对世界范围内各种思想文化的相互激荡，就需要具有敢于向世界科技高峰挑战的雄心壮志，需要树立远大的理想，需要胸怀宽广、脚踏实地、尊重规律、埋头苦干的精神；同时又要修炼自我的道德品质，具备强烈的时代责任感和使命感，有爱祖国、爱集体、积极正直的荣誉感和廉耻心。

（二）"尚和持中"的和谐观念

"和"是中国传统文化的内在精神和显著特征。"和"就是和谐、和睦、和善、和平。尚和心理是中国人社会心理的一个突出特点，体现在日常生活的方方面面，也是人们在人际交往中平衡自我与他人、自我与社会的基本准则。在尚和心理的影响下，中国人形成了重诚信、讲仁爱、求友善、修和睦、选贤能的优良道德传统，主张"四海之内皆兄弟"，使尊老爱幼、团结友爱、和睦共处、和谐万邦等优良传统不断地发扬光大。与"和"相照应的是"仁爱"思想。从心理学角度来看，"仁"是一种情感，它的内涵概括为"忠恕"。"忠"是从正面理解人与人的关系，在人与人之间表现为相互关心爱护、尊重同情对方、诚信友爱、善良等。"恕"是从反面对"仁"予以论证，表现为宽容体谅、豁达善良、将心比心、推己及人等。因而孔子有"见贤思齐，见不贤而内自省"的说法。在大学生健康人格的培养过程中，尚和持中的精神对塑造大学生理性人格具有重要的启示。一方面，大学生心理健康的本质内容就表现为要形成身心内外和谐、人际关系和谐的心理，其本质与"和""仁爱"思想有着密切的联系。另一方面，在大学人际交往教育中引入"和"与"仁爱"思想，有利于创立和维护和谐友爱的人际氛围，有利于大学生的健康成长，有利于大学生保持心境平和、相互理解、相互帮助。

（三）注重整体利益，强调实现人的社会价值是人性最充分的体现和人生最重要的目标

儒家理想人格中强调人对社会价值的追求，要把个人发展与社会发展、谋取个人利益与谋取国家利益社会利益结合起来。现实生活中，有些人过分注重金钱，见利忘义，甚至为了名利不择手段，铤而走险，走上犯罪的道路；有些人过分追求物质享受，对他人漠不关心，甚至采取损人利己的做法，危害社会和他人。社会在发展，时代在前进，我们应该培养和造就出有理想、有道德的大学生，培养和造就出关爱自己、关爱家庭、热爱祖国、热爱人民、热爱社会主义现代化事业的合格人才。只有这样，人的发展才有正确的方向。

三、利用儒家理想人格塑造当代大学生理想人格应注意的几个问题

（一）理想人格的塑造要与构建和谐社会相统一

当前，我国正处于改革和发展的关键时期，建设一个富强、民主、文明、和谐的社会主义国家，建设一个自由、平等、公正、法治的和谐社会，使公民具备爱国、敬业、诚信、友善的道德品质，是我国建设社会主义中所倡导的核心价值观念。和谐是一个社会发展的相对理想状态，而人则是实现和谐社会的主体。社会不可能脱离人的发展而发展，社会的理想人格目标也是衡量一个社会文明程度的重要标准。大学生是现代社会建设的主力军之一，我们要把塑造大学生理想人格与构建和谐社会对人的要求统一起来。

（二）理想人格的塑造是一个完整的体系

儒家思想提出的理想人格是由"仁、义、礼、智、信"五个要素共同构成的，相互为用、缺一不可。如果在大学生理想人格的形成过程中，过分强调个别要素的重要性，就会使大学生忽视其他要素的存在，从而使大学生的人格发生畸变。

(三)营造优良的育人环境,为大学生理想人格的形成提供重要的条件

大学阶段是一个人人格形成的重要时期,也是形成稳定而成熟的世界观、人生观和价值观的重要时期,大学生在大学里所接触到的人和事,对其人格形成有着至关重要的作用。因此,良好的教育环境及资源能为学生形成良好的人格提供条件。高校是科学文化知识的传播源,是科学技术的辐射源,是培养人才和社会主义精神文明建设的基地,为育人提供了良好的文化环境。聚集的人才队伍,雄厚的科研条件,严谨的教学环节,丰富多彩的文体活动,多样的社会实践,校园文化给予学生艺术的熏陶、人文精神的塑造,对塑造大学生理想人格,加速大学生的社会化,完善人生观价值观和发挥大学生积极性、创造性等方面都起着巨大的作用。

(四)塑造理想人格不可能一蹴而就,不仅要有理论学习,还要有实践体会

大学生自身个体因素在其理想人格的形成过程中起着至关重要的作用。每个大学生都有自身的成长经历,不同的成长经历对一个人人格形成的影响力是不同的,有些是终生难以改变的。理想人格的塑造离不开学生主体自身的努力,也离不开社会实践活动。社会实践的过程,既是改造社会的过程,同时也是主体改变自我、发展自我、实现理想、塑造理想人格的过程。理想人格都是在实践中造就的。大学生应该积极参加社会实践活动,广泛接触社会,不断锻炼自己,加快身心发展,增强心理素质,提高人格修养,最终完成理想人格的塑造。

(胡敏,西藏民族大学马克思主义学院副教授)

西藏传统文化在西藏高校思想政治教育中的运用

葛晓莉

文化是一个国家和民族的灵魂,也是一个国家和民族的品格的集中体现,更体现和反映了一个民族的生命力、创造力和凝聚力。藏族是一个崇尚道德的民族,在漫长的历史长河中,藏族人民不断地征服和改造着恶劣的高原环境。在这样一个自然环境之中,他们不仅仅创造了丰富的物质文明,在与其他民族长期交往的社会活动和文化交融中,经过了各种社会文化因素的冲击、变革、适应,形成了一种繁杂的、独特的、完整的、稳定的、具有本民族特色和浓厚伦理道德特点的文化。这些优秀的传统文化曾经是推动西藏社会不断创造新的生产力的内在动力,激励着一代又一代的藏族儿女为建设自己的美丽家园而奋斗。伴随着西藏的和平解放和社会主义改革开放的步伐,这片土地也受到了多元文化的冲击。但是,这些优秀的传统文化依然是能给我们提供丰富营养的精神文明的宝贵遗产。

西藏传统文化是藏族同胞在长期的共同生活和社会实践活动基础上形成和发展起来的,为大多数藏族同胞所尊重、认可、接受的思想品格和价值取向的道德规范。它是藏族人民心理特征和思想情感等的综合反映。因此,将西藏高校思想政治教育与西藏传统文化相结合,对提高西藏高校思想政治教育的实效性是十分必要的。然而,"传统并不仅仅是一个管家婆,知识把它所接受过来的忠实地保存着,然后毫无改变地保持着并传递给后代。它也不像自然的过程那样,在它的形态和形式的无限变化与活动里,永远保持着其原始的规律,没有进步"①。任何民族的传统文化都会打上时代的烙印,当前西藏应当以马克思主义为指导,认真落实社会主义新西藏建设的重要任务,正确认识西藏传统文化的现代价值与作用,通过挖掘藏族优秀传统文化的精髓,将西藏优秀传统文化的精髓和高校思想政

---

① [德]黑格尔:《哲学史讲演录》(第一卷),商务印书馆2004年版,第8页。

治教育相结合，以社会主义核心价值体系为主导，不断地吸取西藏优秀传统文化，不断提高西藏高校思想政治教育的实效性。

高校是传承文化的主体，只有搞好高校思想政治教育工作，才能在与民族分裂分子的斗争中取得优势，这是西藏高校"两课"教师义不容辞的义务和责任。而从传统文化入手对西藏高校大学生进行思想政治教育，是对分裂势力最直接最有效的回击方式。藏族大学生由于长期受本民族精神性格和心理的熏陶、感染，非常热爱自己的民族和本民族的传统文化，具有非常强烈的民族自尊心和自豪感。藏族大学生在进入大学接受高等教育的过程中，民族自尊心进一步加强。但是这种过分的盲目自尊，又使相当一部分藏族大学生容易陷入狭隘的民族主义之中，缺乏顾全大局的思想。另外，由于藏族大学生长期成长于本民族的宗教社会环境之中，在这样长期的环境浸透中或多或少地接受了本民族所固有的宗教信仰、伦理道德观念和行为准则，甚至在很多藏族大学生的心目中，他们的价值观念和道德观念已经深深地打上了与本民族的信仰、文化相符合的道德感的烙印，尤其是宗教文化的表现更为明显。这种情形也对西藏高校思想政治教育提出了一个难题。因此，西藏高校"两课"教师针对西藏高校以藏族为主体的藏族大学生这样一个具有非常浓郁的民族文化气息的群体，开展以马克思主义为指导思想的思想政治教育工作，困难是比较大的。而藏族大学生更是肩负着西藏未来建设和发展的重任。西藏高校作为西藏大学生的培养基地，如何培养出拥有坚定的政治立场、正确的政治方向，靠得住、留得下、用得上的、政治过硬的人才，也是摆在西藏高校所有"两课"教师和思想政治教育工作者面前的一个重大课题。笔者认为，面对如此情况，西藏高校思想政治教育工作者应从以下几点探索出一条新路径。

一、将西藏优秀传统文化与思想政治教育的内容相结合

任何形态的文化，首先都表现为一种民族性的文化。西藏传统文化可以说是经历和适应了藏族长期生存发展而形成的，它表现了藏族所特有的精神气质和社会心理意识，在历史岁月长河中，它是规范和协调藏族社会生活的重要规范，也深刻地影响着从小便受其熏陶和影响的藏族大学生。因此，西藏的传统文化与现代的思想政治教育活动的内容，从本质上看具

有内在的逻辑统一性。从世俗的角度来看，藏族是一个非常重视道德的民族，藏族的传统文化所反映出来的是一种具有强烈伦理道德的文化。这些伦理道德观念已经深深地浸透在整个民族的肌理之中，体现出一种民族的精神，使西藏的民族文化呈现出独特的精神气质和价值。在西藏地区，人们在生产和生活中形成了稳定的道德观念，并且通过一些重大节日和各类庆典活动加强人际交往和联系，这些庆典上的一些传统的表演项目和其他传统活动，无不反映和表现出藏族人民淳朴善良的道德价值观念。各民族人民团结和睦，友好相处，这是维护西藏社会稳定、生产发展的前提和基础，也是藏族传统文化所体现出的传统道德和和谐文化价值之所在。

　　早在松赞干布时期制定的《十善法》与《十六净法》就提出了具体伦理道德的要求。《十善法》规定的"不许杀生造孽，不许偷抢针线般大的财物，不许邪淫，不许谎言，不许挑拨离间，不许恶言骂人，不许造谣，不许贪欲，不许有害人之心，不许做违背因果的事"等，不仅仅是当时的社会道德规范，同时也是当时社会主流伦理道德观念的体现。《十六净法》中也有"报父母恩，敬重有德，远虑高瞻，饮食有节，不听邪说，自持主见，担当重任，宽宏大度"等家庭伦理道德规范。《萨迦格言》则是以格言的形式提出、要求全体社会成员共同遵守"与人为善、遵守诺言、诚实守信、尊老敬贤"的道德规范。长篇史诗巨著《格萨尔王传》则是强调了善恶是非的道德标准。《四部医典》则对个人道德品质修养做出了"修身先修德，注重德行修养""大德必得其寿""德不修则寿易损"的具体规定。西藏传统的法律和习俗所倡导的慈悲忍让、利人利世、安分诚实等普世伦理价值观念，和我们当今社会主义核心价值体系所倡导的价值观念具有内在的统一性。西藏传统文化中所表达的这种普世伦理道德观念有效地拉近了现实社会和理想社会之间的距离。西藏高校思想政治教育工作应当深入西藏传统文化，积极地、主动地连接和继承藏族传统道德教育中的某些价值取向，将藏族的优秀传统文化中的伦理道德与当今社会所倡导的社会主义核心价值体系相结合，因地制宜，对其进行创造性的转化，使之沿着生命、生活的发展方向递进拓展，也为构建当代公民教育、维护社会主义核心价值体系和西藏社会的长治久安提供理论引导和支撑。

二、尊重西藏大学生精神需求差异性，开拓西藏高校思想政治教育新局面

理想和信仰问题是人生价值的核心问题，也是制约人生观发展的一个关键性因素。大学期间是人生观价值观形成的关键时期，科学的人生观具有导向、支撑、凝聚等功能。西藏高校的大学生以藏族学生为主体，藏族学生大都有宗教生活的经历，这种经历对其思想状态影响深重。加之随着西藏的开发建设，西方资本主义价值观的进入，引发了东西方文化的碰撞。"在这个新的世界里，最普遍的、重要的和危险的冲突不是社会阶级之间、富人和穷人之间，或其他以经济来划分的集团之间的冲突，而是属于不同文化实体的人民之间的冲突。"① 这种多元文化之间的交流和碰撞对西藏大学生人生观、价值观产生了很大影响，使西藏大学生感觉到空虚、迷茫，加之大多数藏族学生以前所生长的宗教环境，因此，许多藏族学生自觉或者不自觉地将宗教作为自己的信仰。从历史发展角度来看，宗教信仰和民族习惯，本质上主要是一个民族长期生活在某一特定地理环境而慢慢积累起来的文化、风俗等在心理上的一种反映。不同的少数民族文化反映出各自少数民族的心理发展历程和特殊的心理状况。在这种世世代代的文化传承中，每一个民族都有自己特殊的民族文化和心理，也都希望自己本民族的文化得以传承和发展。西藏高校中的藏族大学生由于其知识层次和阅历的不断提高和丰富，他们表达自己对其民族文化的敏感和热爱更加多种多样。从历史原因看，大多数藏族大学生长期受到西藏浓厚宗教氛围的影响，在不同程度上存在着一定的宗教信仰心理，但是他们对宗教的本质认识往往都很模糊。结合当前的国际国内形势看，国内外分裂势力往往也是针对藏族大学生对宗教本质的认识还很模糊这一特点，不断地对西藏高校学生施加一些影响，严重地侵蚀着西藏高校思想政治教育的领地，威胁民族团结和国家安全。如何处理学生的宗教精神需求与西藏高校思想政治教育之间的关系，成为西藏高校思想政治教育工作中的一个难题，也是困扰西藏高校"两课"教师的一个现实问题。党和政府对藏传佛

---

① [美]萨缪尔·亨廷顿：《文明的冲突与世界自诩的重建》，新华出版社2010年版，第7页。

教的基本政策是将其作为普通的宗教来看待，要求其必须在宪法和法律规定的范围内活动。党和政府的政策主张是维护祖国统一和民族团结这一国家核心利益的反映，是思想政治教育的重要导向。根据这一政策和主张，在西藏高校思想政治教育方面，提倡宗教世俗化，要尽量弱化宗教在西藏高校范围内的影响。利用西藏传统文化中积极向上的道德伦理观，引导西藏高校大学生追求崇高的精神境界。因此，对西藏高校"两课"教师而言，更应该充分重视和了解藏族大学生特殊的民族心理，并从文化心理学的角度入手，尊重和了解西藏传统文化，承认各民族文化的多样性，尊重藏族大学生价值选择的多样性，不断扩大社会主义核心价值体系的包容度和影响力。在尊重差异中扩大社会共识，在包容文化多样化中形成思想共识，以主导的社会主义核心价值观扩大共识，完成思想政治教育的既定目标。

三、关注西藏高校大学生对现实社会文化的需求，不断创新思想政治教育方式

由于西藏高校多以藏族大学生为主，藏族大学生在品德素质、认知能力和接受能力方面都和内地其他高校的学生有所差别，在民族地区苛求与内地相一致的思想政治教育标准显然也是不现实的，这也就更加决定了西藏高校思想政治教育工作的特殊性。西藏高校大学生的思想上也出现了一些新问题。例如，现实价值观的多元化导致藏族大学生趋利性明显加强，不仅如此，这种趋利性还表现在思想观念上的滞后性和行动上的随意性。这些大学生依靠和享受国家对民族地区学生的优惠政策进入大学接受高等教育，在学习上没有表现出积极强烈的进取心，反而依赖性进一步加强，缺乏开拓意识和创新意识。这些表现都与西藏实现跨越式发展所要求的求实、开拓、创新等不相适应。

虽然我国一直以来都非常重视马克思主义民族理论和党的民族政策在民族地区的宣传教育，强调民族平等和民族团结，但是在实际工作中，这方面教育大多是以理论教育为主，甚至有些教育活动纯粹是走形式，教育对象自然也很难对此类教育活动产生浓厚的学习兴趣。理论教育流于形式，忽视民族地区教育对象的特殊性，民族地区思想政治教育工作形式单一、内容单调，缺乏理论深度和时代感，这些一直存在于民族地区思想政

治教育中。多年来国内外反华势力也总是妄图利用民族问题、宗教问题制造事端，进行分裂渗透和破坏活动。因此，在西藏地区，高校的思想政治教育活动应结合我们所处的具体时代背景，结合国内外发展形势，深入研究马克思主义民族理论，不断挖掘理论深度，提高理论水平。与此同时，还要将此问题与西藏的传统历史文化相结合，重视藏族大学生对现实社会文化的需求。在思想政治教育中应尽量满足学生对西藏社会文化生活的需要，借鉴传统文化的优势特色，培育具有民族特色的校园文化生活，营造良好的思想政治教育环境，突出网络在建设民族特色校园文化方面的作用，不断改进和创新思想政治教育工作的方式和手段。以突出民族文化特色的活动为载体，将藏族大学生的思想政治教育与民族传统文化、校园文化相结合，让藏族传统文化通过各种各样的校园活动载体展现出来，利用一些重大节日开展一些传统文化的宣传和教育工作，吸收和利用西藏传统文化中的积极因素，用文化搭建桥梁，找到一条西藏高校思想政治教育的新路径，增强教育工作的实效性，为建构"平安西藏""和谐西藏"维护国家统一和民族团结做出贡献。

西藏传统文化在西藏高校"两课"教学中的运用，不仅仅可以抵御经济全球化对少数民族传统文化传承的不良影响，还可以提高广大西藏高校大学生的知识水平、思想道德水平，增强藏族大学生的民族自尊心和自豪感，提高民族团结意识，不断丰富社会主义核心价值体系，发扬中华民族的民族精神和时代精神，为社会主义新西藏建设提供精神动力和智力支持。掌握更多更丰富的西藏传统文化知识和技能，充分发挥西藏高校思想政治教育对民族传统文化传承的主渠道作用，为新西藏建设培养用得上、靠得住、留得下的合格建设者和接班人。

（葛晓莉，西藏民族大学马克思主义学院副教授）

"老西藏精神"对西藏高校大学生的现实意义探析

戴从容

一、"老西藏精神"的核心内涵

习近平总书记在中央第六次西藏工作座谈会上指出,在高原上工作,最稀缺的是氧气,最宝贵的是精神,只要广大党员干部大力弘扬"老西藏精神",永葆爱国爱党爱藏的赤胆忠心,永葆艰苦奋斗、无私奉献的先锋本色,坚持与时俱进、改革创新,一个更加富强、文明、和谐的新西藏必将展现在世人面前。那么,"老西藏精神"是什么?从西藏解放和建设的光荣历史我们知道,"老西藏精神"是中华人民共和国成立初期在毛泽东、邓小平等老一辈无产阶级革命家亲手培育下,由驻藏部队几代官兵同西藏各族人民一道前赴后继、百折不挠、英勇奋斗凝结而成的宝贵精神财富,是我党我军优良传统与西藏革命建设特殊实践相结合的产物。"老西藏精神"的形成和发展,经历了一个逐渐孕育、发展、升华和凝练的过程。

(一)"老西藏精神"的孕育

20世纪50年代初,以中国人民解放军第18军为主力的进藏部队,遵照党中央、毛主席"和平解放西藏"的伟大号召,分别由四川、青海、新疆、云南四路挥师挺进西藏,胜利完成了进军、筑路、生产等各项任务。在进军西藏过程中,广大指战员经受高寒缺氧、气候恶劣的自然考验,面临交通不便、保障不足的生活艰难,始终发扬"以苦为荣、以苦为乐"的革命英雄主义精神,既是"战斗队"又是"生产队",既是"工作队"又是"宣传队",与藏族人民同吃同住同劳动成为一家人,使进藏部队站稳了脚跟,胜利完成了和平解放西藏、统一祖国大陆的伟大历史使命。进藏部队这种崇高的爱国主义思想和坚韧不拔的革命意志,为

"老西藏精神"的产生奠定了坚实的精神基础,使"老西藏精神"得以在革命斗争的锤炼中产生,并具有了"爱国主义、自力更生、吃苦耐劳、边疆为家"等基本内涵。

(二)"老西藏精神"的发展

西藏和平解放后,西藏广大人民要求改革的呼声日益高涨。但是,考虑到西藏历史和现实的特殊情况,中央人民政府对西藏社会制度的改革采取了十分慎重的态度和极为宽容的政策,耐心劝说和等待西藏地方上层统治集团主动进行变革。可是,西藏统治集团中的一些人企图永远保持封建农奴制,根本反对改革。他们策划了一系列分裂祖国的活动,发动武装叛乱。驻藏部队奉命投入平叛作战,同时担负起发动群众进行民主改革、帮助建立基层政权的光荣任务,最终赢得了平叛斗争和民主改革的胜利,揭开了西藏历史的新篇章。1962年10月,驻藏部队又奉命对入侵印军进行了自卫反击作战,取得了对印反击作战的胜利。1963年2月19日,西藏军区司令员张国华将军在向中央政治局汇报边境自卫反击作战战果时说,西藏军区部队以"一不怕苦、二不怕死"的革命英雄主义精神战胜了敌人。毛主席听后,站起身来高兴地说道:"我赞成这样的口号,叫作'一不怕苦、二不怕死'。"这一口号随即响遍全党、全国、全军。在这个时期,广大指战员表现出的官兵同甘共苦、相互支援鼓励的集体主义精神和"一不怕苦、二不怕死"的英雄主义精神,进一步发展了"老西藏精神",构成了"老西藏精神"的核心内容。

(三)"老西藏精神"的升华

党的十一届三中全会以来,西藏两个文明建设得到快速发展,但生产力水平整体不高,经济、文化和人民生活仍然处于比较落后的状态。面对这一实际,全体驻藏官兵以守一方国土、保一方平安、促一方发展的政治使命感和责任感,在巩固边防建设的同时,牢固树立"长期建藏、边疆为家"的思想,以实际行动为群众做好事、办实事,响亮地喊出了"热爱边疆、安心边疆、保卫边疆、建设边疆"的口号,与西藏各族人民一起建设西藏并取得了很大成果。20世纪80年代后期,达赖集团在西方敌对势力的支持下,在拉萨制造多起骚乱事件,企图分裂祖国,破坏人民建设成果,驻藏部队坚决地粉碎了达赖集团的阴谋,使西藏的经济建设再次步入了快速发展的轨道。这一时期，内地沿海一些城市先后出现了"一切向钱看"的不良思潮，不同程度地影响了边海防部队官兵的人生观和价值观。对此，驻藏官兵再次叫响了"艰苦奋斗、无私奉献""血汗洒边关、丰碑树高原"的豪迈誓言，守住了清贫，经住了诱惑，耐住了寂寞，忠实履行戍边卫国的使命，进一步升华了"老西藏精神"。

（四）"老西藏精神"的核心内涵

从"老西藏精神"孕育、发展到升华的过程，我们可以看出其卓有成效地继承和发展了人民解放军井冈山精神、长征精神、延安精神的坚韧不拔的革命意志，它可以高度地概括为"特别能吃苦，特别能忍耐，特别能战斗，特别能创业，特别能团结，特别能奉献"，这也是"老西藏精神"的核心内涵。

二、西藏高校大学生思想政治教育的特殊性

西藏高校除西藏民族大学外，无论是地理环境、社会环境还是教育对象，都与内地高校存在着诸多差异，这就注定了西藏高校大学生思想政治教育必然具有特殊性。因此，西藏高校在进行思想政治教育的过程中，只有充分考虑到这些特殊性，积极用"老西藏精神"的内涵开展针对性的教育，才能取得教育的实效。

（一）特殊的地理环境

西藏作为我国的西南边陲地区，幅员辽阔，资源丰富，军事和经济战略地位非常重要。同时，西藏又是高海拔低氧地区，自然条件非常恶劣。目前，西藏的高校还比较少，共有5所，除1所在内地外，其他4所都地处区内，自然条件比较艰苦。西藏高校学生的学习、饮食、住宿、体育、娱乐等方面的条件都与内地高校存在差距，有些学校学生的生活、学习条件还比较艰苦。因此有必要对西藏高校大学生们进行"自力更生、艰苦奋斗"的"老西藏精神"的教育，让他们清楚地认识到西藏还比较艰苦的现状，并积极鼓励他们要乐观地面对，鼓励他们在将来投身西藏的建设事业，为西藏今后的发展建功立业。

（二）特殊的国际、国内环境

当前，西藏正面临着复杂的国际和国内形势，处在特殊的社会环境中。在国际上，长期存在着一股反华势力，企图在国际舆论中抹黑中央政府和西藏地方政府，否定西藏在人权、宗教自由方面取得的成果。另外，随着通讯和网络的便捷，西方的各种腐朽文化思潮也在冲击着西藏的年轻一代。一直以来，西藏是我国与达赖集团进行反分裂斗争的前沿阵地，斗争形势十分严峻，敌我矛盾十分尖锐。因此，对西藏高校的思想政治教育工作者来说，要通过培育和传承"老西藏精神"，让广大学生认清达赖集团的本来面目和各种分裂活动的险恶用心，从而自觉维护祖国统一和民族团结。

（三）特殊的宗教环境

在和平解放前，西藏是一个几乎全民信教的地区。由于宗教信仰在西藏地区有着广泛的社会基础，对广大民众产生了很大影响。目前，藏传佛教作为西藏地区最主要的宗教，对藏族群众的思想仍具有巨大的影响力。在这样的宗教环境下，对西藏高校的大学生思想政治教育也会造成很大的冲击。许多藏族大学生从小耳濡目染，受到父辈们的影响，产生对宗教的崇拜。据调查，在西藏某高校，有宗教信仰的学生占被调查总人数的53.6%，这些学生对宗教的一些属于唯心主义、宿命论的东西缺乏正确认识，妨碍了他们正确世界观、人生观、价值观的形成。

（四）特殊的教育对象

从西藏高校的生源来看，以区内学生为主；从民族组成来看，以藏族学生为主，民族构成比较复杂，不像内地高校那样单一。不同的专业、班级，学生的民族构成也会有所不同，有的班级藏族学生达到90%以上，有的则在50%以下，甚至更低。这些多元的特征使思想政治教育也具有繁杂性、差异性。学生对涉及民族的有关问题非常关心、敏感，很多争论的焦点往往是与民族宗教问题有关，甚至一些学生由于狭隘的民族主义，缺乏理性的判断，丧失理智，往往会对其他民族文化一概抵制甚至反对，因此，对西藏高校思想教育工作者而言，必须充分意识到不同背景学生的这些特殊性，特别是在处理涉及民族的问题的时候，能够站在公正的立场，不偏不倚，这样才能够获得广大学生的认同。

可见，从西藏高校大学生所处的特殊环境和学生实际出发，对西藏高校大学生进行具有西藏特色的"老西藏精神"教育，就显得尤为必要。

三、"老西藏精神"的时代价值

"老西藏精神"的时代价值何在？在社会主义市场经济条件下，对"老西藏精神"的理解，出现了不同的声音。有人认为，过去我们曾经提倡的"老西藏精神"过时了，包括"特别能战斗"的革命精神、"特别能奉献"的精神等，不再适应于今天的现实了；也有人认为，老前辈的行为是高尚的，是符合社会文明进步要求的，但主导这种行为的思想却是爱憎分明的阶级觉悟、感恩戴德的传统意识……在社会主义市场经济条件下，还要不要弘扬"老西藏精神"？回答当然是肯定的。"老西藏精神"具有永恒的价值和长久的生命力，越是搞市场经济，越是需要学习和弘扬"老西藏精神"。

（一）"老西藏精神"是历史唯物主义在西藏的传承与发展

"老西藏精神"以马克思主义为理论基础，是历史唯物主义在西藏的传承和发展，理论上的先进性和超越性使"老西藏精神"具有与时俱进的理论品质。历史上每一次文明的进步、思想的发展都是在一定的社会历史条件下，以实践为基础，以人为载体，随着生产力的发展而发展的。人是实践与创新的主体，是精神发展和思想进步的物质载体。"老西藏精神"是人的精神，是人在物质条件极其有限、生产力发展水平极其低下、政治环境极其特殊的前提下发挥主观能动性而取得的硕果，是"老西藏"们无私奉献、艰苦奋斗的生动写照。"老西藏精神"闪烁着人性中真善美的光辉，展现着积极健全的人格魅力，是宽厚的心胸和热忱的关怀。它是藏族同胞、进藏官兵、进藏干部、援藏干部等在保家卫国的革命活动和长期的生产实践中铸就并发展起来的革命精神，是其革命意志和工作精神的集中体现，并随着西藏社会历史和实践的不断发展而不断地丰富和完善。

（二）"老西藏精神"是坚持祖国统一、反对民族分裂的爱国主义利器

"老西藏精神"在社会历史发展中表现为，自觉与分裂祖国、制造民族矛盾的行为做坚决的斗争。"老西藏精神"有利于维护西藏社会的长治久安，保持社会的长期稳定。稳定是改革、发展的前提和保障，没有稳定的政治局面与社会环境，难以推动经济的跨越式发展。"老西藏精神"在工作中表现为强烈的责任意识与使命感，倡导互帮互助精神，促进团结和睦，增强工作责任意识，以谦卑的态度、踏实的作风，增强时代紧迫感，向发达省份看齐，又好又快地推动西藏经济社会的发展。

（三）"老西藏精神"具有广泛的群众性

"老西藏精神"形成和发展于西藏解放和民主改革时期，是当时进藏部队、援藏各族人民的精神价值指向和需求，决定着"老西藏精神"价值实现的效能和客观认同度。由于"老西藏精神"的核心是代表最广大人民群众的根本利益，它集中反映着人民群众现实的愿望和要求，也就必然在实践上具有较强的可接受度，使之由群体精神上升为整个民族的精神。

（四）"老西藏精神"是数代西藏军民优秀品质的集中反映

在"老西藏精神"的形成发展过程中，历代西藏军民特别是"老西藏"们做出了彪炳史册的贡献，其间既有当年18军等群体的英雄壮举，又有孔繁森等个体的呕心沥血，既有像谭冠三等战斗者的拼搏，也有像张国华等建设者的奋斗，更有像第六批援藏干部肖国鑫等创业者的艰辛。以"老西藏"人冠名的"老西藏精神"，无疑是对"老西藏"人诸多优秀品质的集中概括。

（五）"老西藏精神"具有鲜明的西藏地域特色和民族特色

以"艰苦奋斗、无私奉献""一不怕苦、二不怕死"为核心内容，科学精辟地诠释了爱国主义的深刻内涵，融合发展了我党我军的光荣传统，充分体现了当代西藏建设者的核心价值观，使我党我军的光荣传统和优良作风得到充分展示。20世纪50至60年代的西藏，外有帝国主义和反动

势力的挑拨离间，内有民族分裂分子的捣乱，气候恶劣、交通落后、信息闭塞、生活条件艰苦，保卫祖国、巩固国防、建设西藏的任务极为繁重艰巨，"老西藏"人在极为特殊的环境和复杂的情况中创造了令世人惊叹的辉煌人生和骄人业绩，同时也付出了鲜血、汗水乃至生命的代价。民主改革50多年来，共有5 000多名英烈长眠雪域高原，毫无疑问，是他们让"老西藏精神"成了一面影响深远的鲜艳旗帜。

（六）"老西藏精神"是社会主义核心价值观的西藏化

"老西藏精神"是西藏时代的主旋律，为判定是非曲直和确定价值取向提供了基本准则，发挥着维护团结和睦与激发拼搏向上的精神作用，有利于明确当前时代应有的善与恶、美与丑的观念，确立是非评判标准，引导人们明辨是非，培养良好的社会风气。用"老西藏精神"凝聚人心，形成社会绝大多数成员普遍认同的理想信念和道德规范，有利于推进社会主义核心价值体系建设。

（七）"老西藏精神"是前辈"五观"在解放、建设西藏过程中的集中体现

"特别能吃苦，特别能忍耐，特别能战斗，特别能创业，特别能团结，特别能奉献"，是前辈们世界观、人生观、价值观、生死观、苦乐观在解放西藏、建设西藏中的集中体现。西藏的建设不但要继续，还要建得更美更好。这就需要我们的80后、90后西藏高校大学生作为接班人，不但要继承他们未完成的事业，还必须继承前辈传承下来的"老西藏精神"。

四、"老西藏精神"对西藏高校大学生进行思想政治教育的现实意义

"老西藏精神"当今仍在发挥作用，其时代价值不容忽略，我们不仅不能将之抛弃，还应该将之发扬光大。"老西藏精神"的时代价值在西藏高校大学生进行思想政治教育工作中具有很强的现实意义。

(一) 弘扬"老西藏精神",坚定西藏高校大学生马克思主义信仰

马克思主义是党和国家的根本指导思想,"老西藏精神"是坚持马克思主义理论指导的体现。在解放西藏的过程中,"老西藏"人把马克思主义与西藏实际结合起来,通过和平谈判,完成了西藏的和平解放,并以马克思主义为指导,进行了民主改革,建立了社会主义制度,实现了从封建农奴制度向社会主义制度的跨越。在西藏意识形态领域,藏传佛教主导地位逐渐为马克思主义代替,成为西藏革命、建设和改革的指导思想,并指导西藏革命、建设、改革取得举世瞩目的成就。当前在经济全球化、政治多极化、文化多元化以及与西方敌对势力包括达赖分裂集团斗争的时代背景下,一些历史虚无主义、自由主义、享乐主义、利己主义、民族分裂主义等思潮不断侵蚀并影响着大学校园,造成有些学生对马克思主义的信仰发生动摇。针对此现象,弘扬"老西藏精神",就是要始终坚定不移地坚持马克思主义的指导地位,坚持对西藏高校大学生进行马克思主义教育,并自觉运用马克思主义立场、观点、方法来分析现实社会的各种问题。

(二) 弘扬"老西藏精神",促进大学生树立坚定的理想信念

在西藏革命和建设中,老西藏人凭着"特别能吃苦、特别能忍耐"等的战斗意志,爬雪山、淌冰河、越荒漠,受命进军雪域高原,解放百万农奴,带领西藏人民逐步建立了社会主义制度,并在开荒生产、营建、平叛改革、建设中靠这种理想信念,不改初衷,默默奉献在世界屋脊之上,在西藏的政治制度改革、经济文化建设等方面创造了巨大的成就。当前,面对各种社会思潮的冲击、金钱物欲的诱惑,加之国际敌对势力的干预,达赖分裂集团的破坏,西藏经济发展的落后等复杂矛盾和困难,确实有很多大学生不同程度地存在着理想信念模糊问题,用"老西藏精神"中蕴涵的坚定理想信念的崇高精神教育引领当代大学生,鼓励他们要像"老西藏"们那样,树立起崇高的理想和坚定的信念,将自己将来的职业规划、生活规划、人生理想等目标与中国特色社会主义共同理想有机结合起来,在发展有中国特色社会主义和建设社会主义新西藏的伟大事业中实现自己的人生价值。

(三) 弘扬"老西藏精神",培育大学生的民族精神和时代精神

民族精神和时代精神是社会主义核心价值体系的精髓,是社会主义核心价值观的重要组成部分。"老西藏精神"根植于民族精神的沃土之中。驻藏部队在进藏初期,面对恶劣的自然条件、反动分子的阻挠破坏、物资的严重匮乏,以高度的爱国主义热情和坚韧不拔的革命意志,胜利完成了和平解放西藏的历史使命;在平叛斗争、民主改革、社会主义建设中,以张国华、谭冠三、"张福林班"等为代表的进军、筑路、生产大军的光辉事迹显示出顽强的生命力,彰显出了高度的爱国主义和革命英雄主义精神。今天,为实现中华民族的伟大复兴,引导大学生坚持爱国主义与社会主义的高度统一,把爱国热情转化为具体的实际行动,如刻苦学习、立足岗位、勤奋钻研、服务人民、报效祖国;自觉维护社会稳定、民族团结和国家利益;积极进取,善于发现问题、提出问题和解决问题,加强对自身创新精神和创造能力的培养。

(四) 弘扬"老西藏精神",引导大学生养成良好的行为习惯

当前,社会主义市场经济的深化改革、网络的普及和各种文化信息广泛传播,对大学生的思想观念、生活方式和价值取向不可避免地产生深刻影响,一些学生确实存在价值取向扭曲、诚信意识淡薄、社会责任感缺乏、艰苦奋斗精神淡化、团结协作观念较差、心理素质欠佳等问题,如考试作弊、论文抄袭,评优评奖弄虚作假,对国家助学贷款迟迟不还,伤害他人等事件时发。究竟用何价值准则规范行为,对每个大学生都是严峻的考验。弘扬"老西藏精神",有利于教育当代大学生自觉抵制腐朽思想的侵蚀和诱惑,克服贪图享乐等不良品行,培养团队协作、诚实守信等良好品质,积极践行社会主义核心价值观。

五、在西藏高校大学生中开展"老西藏精神"教育的有效途径

"老西藏精神"与马克思主义理论有着本质的内在联系,高校思想政治理论课教学要积极探索"老西藏精神"与马克思主义理论有机结合的

途径与方法，开展丰富多彩的红色文化教育活动、校园艺术文化活动、社会实践活动等，培养学生的社会责任感和奉献精神。积极开展"'老西藏精神'进校园"活动，让大学生了解社会、体验生活、感悟人生、净化思想，在活动中培养自力更生、艰苦奋斗精神，树立正确的世界观、人生观和价值观，让"老西藏精神"内化为学生稳定的精神品质，指导和影响一生的行为。

（一）通过思想政治课这个教育主阵地，深刻认识并发扬"老西藏精神"

高校思想政治理论课是对大学生进行科学世界观、人生观、价值观教育的主要手段，是帮助大学生形成正确的政治立场和政治方向的重要环节，也是对大学生进行人格熏陶的基本途径。"老西藏精神"包含的马克思主义原理，是对中华民族精神的发扬光大。高校可以利用思想政治课教育的主阵地，积极宣传"老西藏精神"，让学生深刻认识、继承和发扬"老西藏精神"，对学习、信仰马克思列宁主义、毛泽东思想、邓小平理论、"三个代表"重要思想，贯彻落实科学发展观，也具有重要的意义。

（二）发挥西藏红色文化资源的示范作用

"老西藏精神"是西藏红色文化的内在本质，西藏红色文化资源是滋养"老西藏精神"的水分和养料。利用和挖掘"老西藏精神"的优良环境，发挥西藏红色文化资源的示范作用：一是充分利用2009年启动的西藏首批9个红色遗迹教育基地，对西藏5所高校的大学生进行红色文化教育，感受"老西藏精神"的时代价值；二是根据西藏红色文化分布较广、规模较小的特点，注意和周边的自然资源、人文资源相结合，进一步开发西藏各地的红色文化资源基地，对西藏高校大学生的社会主义核心价值体系建设具有积极的推动作用。通过西藏红色文化资源的历史印证价值来促进西藏的和谐社会建设。

（三）以弘扬"老西藏精神"为主题，开展丰富多彩的校园文化活动

在大学校园中，开展以弘扬"老西藏精神""特别能吃苦，特别能忍耐，特别能战斗，特别能创业，特别能团结，特别能奉献"为核心内

容的校园文化活动：一是以重大节日为契机，演出以爱国主义、艰苦奋斗为核心内容的"老西藏精神"歌舞、小品、诗会等文艺活动，唱响《翻身农奴把歌唱》《洗衣歌》《逛新城》《向往神鹰》《天路》等文艺作品，营造有利于大学生健康成长成才的氛围，使"老西藏精神"在西藏红色文化传播中得到培育、宣传与发展；二是以大学生艺术节为依托，针对大学生的个性特长，开展有声有色、绚丽多姿的校园文化活动，让大学生在轻松愉快的氛围中受到教育；三是以大学生社团为切入点，宣传和鼓励成立以大学生为主体的"老西藏精神"学习研究小组或协会等，定期在校园内布置宣传"老西藏精神"的标语、图片展，形成大范围的"老西藏精神"教育氛围；四是借助于高校传统的演讲、辩论、知识竞赛等形式，定期在校园内举办以"学'老西藏精神'，做好接班人"为主题的竞赛活动，调动大学生学习"老西藏精神"的积极性和创造性；五是利用媒体传播工具，如校园广播、红色网站、电视录像以及多媒体技术，开办专题节目等来宣传"老西藏精神"，引导学生深入学习和思考，让"老西藏精神"扎根于校园，充分发挥良好的育人功能。

（四）开展各类实践教育活动，使"老西藏精神"发扬光大

在大学生中开展"老西藏精神"教育工作，不能把学生仅仅看作是受教育者，还要使他们成为宣传弘扬"老西藏精神"的主体力量，增强大学生自我学习、自我教育的主观能动性。可以把"老西藏精神"和大学生的社会实践有机结合起来，把培育和传承"老西藏精神"真正外化于行、内化于心：一是组织大学生到牧区、农村、社区及工矿企业去宣讲"老西藏精神"、践行"老西藏精神"，把理论学习和亲身实践紧密结合起来，通过学、讲、行的互动，让大学生在生动的实践过程中，感悟"老西藏精神"的内在本质，吸取其巨大的精神力量，从而不断提高思想觉悟和认识能力，树立正确的世界观、人生观、价值观；二是利用"大学生科技文化卫生三下乡"的机会，组织开展有关"老西藏精神"的参观、考察、调研、采访等活动，可以邀请老革命、老干部、老藏军、老藏民等到校内做有关"老西藏精神"方面的专题报告；三是利用节假日或重大节日组织学生参观具有典型意义的西藏革命旧址、观看西藏历史文物、听取讲解员讲解感人的西藏革命故事，让大学生身临其境，亲眼看见，真实

客观地了解中国共产党人在西藏解放、民主改革、社会主义建设时期的感人事迹,接受革命传统教育的洗礼。以丰富多彩的形式展示"老西藏精神"的无穷魅力,让大学生在直观形象的场景中感悟"老西藏精神"中所蕴含的伟大革命精神。

(五)组织学生参加各种劳动,开展艰苦奋斗、创业教育

为培养学生艰苦奋斗的精神,教育学生珍惜来之不易的学习机会,可以适当加大学生课外劳动的力度,让大学生有更多参加建设、管理、爱护学校的机会,培养其热爱学校、珍惜他人劳动成果的思想观念,有意识地强化其艰苦奋斗和创业意识,让艰苦奋斗真正成为学生的生活态度、生活习惯、生活方式。积极引导学生从小事做起,如通过打扫校园卫生,创建文明宿舍、文明班级、文明校园等形式多样而又适当的活动,营造校园自律氛围,使学生接受"老西藏精神"的隐性教育,培养学生爱学校、爱集体、爱祖国、珍惜他人劳动成果的观念,有利于学生全面健康成才,真正担当起历史接班人的重任。

(戴从容,西藏民族大学马克思主义学院硕士研究生)

利用陕西厚重文化积淀对在陕藏族大学生进行爱国主义和反分裂斗争教育

徐万发

教育发展是需要条件的，必须具备教育的硬件设施（校舍等基础设施、教师、教育对象等）和软件设施（教育历史文化积淀、教育方针政策、教育管理和理念、教育发展的环境）。教育发展需要以一定的资源为依托，思想政治教育更需要以优良的教育资源为依托。教育资源就是投入到教育活动中的一切人力（师资、生源）、物力、财力，确定教育的合理结构，创造教育的良好环境的总和，其中的财力是人力资源和物力资源的货币表现形式，而教育环境则是开展思想政治教育活动的物质条件和良好氛围。

陕西的历史人文资源和现代教育资源极为丰富，它的历史积淀基本蕴含了中华民族文化的主体与本质，是对藏族大学生进行爱国主义、国家统一意识和反对分裂行为教育的优良教育资源。

一、陕西历史人文积淀本身就是一部优秀的爱国主义教科书

爱国主义是指个人或集体对自身所属国家的一种积极和认同的态度及行为。爱国主义包含了这样的态度：对祖国的成就和文化感到自豪；强烈希望保留祖国的特色和文化基础；对祖国其他同胞的认同感。爱国主义是一种精神力量，对一个国家、一个民族来说，它是重要的能够依赖的有生力量，可以把绝大多数有着共同正当利益的人团结在一起，完成伟大的业绩。它的巨大价值不可小视，在捍卫国家主权、振兴民族经济、延续民族文化等方面贡献尤其重大。

总之，爱国主义对一个国家或者民族的生存发展起着不可忽视的重大作用。加强爱国主义教育，有利于国家和民族搞好自己的事业，同时也会

极大地促进民族和国家更好地发展。对在陕的藏族大学生进行思想政治教育，重点要明确和懂得以下陕西丰厚的思想政治教育资源。

第一，唐代以前的陕西是中国统一王朝的政治、经济、文化中心，也是民族融合、国家统一的典范，是中华民族的骄傲。

人们有个共识：若要最简捷地了解中国历史，10世纪以前，阅读一下西安；10世纪以后，了解一下北京就足够了。陕西有中华民族的初祖黄帝的陵墓，有养育了中华民族的黄河农业文明，周、秦、汉、唐国家统一王朝的国都在陕西的宝鸡到西安之间的广阔地域里，这段时间也正是中国古代最辉煌的时期，中国的政治、经济、文化中心都在这个区域里。

陕西西安地区最早的居民是"蓝田猿人"（110万年前），在中国仅次于云南的元谋人（170万年前）。有约6 000年前母系氏族文化的重要代表——半坡氏族公社，其创造的人面鱼纹盆和圆形尖底瓶极富艺术价值和科学价值，原始器物上的刻画符号，有考古学家甚至认为其就是原始汉字，代表着中华民族早期的智慧。

陕西具有丰厚的教育历史文化积淀和良好的教育发展环境。陕西是中华民族的发源地，历经夏商周汉唐王朝，几乎占中华民族一半的历史，其中从西周到唐的历代王朝都定都陕西关中，是政治、经济、文化发展的中心。中华民族的文化兴起于此，如西周分封制形成的家族亲情伦理文化，成为中华民族儒学的核心；秦始皇统一天下所创立的中华民族团结统一发展格局与思维模式、汉代形成的"罢黜百家、独尊儒术"的思想管理方式、中华民族的"兄弟阋于墙，外御其侮"的共同利益架构、"匈奴未灭，何以家为"的家国关系理念；唐代以大国之气，平等地对待世界各国，平等地处理国内各民族间的关系等。

近现代社会里，陕西响应辛亥革命，众多陕西人民投身民族民主革命，抛头颅，洒热血，抒写着关中汉子的人生追求与理念，特别是中国共产党在延安领导中国革命由曲折到顺利，领导中华民族取得了抗日战争、解放战争的胜利，使中华民族取得了民族独立和人民解放。这些历史遗存就是一部生动的活教材。

第二，陕西是中国各民族交流、融合的中心地带之一。

民族融合有两个方面的含义。一是在表述全球民族消亡的途径和方式时，民族融合是指全世界建立共产主义社会以后，民族特征与民族差别逐渐消失，形成一个没有民族界限的人类整体的历史过程。二是把民族融合作为一种普遍的历史现象来看待，它是指历史上两个以上的民族，由于互相接近、互相影响，最终形成一个民族的现象。民族的融合是多民族国家的普遍现象，是历史发展的必然趋势。古今中外民族共同体的形成、变化、发展，都与民族融合紧密相关。

我国历史上民族融合的前提和具体实现方式主要有：民族迁徙，杂居相处；经济文化的友好交流；联合斗争，即在反抗各族统治者的剥削压迫的斗争中，各族人民加强联系；某些少数民族统治者进行的改革也起到了加速民族融合的作用；民族之间的战争在客观上也有助于民族融合。几千年来，在中国古代文明生长的这块东方沃土上，先后生息和居住过许多民族，一些民族消失了，另一些民族又勃然而兴起。伴随着中国历史上各民族的多元起源与发展，以及"统一、分裂、再统一……"的反复交替，古代各民族之间的文化交流和相互借鉴，促成了中国各民族共同的历史进步。

陕西是中国古代民族交流、融合、发展的中心地带。春秋战国时期是我国进入阶级社会后民族融合的初步发展时期，诸侯国间频繁的兼并战争，大大加强了中原地区与周边民族的联系，促进了民族融合。这一时期，中原大地及其周边各族，不断地凝聚、兼并、扩张，融合成一个新的民族——华夏族。华夏族自诞生之日起，又以迁徙、聚合、民族战争等诸多方式，频频与周边各民族碰撞、交流，不断吸收新鲜血液，像滚雪球一样不断地融入众多非华夏族的氏族和部落。这样，以华夏族为核心，在中国的腹心地区进行的民族融合，是这一时期民族融合的重要特点。秦汉时期，民族间经济文化交流更加充分，我国以汉族为主体的统一的多民族封建国家初步形成，中央加强了对边疆地区的有效管辖，加速对边疆地区的开发，促进了各族人民友好交往，民族融合有了新的发展。三国两晋南北朝时期是我国古代第一个民族大融合的高潮时期。这一时期，与汉族及其前身华夏族有着密切联系的各族，他们出现在中原政治舞台上以后，骤然间加快了民族融合的过程，纷纷离散聚合，建立过政权的许多民族都纷纷与汉族融合，不论南方还是北方，民族之间双向或多向的迁徙、对流，是这一时期民族融合的特点，即一部分汉族往周边去，周边的少数民族往内地来。隋唐时期社会具有很大的包容性，国家实行比较开明的民族政策，唐朝政府对少数民族首领册封很多，民族之间经济文化交流大大加快，民族融合得到新的发展。

秦汉隋唐时期的民族交流与融合，基本形成了我国民族发展的大体格局。今天，在陕西的许多人文遗存中都可以看到我们唐代以前民族交流和融合的历史遗迹，各民族大学生在这里学习、了解民族发展的历史轨迹，探求民族团结奋进、民族振兴的精神源泉，这是现代教育发展的一项历史责任，也是思想政治教育借以参照的文化资源。

第三，唐代汉藏民族的交往意义深远。

据汉文史籍记载，藏族属于两汉时西羌人的一支。7世纪初期，赞普松赞干布统辖整个西藏地区，建成奴隶制王朝，汉文史籍中称为"吐蕃"。

在中华民族关系史上，唐朝与吐蕃的和亲占有重要地位。作为和亲使者的文成公主和金城公主，以她们的亲身经历缔就了血浓于水的唐蕃关系纽带，谱写出"汉藏自古是一家"的历史篇章，为中华各民族的统一做出了巨大贡献。贞观八年（625年），吐蕃王松赞干布遣使向唐王朝请婚。贞观十五年（641年），唐太宗以宗室女文成公主嫁给松赞干布。文成公主在吐蕃生活了40年之久，为唐蕃友好关系和吐蕃社会的发展做出了杰出贡献。文成公主入藏带去了包括锦帛珠宝、生活用品、医疗器械、生产工具、蔬菜种子等在内的大量物品，还有释迦佛像（今存于大昭寺）以及经史、诗文、工艺、医学、历法等书籍。这些物品与书籍大大推进了藏族社会的发展和汉藏民族的文化交流。文成公主还努力在藏区传播唐朝的先进科学技术。她推行汉族的先进耕作方式，使粮食产量得到提高；她教会了藏族妇女纺织和刺绣，使吐蕃家庭手工业迅速发展；她还向藏民传授建筑技术，据载她曾设计和协助建造了大昭寺和小昭寺。文成公主入藏加强了汉藏人民的联系，构建了和谐的社会关系。自文成公主入藏到松赞干布去世共10年的时间内，吐蕃从未与唐朝发生军事冲突。同时，在文成公主与嫁到吐谷浑的弘化公主的共同努力之下，吐蕃与吐谷浑也恢复了和好关系。随着两地联系的加强，唐与吐蕃的社会风俗也在相互影响与习染。吐蕃人原是"毡帐而居"，在文成公主的影响下，松赞干布带头改变生活习惯，"释毡裘，袭纨绮，渐慕华风"。又派遣酋豪子弟入国子监学习诗书，并请求唐朝派去有学问的人"典其表疏"。唐代岭南诗人陈陶诗云："自从贵主和亲后，一半胡风似汉家"，汉藏融合之深由此可见。

文成公主于永隆元年（680年）在拉萨去世，时年56岁。由于文成公主对藏族的经济发展和社会进步做出了巨大贡献，吐蕃人民崇敬她、怀念她，把她传说中的生日即藏历十月十五日和到达拉萨的日子即藏历四月十五日定为万民欢庆的节日。每逢此日，藏族人民都穿上节日盛装到各寺院祈祷祝福。

景龙三年（709年），唐中宗将金城公主许配给吐蕃赞普。金城公主入藏时，带去了数万匹的锦罗绸缎，多种工匠和龟兹乐队。吐蕃又于开元十九年（731年），派使者向唐请求《毛诗》《礼记》《左传》《文选》各一部，唐玄宗命秘书省抄写后送予吐蕃。金城公主在吐蕃生活了30年之久，在此期间，吐蕃与唐王朝的关系虽不如文成公主时期平顺，时而友好时而兵戎相见，但是金城公主仍然为唐蕃人民的友好关系与藏族社会的发展做出了贡献，使唐蕃"和同为一家"。

唐蕃和亲的史实证明，早在1 300多年前，汉藏人民之间的亲密关系就已经建立了，并且是通过两名王室女子——文成公主和金城公主为纽带建立的。从此以后，唐与吐蕃开始了频繁交往。据不完全统计，自贞观年间至吐蕃王朝瓦解的200余年间，双方使臣往来190余次，多则上百人，少则十几人，有的久居对方，长达数十年不归，或和亲、会盟，或报丧、吊祭，或进贡、朝贺，或报聘、求市，或求匠、送僧。这些活动加强了双方的政治联系，促进了两地的经济发展，密切了唐蕃的文化交流，加深了人民的相互了解。因此，可以说文成公主与金城公主的和亲吐蕃，为汉藏关系的发展奠定了坚实的基础，也因为她们的努力和付出，"汉藏一家"的共同文化圈日益形成。这种关系的发展源远流长，在宋代得到传承与兴扬，至元朝水到渠成，终于完成了西藏地方政权与中央政权的统一。①

陕西西安是唐代汉藏和亲的起始地，创造了历史上汉藏民族团结的文化奇葩，今天藏族大学生又在陕西学习生活，亲身感受历史，理解着"汉族与藏族是一个妈妈的女儿"的文化认同，延续着民族团结的历史文化血脉，将会在维护国家统一、民族团结事业中书写新的辉煌。

二、西藏民族大学在陕西省咸阳市办学的深远意义

西藏民族大学是西藏自治区教育厅管辖、地处陕西省咸阳市的一所普通高校，其选址在咸阳市有深远意义。20世纪50年代，党中央高瞻远

---

① 参见李世成《西藏民族大学校史（1958—1998）》，西藏人民出版社1998年版，第3页。

瞩，决定在陕西咸阳建立西藏所属的西藏民族大学，其主要意图和目的是西藏是受藏传佛教影响深厚、文化发展落后的地区，藏族又是全民信教的民族，通过异地办学，可以使藏族学生离开宗教的环境，摆脱宗教对教育的影响和干扰，接受先进文化的熏陶，使西藏紧随祖国发展的步伐，融入中华民族的大家庭中，稳固边疆，筑牢国家统一的基础。咸阳地处关中，是中华文化发展的摇篮，民族文化积淀深厚，文化教育基础良好，具有办学的有利条件。自西藏民族大学建立时起，陕西就肩负起了为西藏的民族教育发展提供条件和帮助的责任和任务，陕西高校中也因此多了一朵奇葩。西藏民族大学于陕西办学的意义如下。

一是为西藏社会发展培养干部的需求。西藏和平解放后，《十七条协议》胜利签订，但西藏上层反动农奴主，从其阶级私利出发，反对西藏社会进步，反对实行民主改革、反对农奴们的彻底解放，他们勾结帝国主义，纠结反动的分裂主义势力，在西藏内外大搞分裂活动，破坏西藏社会发展进步事业。中央鉴于西藏政治不稳，民主改革条件尚不熟悉，决定"六年不改，适当收缩"的方针。于是对西藏的各级组织机构进行大量精简，汉族干部大批内调，藏族学员适当处理。1957年3月5日，中央书记处专门讨论西藏工作，决定将这近万名学员送到内地进行培训，为将来改革准备干部。在书记处会议上，总书记邓小平作会议总结时说："藏族学员凡愿来内地学习的，人数不限，不愿来的，一个也不强迫。"①

二是陕西具有天时地利条件。1957年6月，根据中央精神，西藏工委正式决定在内地筹建民族学校，从此西藏民族大学的建设拉开了序幕，西藏高等教育奠下了第一块基石。邓小平"西藏自己在内地办学"的指示，也开创了我国民族教育的先河。在内地筹建西藏公学的工作启动后，学员陆续集中到了甘肃山丹、兰州和四川雅安、成都等地，但这些地方都不适合近万名学生集中学习，学员思想波动也比较大。摆在西藏公学筹委会面前最急需解决的问题就是选择一个合适的校址，尽快将学员安顿好，开始教学。西藏工委先后委派白云峰、汤化陶负责校址的选定工作，先后考察了甘肃山丹、兰州，陕西宝鸡、虢镇、西安，四川阆中，重庆歌乐山北，四川成都等地的一些部队营房及一些干校、技校的校址，或因校舍太小，或因校舍过于分散，交通及供应不便等，一时难以确定。后经陕西省

---

① 李世成：《西藏民族大学校史（1958—1998）》，西藏人民出版社1998年版，第3页。

委书记张德生建议，白云峰等人实地考察，认为已经决定搬迁的西北工业学院咸阳校址最为理想。白云峰等人遂建议西藏工委向高教部要求将该校址划拨西藏，筹建西藏公学。西藏工委相关负责人及时将校址选择的情况向邓小平等中央领导进行了汇报。经过邓小平等领导同志的协调，高教部同意将原本另作他用的西北工业学院咸阳校址移交给西藏。邓小平亲自签署了命令，电告西藏工委、高教部党组和陕西省委，将西北工业学院咸阳校址整体移交给西藏，并希望西北工业学院尽快腾出，以便西藏公学早日进驻，开展教学。① 西藏民族大学定在咸阳，得到陕西政府的支持，陕西又是教育大省，拥有巨大的教育资源，又是中华民族文化积淀深厚的地区，因此，在咸阳建立西藏民族大学，天时地利人和，也为西藏现代教育开辟了新天地，成为中国省（区）异地办学的首例。

三是西藏属于中国的西部边陲自治区，自古以来政治、经济、文化发展滞后于内地，把西藏民族大学办在内地教育比较发达的陕西，有利于培训的干部和培养的人才学习先进的文化，了解西藏与内地发展的距离，对西藏的发展极为有利。同时，西藏宗教文化影响极其浓厚，脱离宗教环境为西藏培养现代发展型人才是促进西藏社会发展的前瞻性之举。西藏民族大学办校50多年来也证明了这一点。2008年西藏民族大学建校50周年之际，中共中央总书记、国家主席、中央军委主席胡锦涛致信："西藏民族大学是西藏和平解放后中央在内地为西藏创办的第一所高等院校。建校50年来，学院认真贯彻党的教育方针和民族政策，坚持面向西藏、服务西藏的办学宗旨，践行爱国、兴藏、笃学、敬业的校训，为西藏培养了一大批高素质的少数民族干部和专业技术人才，为西藏经济发展和社会进步做出了重要贡献。""希望西藏民族大学全面贯彻落实党的十七大精神，发扬优良传统，紧跟时代步伐，积极探索民族教育规律，不断提高教学管理水平，更好地发挥西藏干部培养基地的作用，为推动西藏经济社会发展、改善西藏各族群众生活、促进西藏安定团结做出新的更大贡献。"②

---

① 参见李荟芹《邓小平与西藏民族学院的创建》，载《西藏教育》2011年第8期。
② 《胡锦涛致信祝贺西藏民族学院建校50周年》，载《人民日报》2008年10月6日第1版。

三、如何利用陕西深厚的文化积淀对藏族学生进行思想政治教育

陕西的历史人文资源和现代教育资源极为丰富，利用它对在陕藏族大学生进行爱国主义、国家统一意识和反对分裂行为教育是思想政治教育的特殊任务。

一是要充分认识陕西省丰富的教育资源、深厚的历史文化积淀、优良的教育发展环境。陕西高校教育资源位列全国第三，思想政治教育历史悠久，经验丰富，需要加强信息交流和合作，促进藏族大学生的思想政治教育；陕西的传统文化遗存丰富（黄帝陵进行国家统一民族团结教育、周秦汉唐文化进行爱国主义教育、延安革命圣地进行传统教育等），有利于教育藏族大学生的爱国、国家统一和民族团结理念；陕西的先进科技文化（农业科技、飞机制造、航空航天、旅游经济发展、教育发展等），可以培养藏族大学生先进的文化理念和创新意识。通过藏族大学生在陕西的学习生活，培养他们与其他民族和睦相处的能力，接受现代化的理念和市场经济的观念等，使他们学成回到西藏工作后，能够成为西藏未来社会稳定发展的接班人和中坚力量。如何利用陕西丰富的教育资源对在陕藏族大学生进行思想政治教育，是一个历史问题，也是一个现实问题，陕西各高校和西藏民族大学都需要高度重视，需要进一步研究和探索。

二是探讨利用陕西丰富的教育资源对藏族大学生进行思想政治教育的方式与方法。在陕藏族大学生基本来自青藏高原，基础教育薄弱，成长过程又受到很大的宗教影响，他们进入大学学习阶段，既有中学到大学的适应过程，又有对新的地理与文化环境适应的过程，这种适应可以说是一种人生的跨越，这个阶段藏族大学生极具可塑性，对他们的思想政治教育非常必要。如何对他们进行思想政治教育？这是摆在陕西招收藏族大学生的高校都很棘手的难题。所以，掌握藏族大学生的特点，探讨藏族大学生的思想政治教育方式与方法是关键。

本文认为，第一，加强课堂教育内容。按照国家思想政治教育的方案，完成教育任务外，对藏族大学生应该增加马克思主义国家观、民族观、历史观、宗教观和文化观以及马克思主义唯物论和无神论教育，加强反分裂斗争和民族团结教育。在此方面西藏民族大学做得比较好，在本科

培养计划中，增设中国共产党的民族理论与政策、马克思主义"五观两论"教育等课程，使学生了解马克思主义民族理论、中国共产党对马克思主义民族理论的创新，培养藏族大学生正确的国家观、民族观、历史观、宗教观和文化观。

第二，积极创新课外实践教学。藏族大学生在陕西学习，把他们带出课堂，参观、考察陕西的名胜古迹、爱国主义教育基地，使学生学习、了解中华民族古代文化的辉煌，了解中华民族交流、融合、统一的历史状况，了解民族统一是中华民族的主流，民族团结是国家发展的前提，了解中国共产党领导中国革命取得胜利的艰难历程，等等。这是利用陕西丰富教育资源的实践，也是对在陕藏族大学生很有教学实效性的活动。西藏民族大学基本把延安作为教学实践的固定基地，另外，各个专业根据专业需求，在陕西不同地方、不同行业都建立了教学实践基地。西藏民族大学办学成绩突出，正如2008年建校50周年校庆时，第十届全国人大常委会副委员长热地在给民院的贺信中说："西藏民族大学是我们党为西藏创办的第一所高等学校，在西藏革命和建设的不同时期，培养了几万名以藏族为主体的政治可靠、业务过硬的各专业优秀人才，为西藏培养各民族干部做出了重大贡献，是名副其实的'西藏干部摇篮'。"

第三，积极创造民族团结的校园文化氛围。校园文化是一个高校内在质量和学校特色的体现，丰富多彩的校园文化能够为大学生创造良好的学校生活环境，也可以为大学生营造积极向上、师生和谐的学习氛围。藏族大学生占西藏民族大学学生总数50%以上，发展以民族团结为主体的校园文化非常重要。学校把民族团结作为思想政治工作的一项重要任务，教学、管理和后勤三支队伍齐抓共管，相互配合，如校团委每年举办以民族团结为主题的校园文化节，藏族教师占学校辅导员队伍一半以上的比例，每年评优中增设"民族团结积极分子"，每天上午和下午第一节课前都播放藏族歌曲，大学生宿舍藏族和汉族学生同居一室，从教学内容、过程到考试都考虑藏族大学生的实际情况，等等。因此，西藏民族大学被陕西省教育厅确定为民族团结教育基地。

第四，充分利用陕西高校优越的教育资源，对藏族大学生进行思想政治教育。加强与陕西省高校的交流，取长补短，资源共享；推动藏族大学生与陕西省高校大学生进行交往与联谊；聘请陕西省的思想政治教育专家为客座教授，经常举办各种讲座；积极参加陕西省教工委的各种培训和会议；等等。

三是对在陕藏族大学生重点进行爱国主义、民族团结和反分裂斗争教育。陕西有丰富的历史文化古迹，有光辉灿烂的中华民族文化，有中华民族交流发展的情感凝练，有各民族为中华民族振兴的巨大奉献，有"兄弟阋于墙，外御其侮"的袍泽誓愿，对分裂祖国、民族败类的嗤之以鼻等，这些都展示着中华民族的辉煌与荣耀。在思想政治教育工作中，要加强藏族大学生的课外教学实践，让藏族大学生多参观考察，增加他们的爱国主义情感，增加他们维护民族团结、反对分裂的自觉意识。

总之，利用陕西的丰富教育资源对在陕藏族大学生进行思想政治教育既是一个理论性问题，又是一个实践性问题，陕西的高校和西藏民族大学要高度重视，认真研究，积极实践，为西藏社会未来的稳定发展做出积极的贡献。

（徐万发，西藏民族大学马克思主义学院教授、硕士研究生导师）

浅谈社会主义和谐社会与大学生思想道德教育

雷雅珍

中共中央、国务院《关于进一步加强和改进大学生思想政治教育的意见》明确了大学生思想道德教育的目标和首要任务，即"以理想信念教育为核心，深入进行树立正确的世界观、人生观和价值观教育"。当前，在信息多样化和多元文化冲突的背景下，大学生的思想更为复杂，道德更加困惑，人生观、价值观多元化发展。如何提高大学生思想道德教育的针对性和有效性，使其更好地为建设社会主义和谐社会服务，就显得尤为重要和紧迫。

一、加强大学生思想道德教育对构建社会主义和谐社会具有现实迫切性和长远的历史意义

党的十六大把"社会更加和谐"作为全面建设小康社会的目标之一提出来，十六届六中全会又通过了《中共中央关于构建社会主义和谐社会若干重大问题的决定》，规划了我国未来15年构建社会主义和谐社会的"路径图"。当代大学生是全面建设小康社会、实现中华民族伟大复兴的希望所在，是建设社会主义和谐社会的主力军，大学生的思想道德素质直接关系到中国特色社会主义事业的兴衰成败，关系到社会主义和谐社会建设的进程与水平。因此，加强和改进大学生思想道德教育，是构建社会主义和谐社会的必然要求，也是当前高校德育的首要任务之一。

当前大学生思想道德教育要突出重点。过去很长时期，我们把思想道德同经济割裂开来，同利益、效益及金钱对立起来。用这种观念和标准进行价值和道德评价，就不能把个人的利益意向与利己主义加以区别，不能把追求效益、促进经济发展同拜金主义、道德沦丧加以区别，就会产生只

看到个人和局部利益而忽视国家、社会、整体利益的倾向，导致个人本位价值观的泛滥，也必然助长了个人主义的思想倾向和利益追求。一部分人把市场经济的等价交换原则扩展到政治生活、文化生活等非经济领域，产生了一切向钱看的拜金主义思想，侵蚀了我们倡导的全心全意为人民服务的人生价值追求，也影响到大学生的思想观念和行为取向。加上现实生活中丰富的信息和物质享受，使大学生与外在世界只能保持一种走马观花式的接触，缺乏持久性的价值体验，无从确定自己的生活方式，容易在价值取向和道德选择上产生困惑。与此同时，利益趋向和囿于眼前实际的个人追求，也使一些大学生出现理想信念模糊、社会责任感缺乏、艰苦奋斗精神淡化、团结协作观念较差、心理素质欠佳等问题，这些问题说到底都是理想信念问题。

理想信念是大学生思想道德教育的核心内容，是当前德育的重点，也是提高大学生思想道德教育实效性的着力点和切入点。以前的理想信念教育，忽视了大学生个体的差异性及教育内容的层次性，因而教育效果不佳。为此，在对大学生进行以理想信念为核心的思想道德教育时，我们要在两个层次上实现教育目标：针对全体大学生，要大力培育和弘扬民族精神，进行中国特色社会主义的共同理想信念教育；针对其中的先进分子和骨干力量，要加强马克思主义理论教育，进行共产主义的远大理想信念教育。在教育方法上要转变观念，实现"近"与"远"的结合、"低"与"高"的统一。大学生世界观、人生观和价值观的确立，理想信念的形成，不是轻而易举的，它是一个长期学习和努力实践的过程。对大学生来说，树立中国特色社会主义共同理想的信念是在社会生活中逐步确立起来的，也需要随着社会实践的发展而不断地巩固和升华。

二、社会主义和谐社会要求大学生思想道德教育要注重培养大学生和谐精神素质

社会主义和谐社会是中国特色社会主义发展的崭新境界，是指导中国特色社会主义建设的一种社会价值观，是一个不断推进的社会发展过程，它需要几代人的不懈努力。在社会主义和谐社会的构建和发展中，当代大学生既是重要力量，也是未来的骨干力量，加强大学生的社会价值观教育，使他们成为具有和谐精神素质、和谐人格的人才，是构建社会主义和

谐社会的基础性战略工程，具有现实的紧迫性和长远的历史意义。

构建社会主义和谐社会、培养具有和谐精神素质的人才，就必须培养大学生公正、诚信、责任、合作、尊重等优秀品质，只有这样，才能使大学生将来更自觉地承担起建设社会主义和谐社会的重任。

和谐社会是以公正为支撑的合理伦理秩序社会。对大学生来说，公正是最重要的品质，而其他品质则因公正而成，因公正而显。和谐社会的公正性表现为竞争、合作、守法的公正性。对个体而言，每个公民在社会中都应该各尽其能，各司其职，并得其应得；在处理与他人的关系时，每个公民都应该公平、公道地和他人真诚合作；在处理与国家的关系时，每个公民都应该遵守法律并勇于维护法律的公正。

和谐社会要求人与人之间相互尊重、相互关心、相互协调、相互促进，在这个用道德和法律来维系的和谐人际关系中，诚信是道德的核心。有诚信是社会和谐的希望，没有诚信，也就没有社会的和谐进步。一个不和谐的社会是不可能真正实现社会的共同富裕和共同进步的。在我们身边，一些大学生出现诚信危机，如考试作弊、求职作假、拖欠学费助学贷款不还等现象，这引起了我们教育者的焦虑和思考。对大学生的诚信教育，关键在于让学生从社会责任感的高度构建诚信社会，培养其思想独立、精神自由和道德自觉，树立守信为荣、失信可耻的道德观念；启发大学生的诚信意识，要求大学生从小事做起，从具体事情入手，自觉培养自身内在的道德情感，引导学生从道德他律走向道德自律。诚信教育，既是立人之本，也是建设社会主义和谐社会之本。

另外，责任、尊重、合作等道德品质也是和谐社会对公民的基本道德要求，是大学生思想道德教育不容忽视的内容。责任是指主体分内应做的事以及没有做到应承担的惩罚。在现代社会，责任已成为各领域普遍遵循的规范，它关系到合作、承诺、分担与义务。和谐社会要求每个人在生活中都要承担相应的责任，作为个人，要想处理好与家庭、社会、工作、国家的关系，最起码要承担起家庭责任、社会责任、工作责任、政治责任，做一个负责任的人。有些大学生把责任诠释为一种负担而不愿承担，而恰恰相反，责任将教会学生走向成熟，勇于承担责任是一个人成就事业的基础。因此，思想道德教育必须培养学生如何做一个对自己、对他人、对社会、对国家有责任感的人。尊重的回报不仅仅是被尊重，它意味着个人之间、个人与团体的价值和权利的相互认可，尊重的品德是人格高尚的体现，也是和谐社会对大学生基本的道德素质要求。合作是这一代大学生，尤其是独生子女大学生的弱点和缺陷。既要竞争又能合作，在竞争中学会合作是大学生将来事业成功的必要条件，善于合作是合理让步的竞争方式。在现代社会，一个人能取得多大成功，取决于他能够在多大程度上聚集人才，与他人合作。因此，培养大学生的合作品格在构建社会主义和谐社会中就显得尤为重要和迫切。

我们要根据社会主义和谐社会所要求的公民品格，培养大学生的和谐精神素质，积极主动地对大学生进行思想道德教育，使之成为合格的社会主义和谐社会的建设者。

三、社会主义和谐社会要求必须改进大学生思想道德教育的思路和方法

近年来，我们虽然在大学生思想道德教育方面进行了很多有益的探索，也取得了一定的效果，但反思过去的思想道德教育，不难发现，我们以往偏重于政治教育，而道德素质教育则相对滞后；过多强调思想道德教育的重要性，而忽视了大学生道德行为养成教育；重视道德理论灌输，而轻视了道德实践环节；在教育形式上，盛气凌人，缺少人文关怀。因此，我们应该改变教育模式，创造多种多样的、新颖活泼的形式和方法，使大学生思想道德教育达到预期效果。

积极开展社会实践活动。实践是道德修养的基础，参加社会实践、坚持知行统一，是形成良好道德修养的根本途径和方法。因此，高校应积极开展形式多样的实践活动，让大学生走出课堂，融入校园与社区，增强思想道德教育在大学生生活空间的渗透力。如通过开展学生宿舍社区的行为指导、校园团队修身、社会调查、模拟竞赛、体能训练等形式的实践性活动，从某个点使学生接触社会现实，对学生的触动和碰撞可能最为深刻，思想道德教育的效果也会更好；针对大学生在学习、人际交往、恋爱、就业等方面的道德冲突和难题，进行讨论对话，通过解决"道德两难问题"开启他们的道德思考，提升其道德判断力；通过角色实践活动，增强大学生的道德意识和道德修养。

加强校园文化环境建设。坚持以学生为本，积极创造和谐的校园文化生活。以学生为本，就是树立全心全意为学生服务的思想，创造和谐

的校园文化生活，促进学生的健康成长与全面发展。大学校园连接着千家万户，创造和谐的大学校园文化生活有利于和谐社会建设。为此，高校的思想道德教育工作要贴近实际、贴近生活、贴近学生；要充分体现对大学生的人文关怀，理解、关心、爱护学生，关注学生的实际需要、困难和疾苦；还要关注学生的心理健康，特别是贫困生的心理健康。校园文化是陶冶情感、对学生进行思想道德教育的重要阵地，它直接影响着学生的价值观念和精神境界，具有极强的教育功能。为此，我们应加强校园文化建设，把握好校园文化活动的政治方向和价值导向，通过开展丰富多样的校园文化活动，弘扬中华民族的文化传统和民族精神，以爱国精神陶冶学生，激发学生的爱国热情，坚定他们的社会主义理想信念。

树立典型进行现身教育。当代大学生中不乏先进分子和优秀学生，他们是新一代大学生的楷模。思想道德教育要对学生良好的道德行为给予肯定，大力宣传，使之发扬光大，并让其他学生从中受到启发和教育。同时，对遵守道德规范表现不好的学生，进行批评教育促其改正，从而形成先进影响带动落后、人人讲道德的良好风气。另外，发挥教师的表率作用和提高人格魅力也是增强教育效果的一个重要途径。为此，教师要积极主动地和学生进行情感交流，增强双方的相互信任和相互尊重，这样正确的道德观点才容易被学生接受，才能和学生建立密切和谐的关系，从而增强思想道德教育的感染力、渗透力和实效性。人们常说，要让有理想的人讲理想，有道德的人讲道德。如果教师没有理想和道德，根本就不可能说服学生。因此，教师要重视自身的表率作用和人格魅力，要既立言又立行，将真理的力量和人格的力量统一起来，这样才会形成无形的却是巨大的说服力、感染力和凝聚力。

学校要建立大学生思想道德教育工作长效机制。学校党委要把大学生德育工作作为大事来抓，要切实加强对学校德育工作的领导；学校行政要加大对德育工作的投入，在政策上特别是人财物等方面给予倾斜；学校党组织要发挥政治核心作用，要支持教师开展各种思想道德教育实践活动；思想政治课教师要掌握学生思想道德发展的最新动态，要对大学生进行系统的道德理论教育及道德实践教育。

总之，大学生思想道德教育要与时俱进，从大学生的特点、需求和兴趣出发，要适应社会主义和谐社会的要求，既要着眼于培养大学生的思想道德情操，又要以人文关怀为起点，不断改进和探索思想道德教育的方式方法，增强其针对性、实效性，从而促进大学生的健康发展和社会的和谐发展。

（雷雅珍，西藏民族大学马克思主义学院副教授）

加强西藏学生思想道德教育，维护西藏和谐与稳定

张 英

中国是由许多民族组成的大家庭，各民族由于所处的自然环境、经济条件不同，社会历史发展也不平衡，存在着不同的生产方式和生活方式，与之相应，有为本民族全体成员所熟悉、公认并有别于其他民族的特定道德规范和行为准则，用以调整各自的各种道德关系。西藏有着悠久的宗教文化历史，西藏学生现在还在一定程度上受宗教文化的影响，西藏学校思想道德教育必须认真分析西藏学生现实成长环境及思想道德问题的特殊性。如何有效地对西藏学生进行马克思主义科学理论教育，意义重大，值得深入研究。

一、西藏学生生活环境和思想问题的特点分析

西藏学生思想道德教育教学工作除了依据已有教材和严格遵循一般教育教学规律外，还必须认真研究教学对象成长的宗教文化环境及特有的思想道德实际，这样教学才能有针对性。

（一）西藏学生生活在有一定宗教文化氛围的环境中

中华人民共和国宪法充分尊重和保护宗教信仰自由，西藏自治区同全国其他地方一样，实行宗教信仰自由政策。

一方面，西藏历史上实行了700余年的政教合一制度，旧西藏在地方政权的强制推行下，西藏各民族的政治、经济、教育、文化及日常生活中，宗教的影响无处不在。西藏和平解放后，尽管随着社会主义改造的开始，不断弘扬社会主义道德观念，但是由于西藏宗教历史悠久，特别是藏传佛教对西藏的政治、经济和文化影响久远，藏传佛教的伦理道德观念已经渗透到日常生活的方方面面，这些藏传佛教的伦理道德思想和价值观念

以各种形式在家庭和团体的传统节日活动中随时随地显现出来。

另一方面，随着宗教信仰和民族习俗受到尊重，正常的宗教活动在依法得到保护的同时，宗教文化不断发展，宗教影响的范围也越来越大。近年来，随着党和国家宗教信仰自由政策的进一步贯彻执行，宗教文化被赋予新的内容。西藏的传统宗教文化成为一种地域文化得到了较大发展，宗教文化通过宗教寺庙的修缮、建设等物质形式更加得以完美体现，宗教节日等宗教文化内容的多样化外在形式，吸引着人们，促进了旅游业兴旺，促进了西藏经济繁荣，宗教日益世俗化。特别是20世纪80年代以来，中央和西藏地方财政先后拨款7亿多元人民币，用于修复开放一批国家级文物保护单位和各教派的重点寺庙。西藏陆续恢复了各类型宗教节日，如每年一次的拉萨"萨嘎达瓦"、山南桑耶寺"夺得"、日喀则扎什伦布寺"斯莫钦布"、甘丹寺"甘丹昂曲"等宗教节日，其规模也都一年胜过一年。2001年起，国家又拨专款3.3亿元，用于维修布达拉宫、罗布林卡、萨迦寺三大文物古迹。2007年，中央政府再次拨出5.7亿元，实施西藏桑耶寺、扎什伦布寺、大昭寺、小昭寺、哲蚌寺、色拉寺等寺庙的保护与维修。目前，西藏有1 700多座寺庙，46 000多位僧尼，280多位活佛，这都是世界上最多的。据不完全统计，西藏现有60余个学经班，学经僧人约6 000人。

西藏学校教育面临的问题在于西藏学生耳濡目染当地各种带有宗教色彩的文化娱乐活动，熟知宗教活动的教义和仪式，在宗教实践体验中不知不觉产生了一定的宗教感情，默认宗教文化内容承载的道德价值观念、思维方式和行为模式。

（二）西藏学生思想问题的关键点

西藏学生处于既学习科学知识又信仰宗教的矛盾状态，导致诸多的思想困惑，其根本原因在于信仰宗教的有神论思想与追求科学的无神论思想的冲突以及由此引发的一系列思想问题长期不能得到满意解决。这是西藏学生思想道德教育面临的最为敏感的问题，对这一问题的回答也直接影响到学生在实际生活中的选择。比如藏传佛教信仰者相信灵童转世说，自然而然地认为会有灵童转世，而在科学文化知识学习的过程中开始对此产生了质疑，接着对一系列问题产生怀疑。该如何认识原来习惯了的宗教信仰？与现代科学思想相比，哪个在意识中应该是第一位的？如何选择？诸如此类的问题会不断随着科学理论知识的提高而引发西藏学生们更为深刻的思考。这是教育者不能回避和必须面对的问题。

从以上分析发现，西藏学生思想道德教育问题的关键在于如何处理好信仰问题，即处理好宗教与科学、宗教道德与社会主义道德的关系问题。这是西藏学生思想道德教育亟待解决的根本性问题，也是增强西藏思想道德教育有效性的突破口和关键点。

二、增强西藏学生思想道德教育有效性的对策和建议

西藏在我国西南边陲，是宗教道德普遍存在的地区，更是反分裂教育的前沿阵地。西藏学生思想道德教育存在的价值、尊严和意义，在于保证它所培养人才的道德质量，目的是实现西藏和谐、祖国和谐。目前，西藏学生的思想道德教育需要进一步研究学生的思想困惑，理清学生对宗教与社会主义社会和谐发展的关系，树立正确的宗教态度。笔者有如下几点建议。

（一）认识宗教的变革性，把握和引导宗教的发展方向

宗教和谐是以胡锦涛总书记为核心的中国共产党领导集体对马克思主义宗教观的新发展。在西藏的和谐建设中，实现个人内心信仰信念的和谐，是西藏社会和谐的重要内容，学校思想道德教育负有重大使命。

宗教不是一成不变的，是随社会发展变化而不断变革和更新的。文化学者张岱年先生指出："文化是随着经济、政治的变革而变革，随着时代的发展而发展的，文化知识应该不断更新。同时，我们也要承认文化有积累性，古代人所发现的真理，不能随便轻视，还要加以重视、加以学习。"① 既然宗教有变革性，那么，教育者就要主动把握宗教发展方向的可能性和可行性的存在，就应该遵循宗教发展的规律，认识宗教发展的方向，引导宗教朝着有利于社会发展的方向改革，宗教应以促进社会稳定与和谐作为目的。

在西藏的历史上，宗教也经历了不同的阶段，特别是佛教传入并吸纳本教后形成了藏传佛教，无论在内容和形式上，都充分体现了宗教的变革

---

① 张岱年：《张岱年全集》（第6卷），河北人民出版社1996年版，第165页。

性、与时俱进性。宗教的改革也是历史的必然，宗教随着人类智慧的提高而不断走出迷信、盲从。因此，通过改革宗教的消极因素，赋予宗教以新的内容和形式等，使之与目前社会发展要求相适应，是马克思主义宗教理论中国化在今后的重要任务。

思想道德教育者应当加强对宗教问题的理论研究，特别是加强对中国特色社会主义宗教理论的学习和研究，以指导学生全面认识宗教理论和促进实践创新，引导学生认识和把握宗教的发展方向，使其朝着有利于西藏社会稳定与和谐的方向发展。

（二）探索宗教道德的积极因素，寻找宗教道德与社会主义道德教育的契合点

1. 西藏学校思想道德教育要找准契合点

西藏学生的特点决定了西藏思想道德教育不能无视西藏学生存在的宗教道德认识和行为，特别是不能无视藏传佛教道德在学生道德思想中的地位，更不能否认的是，祖祖辈辈生活在信仰藏传佛教的藏族学生，对藏传佛教的道德内容已经了如指掌。经过本人调查和了解，藏传佛教的道德内容早已通过具体的故事融合在家庭生活的训诫和行为引导中，渗透在西藏社会文化的方方面面，几乎所有节假日的文化活动都带有宗教的色彩。这是西藏的特色，也是吸引世界各地游客的神秘所在。对西藏学生的思想道德教育只有找准切入点，才能有效实现道德教育的目的。

西藏学校思想道德教育要从学生已有的宗教认识、传统道德观念和道德习惯出发，解决学生思想深处存在已久的思想困惑，帮助学生正确认识藏传佛教的积极作用，以产生触动心灵的教育效果。这是思想道德教育的契机和突破口。

我国的宗教道德是社会主义道德的一部分，又有其相对独立的一面。我们要看到宗教道德的两面性：一方面，明确宗教道德对社会和谐发展有其积极作用，有许多值得挖掘的教育资源。藏传佛教是内涵丰富的伦理型宗教，内容博大精深，比如藏传佛教的传统道德教育主要包括重视善知识传授，戒行品德教育，教义教规和生活礼仪的渗透等灵活多样的途径与方法，有许多值得挖掘的道德教育资源。"五戒十善"是藏传佛教最基本的伦理要求，戒行品德教育居于核心地位。在形式上，教义教规和生活礼仪的渗透方式灵活多样，传承的途径与方法多样，显示了教育功能的不凡，

有启示和参考价值，值得今后进一步探究和学习。因此，思想道德教育者需要利用多样的形式引导学生把宗教定位在净化人心灵、促进和谐社会的功能上。挖掘宗教道德特别是藏传佛教道德，以引导人们向善，发挥其在实现身心和谐、促进人与人、人与自然和谐相处方面的积极作用。另一方面，宗教道德的消极因素也是不可忽视的，需要正确认识。藏传佛教道德和其他宗教道德一样，有许多不合时宜的消极内容，必须明确指出和加以改革，如用科学来解释生命的诞生，解释有没有前世、来世、转世等问题比较容易，但是宗教的解释就会引发很多不同结论和思考，藏传佛教中还存在"六道轮回"，有来世、转世、后世等。尽管有些问题目前可能无法完全解释，但是可以引发学生自己积极探索和求证，用科学的态度思考问题，用马克思主义的科学理论对待宗教道德。

当前，学生思想道德教育在内容上往往缺乏深度，在形式上缺乏吸引力，令人焦虑，应利用吸收和借鉴宗教道德的积极因素，特别是教育形式和方法实现突破常规等方面有待于进一步探索。

孙林认为，西藏传统文化观与现代文化观存在四个方面的矛盾：一是独立意识与听命意识的矛盾，二是民主意识与封建等级意识的矛盾，三是竞争意识与封闭、守旧意识的矛盾，四是现代科学意识与传统宗教意识的矛盾。① 要做好西藏学生的思想道德教育工作，还必须对宗教道德进行创造性的转化。

2. 教育学生成为无神论者，防止利用宗教的消极因素破坏社会和谐

西藏社会信仰不仅有多样性，且信仰层次差别大，这种信仰多元化的生活氛围，严重影响着西藏学生成长过程中对正确信仰的选择。为使学生摆脱信仰的盲目性，西藏学校思想道德教育需要帮助学生培养先进道德观念，提升道德层次，找准人生价值目标，树立积极向上的社会主义人生观、价值观、道德观，养成良好的行为习惯，为促进社会和谐发展做贡献。思想道德教育传授的是马克思主义的世界观和方法论，是科学的无神论，宗教从其本质上讲，仍然是唯心主义的，是有神论。如何教育学生从有神论转变到无神论，认识到允许不同层次的人之间可以实现有神论和无神论的和谐共处，是高难度的问题。

---

① 参见孙林《适应与变迁——藏族传统文化观与现代文化观的矛盾及解决方式》，载《中国藏学》1999年第4期。

西藏和平解放前,历代藏传佛教领袖以神的名义,总揽西藏三大领主的最高统治权,并根据佛教的教义和"神佛旨意"制定、解释和执行法律。寺院可以利用宗教特权,拥有法庭、监狱和武装等专政工具。宗教是用来统治和奴役劳动人民的"鸦片",严重地侵犯了西藏人民的自由权、人身权。马克思主义宗教观包含无神论,又超出以往的无神论,它不满足于证明神灵的不存在,还要说明为什么神灵虽然并不存在但古往今来相信神灵的人却很多,为什么单靠教育手段不能促使人们走出宗教。它比以往的无神论要深刻,看到了宗教有神论产生和存在的现实根源,说明了宗教在人类历史文化中的地位和作用,所以它反对向宗教宣战,而主张通过社会改革和发展来逐步消除自然与社会异己力量对人的压迫,以促进人的解放、人的幸福和人性的回归。[①] 这为宗教促进社会和谐提供了制度保障,无神论者和有神论者做到了"政治上团结合作,信仰上互相尊重"。实现不同信仰者之间的和谐,尊重有神论的信仰者,重视宗教教义中与社会主义精神文明相一致的价值观念,引导宗教与社会主义社会相适应,积极努力把信教群众团结起来,激发信教人士的爱国情感,实现不同信仰者的和谐与团结。在新西藏,实现政教分离后的藏传佛教逐步成为纯粹的宗教事业,宗教信仰也逐渐成为信徒个人的私事,藏传佛教日益走向世俗化,也逐步走向注重现实、注重现世、注重个人心灵慰藉的作用。宗教唯心主义世界观对人生和世界采取虚无主义和宿命论态度等一系列消极因素,会影响个人的政治觉悟和判断,影响社会经济发展,影响社会主义精神文明建设,影响人民群众接受共产主义道德和科学思想文化等,并且其消极作用会在今后相当长的一段时间内继续存在。学习和宣传马克思主义宗教理论和把马克思主义科学理论中国化,有针对性地加强社会主义核心价值体系教育,能够培养学生爱国爱藏的良好思想道德素质,揭示宗教自身的虚幻、迷信和不符合社会发展的非科学的因素,帮助学生选择正确的科学信仰、道德行为规范、价值判断标准和追求科学的思想道德素质。防止西藏学生信仰的盲目性,也防止被那些企图分裂祖国的不良分子所利用。

对西藏高校学生进行思想道德教育尤其要重视宗教负面因素的存在和影响,并提早加以防范和改造。思想道德教育者必须教育学生把宗教信徒

---

① 参见牟钟鉴《尊重宗教是无神论的新高度——温和无神论述要》,载《中国民族报》2016年1月27日。

与利用宗教破坏社会和谐的人分开，认清那些有政治野心的人企图利用宗教搞分裂、搞破坏，这不仅阻碍西藏经济发展，而且影响信教群众的幸福生活，这些人不是真正的宗教信徒，他们明目张胆地违背宗教教义，逆宗教道德行事，将宗教信仰作为工具，进行破坏活动，严重破坏宗教信仰者的自由信仰权利，严重影响破坏社会和谐，这不仅是宗教道德不容许的，也是社会主义道德绝不容许的，更是违反社会主义法律的，他们是应该受到惩罚的罪人。我们要不断提高学校教育质量，实现道德教育的创新，把对西藏学生的思想道德教育落到实处，引导宗教道德不断变革，朝着有利于建设社会主义和谐社会的方向发展。

（张英，西藏民族大学马克思主义学院教授）

浅析西藏高校思想政治教育在构建和谐西藏中的作用

刘丽娇

一、当前西藏和谐社会构建的基本概况

(一) 构建和谐西藏的背景

和谐是事物多样性的有机统一，是中华民族传统文化的灵魂，是我们党根据我国社会发展的实际情况创造性地提出的一种思想。构建和谐社会这一命题是在党的十六届四中全会提出的。党的十六届六中全会中明确提出了构建和谐社会的总要求，即民主法治、公平正义、诚信友爱、充满活力、安定有序、人与自然和谐相处。这一具体内容的提出为构建和谐西藏指明了方向。[①]

改革开放以来，随着现代化建设的不断推进和市场经济的快速发展，我国社会发生了深刻的变化，社会成员的利益诉求不断增强，表达诉求的渠道和方式也呈现多样化的趋势。构建和谐社会这一重大战略的提出能够在一定程度上协调各利益群体之间的关系，逐步缓解社会矛盾，从而更有力地激发社会活力。在这样大的时代背景下，西藏也同样面临着来自各方面的挑战，构建和谐西藏这一重要战略应运而生。由于西藏地处青藏高原，高寒缺氧，自然条件恶劣，又是从封建农奴制直接过渡到社会主义制度的，在发展过程中会受到许多不利因素的限制。这种特殊的情况就决定了构建和谐西藏的艰巨性、复杂性和长期性，只有扎实稳定地开展各项工作，才能有效地推进建设和谐西藏伟大事业不断前进。

---

① 参见格桑次仁、马菁林等《构建和谐西藏研究》，中国藏学出版社2008年版，第11页。

(二) 构建和谐西藏的主要内容

构建和谐社会追求的目标是实现社会发展的和谐、社会关系的和谐以及人与自然之间的和谐。西藏地处高原，在自然条件、历史发展、宗教信仰和传统文化等方面存在着一定的特殊性，要在这样特殊的地域建设和谐社会，就要在把握和谐社会基本内容精髓的基础上，结合西藏特殊的区情开展工作，构建和谐西藏。

构建民主法治的新西藏。构建民主法治的新西藏，就是在建设过程中始终坚持党的领导、人民当家做主和依法治国三者的有机统一，使西藏社会呈现社会主义民主得到充分发扬、依法治国方略得到切实落实、各方面积极因素得到广泛调动的和谐局面。

构建公平正义的新西藏。公平和正义是社会文明进步的重要标志，是一个国家和民族具有凝聚力和向心力的道德源泉。[①] 在建设新西藏过程中要注重社会公平，尽量缩小收入差距，将其控制在群众能够接受的范围之内，推动西藏稳步发展。

构建诚信友爱的新西藏。一个全体社会成员诚实守信、团结友爱的社会，是人们对美好生活的伦理期待，西藏传统文化中包含着丰富的伦理道德思想，因而需要大力弘扬西藏传统文化中勤劳勇敢、尊老爱幼、团结互助的良好风尚，调动各方面的积极性，这对推进西藏的全面发展具有重要的意义。

构建安定有序的新西藏。所谓安定有序，是指西藏整体保持安定团结的局面，社会秩序良好，呈现人民安居乐业的美好景象。

构建人与自然和谐相处的新西藏。自然是人类赖以生存和发展的必备条件，人与自然和谐相处的思想观念在西藏的传统文化中就有所体现，藏传佛教一直以来都非常重视人与自然的和谐，佛教持有"万物有生灵、不杀生害命"等理念，在这种信仰的支撑下，藏区人民用实际行动保护高原的生态环境。

---

① 参见格桑次仁、马菁林等《构建和谐西藏研究》，中国藏学出版社2008年版，第23页。

二、西藏高校思想政治教育在构建西藏和谐社会中的地位和作用

西藏高校是构建西藏和谐社会的重要阵地,思想政治教育工作在和谐西藏建设的进程中发挥着重要的作用。

(一) 提供道德基础

思想道德建设是构建和谐社会的重要内容,西藏在建设过程中更是注重道德方面的建设。大学生群体思想道德素质的形成和发展会在一定程度上受宗教的影响,更主要的是通过高校思想政治教育来培养。西藏是多数人口信仰藏传佛教的社会,他们自出生以来就受到宗教的影响,宗教教义中伦理道德的规范对他们的行为起着约束的作用,人与人之间、人与自然之间和谐相处的信仰观念根深蒂固,而后进入高校的孩子会在受教育的过程中更加强化对和谐的认识,坚持正确的道德信仰,将其内化于心、外化于行动,为构建和谐西藏贡献自己的力量。

对大学生进行公民道德教育也是高校思想政治教育的重要内容,当前大学生的道德素质整体上是积极向上的,但是也不乏有些学生社会责任感不强,社会公德意识淡薄,面对这种情况西藏高校更应该强化公民道德教育,为构建和谐西藏打下良好的道德基础。

(二) 奠定思想基础

当前大学生的思想政治状况,整体上是积极健康的,但是随着经济全球化和市场经济的快速发展,人们的思想观念也呈现多元化的趋势,大学生自身易接受新鲜事物,但是辨别是非的能力还不足,更容易受不良思想的影响,享乐主义、利己主义等普遍存在,当前高校普遍面临着这方面的挑战,因此帮助学生们树立正确的价值观成为高校思想政治教育义不容辞的责任。西藏高校在帮助学生树立健康的价值观方面存在的最大挑战,就是长期以来达赖集团借助各种手段不断对高校进行渗透,传播一些不利于国家统一和民族团结的言论,部分意志薄弱的学生难免会受到影响,这就不利于和谐西藏的建设。为适应构建和谐西藏的要求,西藏高校思想政治教育应该培养大学生的共同理想信念,形成社会主流思想。

（三）输送人才

人才是社会发展的动力，西藏的发展更需要人才和技术的支撑。西藏地处世界屋脊，交通不便，高寒缺氧，发展起来有很多不便，内地输送的人才很多由于身体情况不允许，难以适应当地的自然条件，不能很好地为建设西藏发挥作用。西藏高校高度重视藏族学生德智体美多方面的培养，加上藏族学生建设自己家乡的意愿强烈，往往毕业之后会选择回到藏区，这样就为构建和谐西藏源源不断地输送高水平的人才。

三、创新西藏高校思想政治教育，为构建和谐西藏服务

一个和谐的社会是以个体的全面和谐为基础的，造就一个和谐的人就要培养其健全的人格，高校思想政治教育在培养个体思想道德素质方面发挥着重要的作用。随着时代发展，西藏高校思想政治教育要不断创新，与时俱进。创新是一个民族进步的灵魂，也是构建和谐西藏的必然要求。西藏高校思想政治教育也应顺应和谐西藏建设的发展要求，做到与时俱进，开拓创新。

（一）转变教育理念，坚持以人为本

坚持"以人为本"的理念是构建和谐西藏的基本保障。人是社会的主体，树立"以人为本"的理念是对人的主体地位的尊重。西藏高校大学生思想政治教育工作的对象是有自己思想、思维的青年大学生，在教育过程中要充分尊重他们的主体性，更多地关注学生的需要，更好地关心学生。然而，在现实的教育过程中，教师常把自己看作是学生的主导者，认为学生就该处于被动的服从地位。教师应该适当改变传统的教育理念，做到真正地以人为本，充分尊重学生的主体性。

（二）融入西藏传统文化，丰富思想政治教育的内容

西藏高校思想政治教育在与时俱进、把握时代主流的同时，在教育内容方面还应该呈现出一定的民族特性，有必要将西藏传统文化中的精华融入教育内容体系中，提高思想政治教育的实效性。西藏的传统文化中包含着丰富的伦理道德思想，尤其在人与人、人与自然和谐相处方面的认识，

对藏民族的形成和发展产生过深远的影响，这些优秀的道德观念也是当前高校开展教育活动所需要的，因而需要给予高度的重视。西藏高校以藏族学生为主体，将他们本民族的精华融入课堂教学中，有助于提高学生们的积极性和主动性，同时还有助于优秀文化的传播，推动各民族之间的交流，有利于民族团结。

由于西藏长期处于反分裂斗争中，加上大学生自身认识问题的成熟度不高，辨别是非的能力不足，容易受不良思想的影响，在西藏高校进行民族认同、民族团结教育显得尤为重要，西藏高校可以专门针对民族团结教育编写一些教材，供学生们阅读和学习，在教育中提高认同度。

（三）创新高校思想政治教育方式

当前高校思想政治教育方式主要以灌输式的说教为主，这种方式直接带来的后果就是容易让学生们产生排斥的情绪，教育效果不佳。由于受生活环境的影响，藏族孩子们普遍形成了活泼好动、责任感强等特征，让他们整天对着课本学习理论知识确实有些困难，因而需要结合藏族学生的特点创新教育方式，将一些充满人文关怀的方式融入教育中，要把社会实践活动与理论研究相结合，鼓励学生们积极参加和谐西藏建设的实践活动，促进大学生知行统一和谐。

（四）构建和谐的校园文化

校园文化是教师、学生共同传承和创造的精神成果的总和，对大学生的价值取向和行为方式起着潜移默化的影响，具有重要的育人功能，西藏高校应该着力建设具有时代特征和西藏特色的校园文化，不断满足学生们日益增长的精神文化需求，坚持校内人际关系与校园文化和谐相结合，使校园文化系统中的各个部分、各种要素处于一种和谐的状态，充分发挥校园文化的育人作用，这是建设西藏和谐社会的一项重要任务。

（刘丽娇，西藏民族大学马克思主义学院硕士研究生）

西藏高校爱国主义教育对西藏和谐社会建设的重要性

赵婧先

我国是一个统一的多民族国家,西藏是中国领土不可分割的一部分。西藏社会主义和谐社会建设对西藏经济社会的跨越式发展和政治稳定意义重大。然而达赖集团一直妄想把西藏从中国分离出去,以达到"西藏独立"的政治企图。因此,西藏人民维护祖国统一、反对分裂的斗争具有长期性、复杂性。西藏大学生是西藏的未来,假如培养出来的学生具有较高的科学文化知识、较强的科技创新能力,但是他们不爱祖国,不承认西藏是祖国不可分割的一部分,那么这样的人才不但不能促进西藏的政治稳定和经济发展,还会危及西藏的长久稳定和持续发展,不利于西藏和谐社会建设。因此,加强西藏高校爱国主义教育对西藏和谐社会建设具有重要意义。

一、西藏高校爱国主义教育中存在的问题

(一) 爱国主义教育相对仍较薄弱

西藏高校作为培养建设西藏人才的基地,必须根据个人成长的特点,把教育放在首位,按照社会的发展需要,培养出政治方向正确、道德品质高尚和责任感强烈的人才。但是在具体的教育过程中,极少数教师在理想信念、教书育人、师德修养等方面存在着一些问题,主要表现为:政治观念淡漠,只注重个人的民主、自由,很少关心国家与民族前途。个别教育工作者只把爱国主义教育当作一项工作任务,轻视、敷衍思想政治理论课,这些都极大地影响了学校爱国主义教育的开展和实践。

(二) 少数大学生对爱国主义认识上模糊、态度上错位

极少数大学生对马克思主义国家观、民族观、历史观、宗教观、文化

观的认识不到位，观念比较模糊。在国家观上，个别大学生只强调民族历史、地方历史发展中的一个横断面，看不到中华民族的历史变化和发展规律，对中华民族的统一性和共同性认识不到位，缺乏对祖国发展状况的全面了解，容易产生与世隔绝、唯我独尊的狭隘民族主义心理。在民族观上，部分大学生对马克思主义民族观认识上有偏差，从而导致狭隘民族主义的产生，他们在工作、学习中容易用狭隘的民族主义思想处理民族问题，把本来属于个别矛盾、个别行为的问题，无端地牵扯到整个民族，容易被"藏独"分子所利用。在宗教观上，有的大学生不能正确认识宗教的本质和消极作用，将宗教问题与民族问题等同起来，甚至将宗教与科学混为一谈，这些都不利于大学生们保持清醒的政治头脑和正确理解党的宗教信仰自由政策。在文化观上，有的大学生分不清宗教与民俗、文化的关系，不能以批判继承的态度来对待民族传统文化，对宗教唯心主义的一些陈规陋习，不抵制也不批判。

（三）爱国主义教育的工作机制不够完善

目前，西藏高校爱国主义教育的工作机制仍然存在一些问题。一是领导体制不完善。爱国主义教育的关键点是党委与政府的重视。但是在学校的实际工作中，责任分工不明确的情况却普遍存在。二是协调指导机构不完善、不统一。建立正常的工作联系制度的前提就是建立统一的协调指导机构，只有这样才能够保证教育工作顺利开展，才能够及时解决实施过程中的各种矛盾。针对以上在爱国主义教育中存在的问题，西藏各高校除了要发挥各部门的合力作用外，高校思想政治理论课教师也应该充分利用和发挥思想政治理论课在维护祖国统一、民族团结、反分裂斗争中的主渠道和主阵地作用，充分利用课堂教学这个主渠道，有计划地从不同角度和不同方面贯穿并渗透爱国主义教育，对大学生进行加强西藏主权归属和人权状况的宣传教育。坚决揭露西方反华势力对西藏的造谣诬蔑，粉碎其"西化""分化"图谋；坚决揭露和批判达赖集团鼓吹"西藏独立"的反动本质，坚决维护祖国的统一，教育大学生同一切出卖祖国利益、损害祖国尊严、危害国家安全、分裂祖国的言行斗争到底。

二、西藏高校爱国主义教育对西藏和谐社会建设的重要性

（一）应对全球化时代挑战的需求

全球化正冲击着作为爱国主义教育基础的国家主权观念、国家地域观念和民族文化。我们必须认清全球化的实质和国内形势，高举爱国主义和社会主义的旗帜，提高爱国主义教育的时代性、实效性和针对性。我国经济迅速发展、政治持续稳定、综合国力明显提高，成为影响世界格局的积极因素，以美国为代表的西方发达国家看到中国的发展和崛起势不可挡，不得不调整对华政策，但遏制中国发展、"分化""西化"中国的策略不会变。国外反华势力与达赖集团相互勾结、相互利用，从事分裂活动，达赖集团成为反华势力可以利用和驱使的棋子。全球化是一种社会发展趋势，它无所谓好坏，也不会导致国家主权的消亡。国家利益是国际交往的基础，全球化不仅不会消除社会制度和意识形态的对立，反而会把意识形态的斗争推向新的阶段，从政治层面走向社会层面。领土完整、主权独立、经济发展、文化繁荣、科学昌明、社会进步等一切祖国利益，是每一个中国人的共同利益。我们只有立足本民族的传统教育资源，并不断挖掘其时代内涵，以抵御全球化趋势下单向的文化输入与渗透，提高抵制西方殖民文化入侵的意识，引导人们正确处理外来文化与民族文化的关系，增强国民的文化安全观念。坚持改革开放的原则，以积极的姿态融入全球化进程，增强民族自尊心和自信心，提高国民的国家军事安全防范意识；准确把握爱国与爱党、爱社会主义相统一的时代特征，增强民族的国家利益观念和民族自强意识，维护祖国利益。

（二）维护民族团结、社会稳定、国家统一的迫切需要

西藏和谐社会建设是国家和谐社会建设的重要组成部分，其内容包括各民族的和谐、各民族与自然的和谐、各民族与社会的和谐及各民族与政治的和谐。由于西藏地处祖国西南边陲，面临着反对国际敌对势力"西化""分化"我国、反对达赖集团分裂破坏活动的艰巨任务，维护国家统一则是西藏各族人民的重大职责。西藏高校作为培养建设西藏人才的基地，又处于"藏独"及其他敌对势力"分化""西化"的最前沿，必须

保持高度的政治敏锐性，认清敌对势力挑拨民族团结、破坏祖国统一、企图分裂国家的险恶用心。大量事实表明，达赖是图谋"西藏独立"的分裂主义政治集团的总头子，是国际反华势力的忠实工具，是在西藏制造社会动乱的总根源，是阻挠藏传佛教建立正常秩序的最大障碍。我国是具有爱国主义传统的多民族国家，必须旗帜鲜明地反对分裂，加强民族团结，维护社会稳定，绝对不允许分裂集团有立足之地。在和平与发展成为世界主流的今天，伴随着我国国力的进一步增强，人民生活水平也在进一步改善，民族地区的发展进步是任何力量都无法阻挡的。爱国主义教育应突出民族团结和祖国统一的主题，坚决贯彻党和政府在民族宗教问题上的正确立场，任何人、任何团体包括任何宗教，都应当维护法律尊严，维护人民利益、民族团结、祖国统一，绝不允许违反国家法律，损害人民利益，制造民族分裂，破坏祖国统一。

（三）坚持走中国特色、西藏特点发展道路的迫切需要

在我国，马克思主义指导着爱国主义，走出了一条具有中国特色的革命道路、建设道路和发展道路。我国基于社会主义初级阶段的基本国情，选择了走中国特色社会主义道路。西藏自治区基于社会主义初级阶段的基本区情，选择了走中国特色、西藏特点的发展路子。我国社会主义道路有着无比的优越性，是适应我国国情的发展模式，有着强大的活力与生机。中国特色、西藏特点的发展道路是在西藏践行我国社会主义的理论体系的生动性实践，代表着西藏人民的根本利益。发展具有中国特色的社会主义是爱国主义的重要主题，走具有中国特色、西藏特点的道路是在西藏实践爱国主义要求的重要体现。进行爱国主义教育要把西藏各族人民组织、动员起来，在经济建设、政治建设、文化建设、社会建设和生态建设中走出一条成熟的中国特色、西藏特点的发展路子，解决经济社会发展中出现的各种问题，推进西藏经济社会实现跨越式发展，从而促进西藏和谐社会的建设。

三、加强西藏高校爱国主义教育的方法

（一）进一步抓好"两课"教学，加强理论学习，提高思想认识

马克思主义理论课和思想品德课的教学，是加强高等学校德育工作、促进大学生德智体全面发展的重要环节和主要途径。在教学实践中，坚持以培养社会主义事业接班人为宗旨，坚持科学文化知识教学与思想品德教学相结合，在加强学生专业知识和专业技能教学的同时，切实抓好"两课"教学。坚持把社会主义和新价值体系教育融入教育教学工作全过程，着力解决好"为谁培养人、培养什么人、如何培养人"的重大问题，努力培养社会主义事业的合格建设者和可靠接班人，为西藏和相关省区经济社会发展服务。西藏高校应该始终把弘扬、培养民族精神和加强思想道德建设摆在重要的位置，制定爱国主义教育总体规划，以增强爱国主义教育的系统性和计划性。加强爱国主义教育，使大学生懂得爱国主义不是空洞的，是同爱集体、爱学校，同自己的言行紧密联系在一起的。引导大学生树立正确的世界观、人生观、价值观，提高思想道德水准，养成良好的行为习惯。

（二）结合西藏实际，紧紧围绕目标任务，把爱国主义教育工作落到实处

要充分认识西藏长期处在反分裂斗争的第一线，要始终代表人民群众的根本利益，维护祖国统一和民族团结，坚决反对分裂，确保社会稳定。要教育引导学生充分认识反分裂斗争的长期性、尖锐性、复杂性，不断揭露和批判达赖集团政治上的反动性和宗教上的虚伪性。与中学生相比，大学生是趋向自我教育、自我管理、自我服务的群体，对西藏高校大学生的爱国主义教育不能单纯依靠课程教育，还应该积极开展社会实践活动。社会实践对大学生了解社会、了解国情、增长才干、培养品格、增强爱国情感和社会责任感，具有不可代替的作用。西藏高校应建立大学生社会实践保障机制，把社会实践纳入学校教育教学整体规划和教学大纲，规定学时和学分，提供必要经费，使大学生在社会实践中进一步明确"为谁学习，为谁工作"和"做什么人，怎样做人"的问题，培养他们的爱国情感和

社会责任感。

(三) 面对严峻形势，从时代英雄的身上找到爱国主义教育的结合点

面对严峻的形势，我们必须清醒地认识到，西方敌对势力始终没有改变"西化""分化"我国的政治图谋；境外敌对势力始终没有减弱对我们进行渗透颠覆活动；达赖集团始终没有放弃分裂祖国、实现"西藏独立"的企图。随着时代发展和社会进步，爱国主义的内涵也不断延伸和拓展：战争年代，赶走外来侵略，建设新中国是凝聚民族情感的基石，董存瑞、黄继光等成为历史的英雄；和平时期，热心为人民服务、做出不凡的业绩，成为人们的一致追求，雷锋、焦裕禄、孔繁森等为人们树立了学习的榜样；改革开放时期，吸引外资、发展经济、加快国家建设是爱国主义的重要内容，五笔字发明人王永民等成为科技发展的带头人；和平时期又有藏族医生洛桑次仁不顾个人的安危，抗击暴徒并急救汉族小男孩，等等。这一个个闪光的名字，一件件平凡而伟大的业绩，曾经激励着并且继续激励着一代又一代青少年。西藏高校大学生的爱国主义教育，应从这些"时代骄子"的身上找到结合点，点燃他们心中爱国主义的火花。

(四) 在校园大力营造爱国主义教育的浓厚氛围

要充分发挥校园广播、网络、宣传橱窗、宣传栏、黑板报等思想政治教育载体的作用，深入开展"新发展、新变化、新生活"宣传教育活动，广泛宣传"西藏自古以来就是祖国不可分割的一部分"的历史，宣传中央关心、全国支援西藏的大好局面，宣传党的民族宗教政策在西藏得到全面贯彻落实，宣传民族平等、团结、互助的社会主义民族关系，宣传在党和政府的领导和关怀下民族优秀传统文化和高等教育事业发展的勃勃生机，用辉煌的成就激励人心，鼓舞斗志，用铁的事实、强势的声音深入揭批达赖分裂主义集团的本质，在校园内进一步唱响"共产党好、社会主义好、改革开放好、民族团结好"的主旋律，坚定实现西藏跨越式发展、全面建设小康社会、构建和谐西藏宏伟目标的信心和决心。

四、结语

总之,西藏高校爱国主义教育关系着民族凝聚力和向心力,关系着党与国家的未来和前途,关系着西藏的长治久安,更关系着西藏和谐社会的发展。教育与引领好西藏高校大学生,对粉碎西方势力"分化""西化"我国的图谋,维护我国各民族的团结和建设西藏和谐社会有着重要意义。

(赵婧先,西藏民族大学马克思主义学院在读硕士研究生)

加强西藏高校民族团结教育，促进和谐社会构建

方萱惠

一、社会主义和谐社会相关概念

（一）社会主义和谐社会概念产生的背景

社会主义和谐社会是人类孜孜以求的一种美好社会，是马克思主义政党不懈追求的一种社会理想。中外历史上都产生过不少有关和谐社会的思想。

在中国革命、建设和改革的历史实践中，在中国共产党的正确领导下，把马克思主义基本原理与中国具体实际相结合，开辟了中国特色社会主义道路，不断深化对社会主义本质的认识，向全世界回答了"什么是社会主义""怎样建设社会主义"的重大理论问题。在以毛泽东为代表的中国共产党第一代领导集体的带领下，中国人民取得了新民主主义革命的胜利，建立了人民当家做主的中华人民共和国，消除了导致社会对立、产生社会不和谐的制度根源，为实现社会和谐开辟了现实途径。

党的十一届三中全会以后，以邓小平同志为代表的党的第二代领导深刻总结中华人民共和国成立以来正反两方面的经验，把党和国家的工作重心转移到社会主义现代化建设上来，坚持以经济建设为中心，坚定不移地推进改革开放，积极推动经济发展和社会全面进步，提出"社会主义的本质是解放生产力，发展生产力，消灭剥削，消除两极分化，最终达到共同富裕"，从而科学地回答了社会主义本质这个根本问题，形成了实现我国社会和谐的中国特色社会主义正确道路，有力地促进了社会和谐。

党的十三届四中全会以后，以江泽民同志为核心的党的第三代领导集体，高举邓小平理论伟大旗帜，继续推进改革开放和社会主义现代化建设，强调要在坚持以经济建设为中心的同时，大力发展社会事业，积极推动社会全面进步，极大地促进了社会主义经济建设、政治建设、文化建

设、社会建设全面发展，紧密结合新的实际，创立了"三个代表"重要思想，鲜明地提出要"促进人的全面发展"，并把"社会更加和谐"作为全面建设小康社会的重要目标，孕育了构建社会主义和谐社会的萌芽。

以胡锦涛同志为总书记的党中央第四代领导，坚持用发展着的马克思主义指导新的实践，准确把握我国经济社会发展的阶段性特征，党的十六届四中全会进一步提出了构建社会主义和谐社会的任务，把构建社会主义和谐社会更加鲜明、更加突出地提到全党全国人民面前。2005年2月，胡锦涛同志正式提出了构建以"民主法治、公平正义、诚信友爱、充满活力、安定有序、人与自然和谐相处"为基本特征的社会主义和谐社会的总目标。2005年10月，党的十六届五中全会把构建社会主义和谐社会确定为全面贯彻落实科学发展观必须抓好的一项重要任务并提出了一系列工作要求。党的十六届六中全会通过的《中共中央关于构建社会主义和谐社会若干重大问题的决定》，开宗明义地提出"社会和谐是中国特色社会主义的本质属性"，决定站在时代和全局的战略高度，深刻总结我们促进社会和谐的实践经验，进一步明确了构建社会主义和谐社会在中国特色社会主义事业总体布局中的地位，强调社会和谐是中国特色社会主义的本质属性，是国家富强、民族振兴、人民幸福的重要保证。从摒弃"以阶级斗争为纲"、坚持以经济建设为中心、坚持改革开放到明确提出"社会和谐是中国特色社会主义的本质属性"，把"和谐"写入我国社会主义现代化建设的总目标，标志着党对社会主义社会本质的认识进一步深化。从"斗争哲学"到"和谐社会"，反映了党在指导思想上完成了从革命党到执政党的历史性转变。

社会和谐是中国特色社会主义的本质特征——这是中国共产党半个多世纪艰辛探索、不懈奋斗的实践和认识成果，是总结国内外社会主义建设特别是我国社会主义建设历史经验的重要结论，是构建社会主义和谐社会的理论基础，也是新世纪新阶段中国共产党治国理政的科学理念和富民兴邦的行动纲领。

（二）社会主义和谐社会的基本特征

社会主义和谐社会主要包括民主法治、公平正义、诚信友爱、充满活力、安定有序以及人与自然和谐相处六大基本特征。其中，民主法治就是社会主义民主得到充分发扬，依法治国的基本方略得到切实落实，各方面积极因素得到广泛调动；公平正义就是社会各方面的利益关系得到妥善协调，人民内部矛盾和其他社会矛盾得到正确处理，社会公平正义得到切实维护和实现；诚信友爱就是全社会互帮互助、诚实守信，全体人民平等友爱、融洽相处；充满活力就是能够使一切有利于社会进步的创造愿望得到尊重，创造活动得到支持，创造才能得到发挥，创造成果得到肯定；安定有序就是社会组织机制健全，社会管理完善，社会秩序良好，人民群众安居乐业，社会保持安定团结；人与自然和谐相处就是生产发展，生活富裕，生态良好。这六个基本特征是相互联系、相互作用的。

构建社会主义和谐社会，必须坚持以邓小平理论和"三个代表"重要思想为指导，坚持社会主义的基本制度，坚持走中国特色社会主义道路；树立和落实科学发展观，促进社会主义物质文明、政治文明、精神文明建设与和谐社会建设全面发展；以人为本，在经济发展的基础上不断满足人民群众日益增长的物质文化需要，促进人的全面发展；尊重人民群众的创造精神，通过深化改革、创新体制，调动一切积极因素，激发全社会的创造活力；注重社会公平，正确反映和兼顾不同方面群众的利益，正确处理人民内部矛盾和其他社会矛盾，妥善协调各方面的利益关系；正确处理改革、发展、稳定的关系，使它们相互协调相互促进，确保社会政治稳定。社会主义和谐社会，不是无差别的社会，构建社会主义和谐社会既是目标又是过程，需要经过长期奋斗、不懈努力才能逐步实现。

二、在西藏开展民族团结教育对和谐社会构建的重要性

金炳镐先生认为，民族团结是指不同民族在社会生活和交往联系中的相互尊重、平等互助、友好合作和和谐相处。马克思主义关于民族团结的含义，有它特定的范围和阶级基础。从民族团结的内容来说，是不分民族大小、先进与落后、不分原先所处的不同社会地位的真诚的团结。它是指民族之间的团结，但是民族内部的团结对民族之间的团结，具有很重要的影响。从实质上说，民族团结是具有特定阶级内容的团结，主要是各民族中的无产阶级和劳动人民的团结，在剥削阶级作为阶级已被消灭的社会主义时期，是各族人民的团结。

在经济全球化的今天，我国在享受着经济全球化带来的诸多好处的同时，也受到经济全球化对我国的国家意识、民族文化等的一定冲击，这使

一些人淡化了国家意识和民族认同感，从而导致民族离散倾向的出现。民族离散倾向的出现，在一定程度上削弱了中华民族对民族成员的吸引力和向心力，同时妨碍了中华民族的团结与进步。在这种形势下，西藏成为西方敌对势力和民族分裂分子企图分裂的重要对象。

当前，西方敌对势力对我国进行干涉和渗透，试图将宗教和民族问题作为对我国实施"西化""分化"图谋的一个突破口。

2008年3月14日上午，"阳光城"拉萨，一场劫难突然降临。这次事件造成18人死亡，382人致伤，烧毁学校、医院、银行、机关、企事业单位建筑物30多座和民宅100多户。事实证明，此次事件是由达赖集团精心策划和煽动的有组织、有预谋且由境内外"藏独"分裂势力相互勾结制造的，其目的是分裂祖国，破坏祖国的安定和谐。多年来，反动组织对各类在校生进行思想渗透，通过免费出国留学、引诱青年学生出境等，与我们争夺未来力量，妄图培植"藏独"的后备力量。同样，近年新疆在破获的数起以建立伊斯兰教权国家为目的的"伊扎布特"反动组织中发现，其成员主要是各类在校学生，而且多数为少数民族学生。在2003年破获的一起"伊扎布特"反动组织中，成员涉及大中小学校，情况堪忧。

面对如此严峻的形势，在西藏开展民族团结教育，反对民族分裂活动，就成为直接关系到维护祖国统一大局的重要举措。

三、西藏民族团结教育现状分析

（一）西藏自治区民族团结教育取得的成效

民族团结教育以民族团结理论为基础，旨在培育各民族成员正确的国家观、民族观、民族团结观。我国民族团结教育历来都是在社会与学校等环境展开的有关马克思主义民族观、民族理论、民族政策以及民族工作等方面的各种教育，最终目的是使56个民族在尊重差异、包容多样的基础上，促进民族关系的和谐发展和对统一国家的高度认同。现阶段，自治区民族团结教育必须以马克思主义民族理论为指导，采取以政府为主导，以社会引导和学校教育为基本载体的方式面向各民族群众开展的团结教育。具体来说，表现在以下两个方面。

1. 社会领域的民族团结教育

西藏自治区在社会层面的民族团结教育中，注意将教育融入当地经济社会发展，政府发挥了对民族团结教育的主导作用。

（1）注重民族团结教育中的思想引领。

近年来，自治区各级政府因地制宜，分层施教，每年确定主题，制订方案，专题部署，组建宣讲团，就民族团结进行巡回宣讲，营造宣传声势。同时，积极发挥各级党校、行政学院作用，加强各级党政干部民族政策理论的培训。主流媒体开设专栏、专题，大力宣传先进典型和党的民族政策，营造民族团结进步的舆论氛围。坚持不懈地开展民族团结进步宣传月、寺院法制宣传月活动，使各民族"三个离不开"思想和宗教界僧俗群众守法持戒、抵御分裂的意识不断增强。

（2）注重民族团结教育中的社会引领。

近年来，自治区坚持一方面把维护少数民族切身利益作为开展民族工作的出发点和落脚点，解决好涉及少数民族群众的利益问题。另一方面，把区内经济社会发展作为解决民族问题、推进民族团结进步的根本，常抓不懈。紧紧抓住国家支持西藏自治区发展的政策机遇，加强少数民族项目的申报、管理工作，为少数民族和民族地区争取专项发展资金，培养民族地区特色经济和优势产业；积极通过国家、自治区的业务部门争取民族教育优惠政策，帮助民族中小学校改善办学条件；加强少数民族地区实用技术培训，推动民族地区教育、文化、卫生等社会事业发展。积极主动地做好扶贫攻坚工作，从解决各族群众最现实、最关注、最直接的利益问题入手，让改革和发展的成果惠及藏区各族人民，在得实惠中增强了各民族对团结和统一的认同感。

2. 学校层面的民族团结教育

西藏各高校的民族团结教育始终坚持民族教育特色，挖掘民族教育资源，教育的内容更具特色，效果也更明显。

以校园环境建设为切入点，优化民族团结教育的育人环境。良好的育人环境往往能产生润物细无声的效果。西藏各高校坚持把民族文化和校园环境建设相结合，创建民族文化校园，让学生在文化环境中受到潜移默化的影响和熏陶。多渠道、全方位渗透民族团结教育，形成了"以环境育人"的和谐氛围。区内很多学校对其校门、教学楼、餐厅、围墙等主要建筑及校徽、校服、学生证、办公用品、网站、学校宣传册、校办刊物等进行设计，尤其注重突出少数民族特色。也有一些学校将校园划分为教学区、生活区、活动区，根据每个区的特点设置相应的主题，教学区以党的民族政策宣传、民族文化教育为主题，生活区以民族风俗习惯的介绍为主题，活动区以开展民族体育运动为主题。这些都营造了浓厚的民族文化氛围，为民族团结教育创造了条件。

以课堂教学为主渠道，使民族团结教育真正落到实处。一些学校较好地实现了在"双语"教学中渗透民族团结教育，在课堂上适时拓展和延伸包括对民族团结、民族常识等内容的民族团结教育，使民族团结教育的内容更加系统，更加符合区内学生的认知特点。

以丰富多彩的活动为载体，使民族团结教育寓教于乐。民族团结教育政策性、理论性强，如果只是对学生进行枯燥乏味的说教，则难以取得理想的教育效果。自治区大多数学校通过开展民族团结宣传教育活动、民族文化艺术节、民族体育运动会、《民族之声》广播等，使广大师生了解党的民族政策，增强民族团结意识。

总之，多年来自治区始终注重加强民族团结教育工作，打牢各民族干部群众思想基础的一系列举措，表明了各级政府推动民族团结教育"进社会、进学校、进头脑"的决心，赢得了社会的广泛认同。

（二）当前制约西藏自治区民族团结教育的相关因素

随着经济社会发展步伐的加快和社会、学校教育人文环境的不断改善，西藏自治区民族团结教育成果得到进一步巩固和发展，但仍存在着影响民族团结教育的各类制约因素。

1. 经济层面

近年来，中央先后出台了《关于支持西藏自治区经济社会发展的若干意见》等一系列支持自治区发展的优惠政策，使自治区进入了历史上发展速度最快、城乡面貌变化最大、人民群众得到实惠最多的时期。但由于历史、自然等多方面原因，自治区经济社会发展仍然落后，整体发展水平依然较低，和中、东部发达地区差距十分明显。目前，这种差距仍在呈继续扩大的态势，这些都导致区内群众心理不平衡，从而影响对国家的向心力和凝聚力，进而影响到多年民族团结教育的成效。

同时，在市场经济体制下，曾受国家计划支配的地区利益和个人利益不再像过去那样一切按照国家政令的要求执行，经济政策取代了行政手段，既讲帮助又讲竞争，既讲互助又讲互利，自治区在生产力、资金、技术、人力等方面都处于劣势，加之群众思想观念保守，已经给各民族的生产、生活、思想观念及人际关系以激烈的冲击和压力。当前，吸引外资、积极开发当地资源乃必然之势，但投资者从中获得了丰厚的经济收入，当地群众不但未获得应有的经济收益，还要承担资源破坏后的生态灾难，在一定程度上使少数民族产生不平等、不公平和相对剥夺感。

2. 政治层面

首先，国内外敌对势力的渗透、分裂、破坏。西藏自治区是少数民族分裂主义分子进行渗透、分裂、破坏活动的重点地区之一。近几年来，民族分裂主义分子极力勾结西方反华势力，不仅利用民族、宗教和人权问题，极力散布和鼓吹分裂言论，从事分裂祖国的活动，而且还通过拉拢和侵蚀少部分宗教人士，非法认定转世活佛，吸引、策反宗教人士出逃，利用区内广大群众普遍信仰宗教的便利条件，通过互联网络、卫星广播电视、手机等途经传播、灌输"藏独"思想，加紧对西藏自治区的渗透活动，严重破坏了自治区的民族团结、社会稳定。

其次，民族偏见以及"两种民族主义"错误倾向的影响。这主要表现在两个方面：其一，诸如"非我族类，其心必异"的民族偏见是狭隘民族意识的集中体现，也最容易导致民族之间的误解与分歧；其二，历史上遗留下来的"大汉族主义"与"地方民族主义"两种民族主义仍然在部分社会成员思想意识中残存，其极端自我、狭隘的民族本位观极易产生离散心理，增大社会及学校民族团结教育的难度。

3. 文化层面

首先，民族文化的认同性与异质性并存。近年来，自治区各民族在对现代主流文化、主流价值的认同感不断增强的同时，对本民族文化的自信与自觉也在逐日提升。各民族的特点、民族文化差异必将长期存在，因此，在实践中忽视民族文化的存在，用行政命令等强制方式方法对其加以改变，都会有损民族感情。

其次，民族地区教育质量偏低的状况尚未改变。自治区教育虽然得到飞速发展，但民族教育质量偏低的状况尚未根本改变，致使民族地区不能充分发挥自身优势，整体竞争力差，极大地影响着区内民族团结稳定。

4. 教育层面

这主要表现在社会及学校层面的宣传教育不够，使不同民族民众之间的了解认识不够。不同民族民众相互了解与认识彼此的传统习俗、宗教信仰等民族特点，是促进不同民族群体及个体间相互交流的重要前提。但是，出于民族宗教问题的"敏感性"，我们有时对民族宗教方面的宣传和教育方式方法不当，不同民族间因相互了解不够，容易造成误会与隔阂的无意识行为，甚至相互冲突。久而久之，则导致不同民族个体特别是汉族民众，在与藏族民众的交往中显得谨小慎微，甚至尽量避免或减少与其的交往。

5. 管理层面

主要表现为党和政府的民族政策未得到切实贯彻实施。党和政府对少数民族和少数民族地区给予的优惠政策，根本目的是为了增进民族团结，增强国家的凝聚力。但是，在执行过程中有的地区、有的部门未切实保障民族政策的落实，出现了伤害民族感情的现象。一些管理和政策的缺失，使少数民族成员产生不公正感和逆反心理，从而对民族团结教育产生抵触情绪，弱化了社会和学校教育的作用。

四、加强西藏民族团结教育，促进和谐社会构建

（一）加快西藏自治区经济社会发展，奠定民族团结教育的坚实基础

国家在继续加大扶持西藏经济发展力度的同时，要更加注意解决自治区内部收入差距、地区差距、城乡差距的问题，要把促进共同富裕摆在更加重要的地位，特别是要进一步加大改善藏区民生的力度，采取强有力措施切实解决好藏区扶贫、教育、卫生、就业、社会保障等问题，让区内的群众真正体会到党和政府的关怀。同时，要积极探索在社会主义市场经济条件下，健全和完善与民族区域制度相适应的投资、财政、税收、金融、对内对外开放政策，健全和完善资源开发和生态建设补偿机制及财政转移支付制度，各类企业在藏区开发有关项目，要充分考虑地方和群众利益，让自治区群众和地方政府得到更多的实惠，从而为西藏民族团结教育搭建和谐、坚实的社会平台和提供可靠的物质保障。

（二）增强"中华民族多元一体"思想意识，培育各族人民共同的价值体系

费孝通先生的"中华民族多元一体"格局理论对在诸如"现代化必将导致多元文化的消失"等论调下如何加强民族团结教育提供了极具张力的理论框架。在此框架下，必须坚持弘扬社会主义核心价值体系，从根本上建构民族团结的价值认同。

一是要引导自治区各族人民剔除两种民族主义思想影响，牢固树立对祖国的认同、对中华民族大家庭的认同、对中华民族文化的认同、对社会主义道路的认同，奏响中国共产党好、中国特色社会主义好、祖国大家庭好、改革开放好、民族团结好的主旋律。

二是要大力加强对自治区少数民族群众的反渗透、反分裂教育，大力宣传自治区改革开放新成就和政治稳定、经济发展的大好形势，不断提高各族群众的政治觉悟，树立正确的维稳观。

三是要促进各民族多元文化交流，在求同存异中体现各民族共生互补，最终使"各美其美、美人之美、美美与共、天下大同"的理想之花根植于民族团结教育之中。

（三）凝聚各方力量，提升民族团结教育的社会参与度和民众认知度

在西藏自治区的实践中，民族团结教育仍存在着社会动员力不够强、人民参与度不够高及"重学校、轻社会"的问题。社会领域的民族团结教育基本囿于特定时间段内集中大规模表彰和社会突击宣传的模式，而表彰大会和民族团结宣传月一旦结束，相关活动便相继从公众视野中消失。一些社区组织的民族团结教育活动，大多也是蜻蜓点水。这种重过场、轻实效的教育方式的效应和效果可想而知。同时，一些地方政府有关民族团结教育的配套措施不完善，影响了民族团结教育开展的效度。而广大老百姓的参与机制和渠道的有限性，则加剧了民族团结教育社会支持度的匮乏。

学校层面的民族团结教育总体要好于社会领域，得益于国家对其高度重视和大力投入。但从现阶段自治区开展的民族团结教育来看，学校民族团结教育对象仍以民族院校和少数民族师生为主，忽视了对普通学校及汉

族师生的教育。因此，必须推动民族团结教育逐渐从政府主导向政府和民间并重的模式发展，一方面，地方政府要高度重视民族团结教育，从思想、组织和制度等层面将中央精神落到实处；另一方面，要积极整合社会民间力量，给予民族团结教育更多的人力资源保障、财力支持和民众参与的渠道。同时，更要看到，民族团结其实就是真实发生在群众自己身上或身边的事，民族团结最大、最丰富的教科书就是生活本身，各族群众谁不渴望祥和、宁静的生活？但他们的日常用语中却未必经常有"民族团结"这个词汇。

（四）建立民族团结教育的长效机制，促进民族团结教育持续开展

自治区局部地方存在民族关系紧张时加强民族团结教育，民族关系融洽时放松教育的现象。我们有必要从教育的法则保障入手，加快建立民族团结教育的长效机制。

加强民族法制建设，建立和健全与之相适应的配套法律法规体系，保障区内各族人民的经济、政治、文化等合法权益，确保各民族共享民族团结教育的各项成果。要用法律法规对民族团结教育进行引导、调整和规范，推动民族团结教育的规制手段走上法制化轨道。同时，应使"四项基本教育"，即民族常识教育、民族理论教育、民族政策教育、民族法律法规教育，成为民族团结教育的常态化内容。

进一步完善西藏民族团结进步示范区创建机制。各级政府应切实加强对民族团结进步示范区创建工作的领导，整合各方资源，形成加强民族团结的合力。社会各阶层、各团体都应积极加入民族团结进步示范区的创建工作中，各族干部更要率先垂范，以身作则，加强与各族干部群众的联系。

进一步完善宗教事务社会管理体系。应加强对宗教界人员的政策、法制宣传教育，提高其公民意识。鼓励宗教界发扬爱国爱教的光荣传统，挖掘和弘扬宗教教义、文化中的积极因素，努力把维护团结、促进和谐变成宗教界的自觉追求。同时，应有效利用寺院传统规约，提高其自我管理能力。以"平安寺院"创建活动为载体，实现国家法律制度与自治区寺院承袭已久的传统规约的结合，有效发挥宗教寺院的自组织功能。还应切实改善寺院民生，使其共享发展成果。宗教寺院作为基层社会的一个重要单

元，有权享受社会管理和公共服务带来的各项惠民成果，这不仅关乎提升广大僧尼作为国家公民的归属感、荣誉感、责任感的问题，更直接关乎西藏自治区宗教和顺、社会和谐的问题。

(方萱惠，西藏民族大学马克思主义学院在读硕士研究生)

加强西藏高校大学生思想道德教育，构建西藏和谐社会

李 莹

高等教育是我国培养人才的重要途径，民族高等教育学府更是人才培养的重中之重。目前随着高校的不断扩招，越来越多的少数民族青年走进大学的校园。西藏民族地区大学生作为大学生中一个特殊的群体，高等教育学府有义务将其培养成德智体美劳全面发展的社会主义事业的建设者和接班人，使其拥有良好的思想道德素质和较高的科学文化底蕴，这是同我国的民族政策和构建社会主义和谐社会的要求紧密相连的。但科技信息时代对高等教育质量有了更高的要求，不仅仅要求民族地区大学生学好文化课知识，还要加强思想道德教育。民族地区高等教育学府的人才培养，面临了新的挑战和机遇。

一、加强西藏高校大学生思想道德教育的重要性

我国是一个多民族国家，必须全面贯彻党的民族政策，巩固和发展平等、团结、互助的社会主义民族关系。这是我国长治久安的重要基础。在社会主义市场经济建设和改革开放的新时期，民族问题依然是关系到国家稳定的重大问题。民族地区的经济、文化发展相对落后，要发展就需要稳定，要稳定就必须做好民族工作。民族地区大学生的教育问题，尤其是民族地区大学生的思想道德教育问题，应当成为民族工作的重要内容。

由于占学生总数的比例很小，民族地区大学生的思想道德教育在内地高校一直不被重视。然而，多年来，国际敌对势力一直没有放弃颠覆我国社会主义制度的企图，通过各种手段从事破坏、渗透和分裂活动，煽动民族对立情绪，破坏各民族的团结，尤其是"藏独"势力，其政治目的非常险恶，西藏高校大学生作为民族地区各行各业未来的精英，更是敌对势力工作的重点。这种形势下，高校需要大力加强少数民族大学生的思想道

德教育，使他们在反对民族分裂、维护祖国统一和社会稳定的大是大非面前，认识不含糊，态度不暧昧，行为不动摇，旗帜鲜明，立场坚定，始终与党中央在政治、思想和组织上保持一致。需要按照"有理想、有道德、有文化、有纪律"的培养标准，为少数民族地区培养政治思想强、科学文化素质高的各类人才，有效促进少数民族地区经济文化建设，构建西藏和谐社会。

二、加强西藏高校大学生思想道德教育的难点

受特殊的地理环境、经济、文化、教育等因素的影响，西藏高校的思想政治工作具有不同于其他地区高校的一些特殊性，教育难度极大。

第一，汉语语言基础参差不齐。汉语基础差既造成学生本身学习上的困难，也为西藏高校学生思想政治教育增加了难度。其主要原因是基础教育力量薄弱，学生文化基础差，且西藏地区的教育实行"三语"教学，学生除了要学好本民族的语言，还要学会汉语和英语，以应对进入内地高校的正常生活、学习和交流。可想而知，学生仅在语言上的学习压力就十分大。进入大学后，思想道德教育多是运用汉语教学，由于语言的障碍，有相当一部分学生对思想道德教育的相关课程中的理论知识听不懂，理解不了，教育效果自然可想而知。

第二，人际交往存在障碍。与内地大学生相比，由于从小所受教育较差，其外显的能力素质较差，知识面窄，没有明显的特长，因此，他们缺乏信心，不善与人交谈，不愿与同学做深层次的交流，甚至排斥与他人交流，人际交往局限在本民族学生的小圈子里。

第三，心理健康水平不容乐观。目前，不同社会群体的贫富差距继续加大，来自不同家庭的学生在生活方式、生存状态方面呈现出明显的两极分化现象。他们对所处困境不能正确应对，多存在自卑心理，导致心理健康水平普遍较低，比较容易罹患各种心理疾病。

第四，学生学习压力不大、动力不足。这也是西藏高校学生思想道德教育的一个难点。目前，区内有关高校在管理制度上也存在一些问题，不能从根本上解决学生的学习困难，学校在管理方面只是一味地强调学生的行为管理，而未能真正解决学生的思想道德问题。西藏高校大学生就业还实行计划分配模式，是学生学习压力不大、动力不足的一个主要原因。

三、加强西藏高校思想道德教育，构建西藏和谐社会

第一，构建新的思想道德体系。随着市场经济的不断发展，当前民族地区大学生在思想观念、道德品质上，与过去相比有比较明显的变化，其思想状况表现出波动性、复杂性、矛盾性等特点。这就要求我们在深入了解当代少数民族大学生思想与心理的基础上，构建新的思想道德体系，以适应社会主义市场经济发展的需要。要引导他们正确地处理国家、集体和个人三者之间的关系。对由市场经济体制所引起的积极、消极两方面的影响，德育工作者应当对民族地区大学生思想道德教育中积极向上的因素给予充分的肯定，对其消极方面要及时地给予纠正，并引导他们树立用诚实的劳动去争取美好的生活，用勤奋努力去实现自己奋斗目标的信念，积极地为他们正确道德观念的形成创造良好的教育氛围。

第二，加强马克思主义民族观教育。我国是统一的多民族国家，中华人民共和国成立以来，民族地区在政治、经济、文化等各方面都获得了根本性的进步和改善。但由于我国现代化进程中的地区发展差异、民族发展差距，民族问题一直存在，加之国内外敌对势力利用民族、宗教问题对我国进行"分化"也会对民族地区大学生的思想产生直接或间接的影响，因此，要理论联系实际地开展马克思主义民族观教育，宣传党的民族理论、民族政策。面对复杂多变的国际国内形势，少数民族大学生马克思主义民族观教育要与时俱进，丰富内容，创新形式，要强化"四个认同"，即对祖国的认同、对中华民族的认同、对中华文化的认同、对中国特色社会主义道路的认同。

第三，优化环境，构建思想道德教育网络。加强社会治安综合治理，创作更多优秀精神文化产品，加强网络文明建设，实现社会对民族地区大学生全方位、综合的思想道德教育。普及家庭教育知识，引导家长树立正确的家庭教育观念，掌握科学的家庭教育方法，提高科学教育子女的能力，发挥家庭在学生思想道德教育中的基础性作用。建立美好的校园物质环境，坚持校园文化建设的正确方向，创建以优良校风为主要内容的教风、学风、制度、文化氛围和文化活动，建成社会、家庭和学校相结合的教育网络。

第四，提高思想道德教育者的整体素质。思想道德教育者的工作形式

不应该是固定化、模式化的,它需要不断地创新,同时要壮大思想道德教育者队伍,除了按照教育部规定的比例配备专职的思想道德教育者,还需配备相当数量的兼职人员,辅助进行思想道德教育。更重要的是要提高思想道德教育者的整体素质,鼓励思想道德教育者不断提高自身的素质,熟练掌握汉语和藏语的表达能力,提高自身的专业技能,创新性地为思想道德教育工作做贡献。

(李莹,宝鸡文理学院教师、西藏民族大学马克思主义学院硕士研究生)

和谐社会视角下浅析西藏高校思想政治教育

王代花

自古以来,和谐这一观念就存在且一直为大众所推崇。自党的十六届四中全会提出和谐社会这一概念以来,企业、高校以及社会各个层面都积极以自身实际行动来向和谐社会所提出的目标发展,为构建社会主义和谐社会做出了自身的努力与贡献。高校思想政治教育在构建社会主义和谐社会中发挥着十分重要且不可替代的作用,是和谐社会进程中不可磨灭的功臣。随着"治国必治边,治边先稳藏"战略思想的提出,对西藏高校思想政治教育而言,不仅是一种机遇与发展,更是一种责任与担当。

一、和谐社会视角下西藏高校思想政治教育的意义

(一)"治国必治边,治边先稳藏"理念的客观需要

我国是一个多民族的国家,西藏则是我国陆地邻国最多的省级行政区。习近平总书记曾指出"治国必治边,治边先稳藏"的战略思想,可见这一地区的和谐稳定对我国来说尤为重要。对造就一个和谐稳定的西藏而言,西藏高校不仅承担着高校大学生的思想政治教育工作,更是承担起了为"治边稳藏"培育合格人才的重担。因此,在和谐视角下研究西藏高校思想政治教育是"治边稳藏"理念的客观需要。

(二)"以团结促和谐,以和谐促发展"的现实诉求

科学发展与和谐社会是当代中国的两大最强音,在西藏地区谋求科学发展与和谐社会必然离不开西藏高校的教育支撑。只有各族人民团结在一起才能促进和谐社会的实现,和谐社会的实现又必然能促进社会的不断发展。民族团结教育能够在西藏高校构建和谐校园中发挥积极作用,促进高

校和谐健康发展。① 可见，民族团结是西藏高校思想政治教育的重中之重，因此，和谐社会视角下西藏高校思想政治教育具有十分重要的现实意义，更是"以团结促和谐，以和谐促发展"的现实诉求。

（三）促进民族团结的强心剂

在和谐社会视角下，西藏高校思想政治教育首先是要做好民族团结工作，一所民族高校如果民族团结工作做得不好的话，就不能称之为和谐校园，更不能称之为和谐社会。在和谐视角下研究西藏高校思想政治教育可以有效地促进民族团结，良好的思想政治教育是促进民族团结的强心剂。因此，和谐社会视角下西藏高校思想政治教育是促进民族团结的必备条件，具有十分重要的研究意义。

二、和谐社会视角下西藏高校思想政治教育的现状

（一）西藏高校思想政治教育取得的成就

西藏高校为西藏各行各业培养了大批政治素质过硬、业务素质优良的合格建设者和可靠接班人。他们这些素质都得益于西藏高校全面贯彻党的教育方针，其中思想政治教育工作为西藏高校大学生优良政治素质、道德素质的培养做出了重要贡献。② 单就西藏民族大学这一所高校而言，就为西藏培养了无数的优秀人才，更是培养出了四十多位省厅级干部，形成高校、学生与社会和谐发展的良好态势。

（二）和谐视角下西藏高校思想政治教育存在的问题

虽然近年来西藏高校思想政治教育在总体上呈现良好态势，但仍旧存在着很多问题，使西藏高校出现"亚和谐"现象。单从多民族大学生间的人际关系来看，的确存在着不容忽视的问题。

第一，在西藏高校中存在着较为明显的"戒备心理"。西藏高校大学

---

① 参见陈敦山《西藏高校思想政治教育理论与实践》，西藏人民出版社2012年版，第107页。

② 参见陈敦山《西藏高校思想政治教育理论与实践》，西藏人民出版社2012年版，第1页。

生人际关系总体趋势良好，但是有非常多的个例向我们展示了一个事实：在藏族大学生与汉族大学生的交往中或多或少地存在着较为明显的戒备心理。这种戒备心理是非政治性的，纯粹是由于认知、情感以及经济等因素造成的戒备性心理，但是如果不能得到及时的处理，在西方反华势力以及达赖集团的蓄意破坏下，这种纯粹由于认知、情感以及经济等因素造成的非政治性的戒备心理就有可能发展为政治性戒备心理，对和谐社会构成一定的威胁与破坏。

第二，西藏高校学生中存在非常明显的"交往界限"。在西藏高校大学生寝室中，大多数都是藏汉族学生混合的分布格局，虽然在总体上趋于良好态势，但是我们不难发现有较为明显的交往界限。一般都是藏族学生与藏族学生亲密无间，一起来往，汉族学生则与汉族学生一起来往。在寝室中亦是如此。藏族同学说藏语，汉族同学听不懂，这使这种交往界限更加强烈，这种无意识的分组活动形成一种非常明显的"交往界限"。长久如此会对西藏高校的和谐建设造成一定的危害。

第三，在西藏高校大学生的交往中形成一种不成文的"民族惯性疏离"，最终导致"亚和谐"现象。"民族惯性疏离"是指由于多种因素引起受众（教育主体）对多民族交往的习惯性疏离与排斥。这里的多种因素包括家庭、学校、社会、网络、个人等多方面的影响。随着这种"民族惯性疏离"的出现，"亚和谐"现象也随之而出现。久而久之，这就成了西藏高校大学生之间不成文的规定，对多民族学生之间的交往、交流、交融造成很大的阻碍，甚至威胁着民族团结，对和谐社会造成一定的影响。

（三）西藏高校思想政治教育存在问题的原因分析

造成以上思想政治教育问题的原因有很多，包括家庭、学校、社会、网络以及个人等多方面的因素。这里我们着重分析高校在实施思想政治教育层面的因素，对"戒备心理＋交往界限＋民族惯性疏离＝亚和谐"这一现象的影响。从西藏高校自身而言，笔者认为有以下三个原因。

第一，"管"得太多，没有艺术性。过分地强调民族团结往往适得其反。我们不可否认，高校在民族团结教育方面过于注重运用显性思想政治教育，而较少使用或者忽略隐性思想政治教育。在民族高校进行民族团结教育，应格外重视隐性思想政治教育，将显性思想政治教育与隐性思想政治教育相结合。在西藏高校大学生的思想教育过程中,"管"是必需的,但是一定要有艺术性,这样才能得到良好的回馈。

第二,"引"得太少,过于生硬。在对西藏高校大学生进行思想政治教育时,考虑到其生源都是来自于不同民族的学生,由于语言以及文化等多种因素,更应该注重"引"的思想政治教育。这里的"引"是指间接的、隐性的思想政治教育。西藏高校不能照搬内地高校模式来对待大学生思想政治教育,应尊重西藏高校的现实情况,使西藏高校思想政治教育在与内地高校思想政治教育的共性中成长、个性中加速发展。

第三,西藏高校思想政治教育的个体性功能与社会性功能未能形成全面对接。思想政治教育的个体性功能和社会性功能是紧密联系在一起的,个体性功能的实现不能脱离社会性功能去空谈,社会性功能也需要以个体性功能为其实现的中介。[①] 思想政治教育的个体性功能有生存、发展及享用功能,社会性功能则有政治、经济及文化功能。西藏高校大学生的思想政治教育现状表明,他们的政治素质优良、业务素质优良,但是光有这些是不够的。马克思曾以音乐为例形象地指出:"对象如何对他说来成为他的对象,这取决于对象的性质以及与之相适应的本质力量的性质""对没有音乐感的耳朵来说,最美的音乐也毫无意义,不是对象"。[②] 因此,当前对西藏高校思想政治教育的个体性功能与社会性功能的对接研究也是势在必行的,研究怎样使西藏高校大学生个人的情感上升至整个中国社会,而不只局限于西藏自治区也将会为和谐社会的发展助力添彩。

三、和谐社会视角下西藏高校思想政治教育的特点及建议

(一)和谐社会视角下西藏高校思想政治教育的特点

首先是多元性。西藏高校与内地高校相比较,最为特别的一点是民族多元性。在西藏高校中,一个班级、一个寝室往往居住着至少两个民族的学生,在他们的日常交往与学习中,多元性是一个非常显著的特征。

其次是敏感性。在西方敌对势力的"西化""分化"以及达赖集团分裂破坏的背景下,西藏高校思想政治教育具有非常明显的敏感性。西藏高

---

① 参见陈万柏、张耀灿《思想政治教育学原理》,高等教育出版社2007年版,第71页。
② 《马克思恩格斯全集》(第42卷),人民出版社1979年版,第126页。

校大学生中大多数都是藏族学生，只有极少量的汉族学生。在藏传佛教的影响下，藏族学生普遍有着宗教信仰，虽然他们嘴上不明说出来，但是其心理有着较为明显的宗教倾向。如在寝室里悬挂着佛像、佛珠及其他宗教物件，还有一些大学生感冒发烧了，他们不会吃药打针治疗，往往信赖由家人为其转经。这些都表现出了西藏高校思想政治教育中存在的较为强烈的敏感性。

（二）和谐社会视角下做好西藏高校思想政治教育的建议

第一，西藏高校应为大学生校园学习生活营造良好氛围，促进不同民族学生交往、交流、交融。西藏高校的学生绝大多数来源于西藏自治区，除了藏族之外，还有来自区内的汉族和其他少数民族，另外，从祖国内地其他省、市、自治区也有学生考进西藏相关高校求学，来自其他省市区的学生民族成分也相对多元。从学生教育管理的角度，有的学校将藏族学生单独编班组织教学，安排学生宿舍也是将藏族安排在一起，将汉族安排在一起，相关学校这样做是认为藏族学生基础相对较差，把藏族学生单独组织编班更有利于教学，能够因材施教，藏族学生单独安排宿舍因风俗习惯相同更利于学生相处和交流。其实，这样做并不利于学生的健康成长。因为，大学生在校园里学习生活，平常的环境以及氛围非常重要。不同民族应该混合编班、混合安排住宿，这样能够促进不同民族学生相互帮助、相互学习，促进学生在学习生活中开展民族团结，在校园学习生活中实现不同民族的交往、交流、交融。

第二，在西藏高校思想政治教育显隐结合的基础上，要尤为重视隐性思想政治教育。西藏高校不同于内地高校，在和谐视角下，首先受到重视的是民族团结问题，民族团结历来都是西藏高校备受关注的现实问题，且西藏高校一直都在为民族团结而不断努力着。站在和谐社会视角下，以不同于内地高校的现实基础为依据，西藏高校思想政治教育在显隐结合的基础上，更应该注重发挥隐性思想政治教育的作用，营造和谐的校园氛围。

第三，注重民族情怀的聚集与激荡，最终达到思想政治教育的个体性功能与社会性功能的全面对接。西藏高校的藏族大学生绝大部分毕业之后都返回西藏工作，他们的社会性功能只局限在西藏自治区，因此，他们的民族情感较之内地可能会有些隐匿，但是毋庸置疑是存在的。随着各种因素的影响，这种隐匿的民族情怀如果没有得到很好的处理，那么就很容易被西方反华势力以及达赖集团蓄意破坏，最终阻碍着我国和谐社会的发展。因此，怎样聚集与激发西藏高校大学生的爱国主义情怀和民族情怀，是思想政治教育工作者们所要考虑的一个重要问题。

首先，要处理好西藏高校多民族学生之间的交往问题。在内地高校大学生的生活与学习中，也存在着一些磕磕绊绊，更何况是在西藏高校这种多民族学生聚集在一起生活与学习的情况。有一些磕磕绊绊也是正常的，在针对西藏高校大学生思想政治教育时，不应过于避讳，不能认为这个问题很敏感，我们便跨过不谈、略过不碰。

其次，善于运用载体聚集与激荡民族情怀，促进民族团结。我们中国人有一种特性：不管平时是否有一些分歧或矛盾，但是在大事情面前却非常团结、非常爱国。例如，1998年长江洪涝灾害、"5·12"汶川大地震灾难等大灾发生时，多少中华儿女手拉手、心连心地共渡难关，还有很多正能量的故事发生在同一时刻，全国上下都能感受到那股正能量、那份温暖与光明。2008年北京奥运会期间，人们的觉悟在不知不觉中得到提高，特别团结，民族精神特别强烈。全国政协原副主席霍英东曾说："在一国原则下，所有炎黄子孙都会认为举办奥运会是国家的一件大喜事，北京举办奥运会有利于民族团结。"因此可见，像奥运会这样的国际性的活动的确有利于民族情怀的聚集与激荡，有利于民族团结。在西藏高校大学生思想政治教育中，我们更应多利用像奥运会这样的契机，将其作为一种载体，培养与激荡学生的民族情怀，升华多民族学生的情感，最终营造团结而和谐的氛围。

（王代花，西藏民族大学马克思主义学院在读硕士研究生）

关于西藏高校思想政治教育与构建西藏和谐社会的几点思考

杨 慧

党的十八大以来，以习近平同志为核心的党中央站在党和国家工作全局的高度，创造性地继承和发展了党的治藏方略。习近平总书记关于维护西藏和谐稳定和长治久安的一系列重要指示精神，为实现西藏持续稳定、长期稳定、全面稳定指明了方向。可以看出，构建社会主义和谐社会、构建西藏和谐社会已经成为党和国家的重大战略任务，成为有中国特色社会主义核心价值观的重要内容之一。

长期以来，党中央对西藏社会主义革命和建设给予了特殊关注与照顾，给了西藏巨大的政策和经济支持。依靠自治区党委的正确领导和西藏人民的努力奋斗，西藏经济社会实现了跨越式发展，取得了巨大的成就。当前，西藏自治区藏汉等各族人民进一步坚定了走有中国特色、有西藏特点的发展路子的决心，呈现出团结向上、自信开放、和谐发展、积极昂扬的精神风貌。但是，从20世纪80年代以来的多次骚乱和2008年拉萨"3·14"打砸抢烧事件可以看出，西藏社会还存在着许多不和谐的因素，西藏高校思想政治教育的质量仍然应该是我党关注的焦点。近几年来，党中央对西藏高校大学生思想政治教育工作的重视更加鼓舞了西藏高校师生探索思想政治教育模式的积极性。西藏高校能否为国家培养出一支"靠得住，用得上，留得下"的社会主义现代化建设人才，对西藏跨越式发展和长治久安以及国家的和谐稳定至关重要。

一、西藏高校大学生思想政治教育现状及存在的不足

思想政治理论课是西藏高校大学生的必修课，是帮助大学生树立世界观、人生观、价值观的重要途径，是大学生思想政治教育的主渠道。50多年来，西藏高校为西藏自治区培养了一大批思想政治素质过硬、业务素

质强的社会主义建设者和接班人。但是与内地高校相比,西藏高校的思想政治教育还有着自己的特殊性,存在着不足。主要表现在以下三个方面。

第一,思想政治教育管理阶层很重视思想政治教育,但是在实际落实中面临诸多困难;思想政治教育教师队伍整体素质不高,影响教学质量;学生基础知识水平参差不齐,厌学心理严重。思想政治教育功能发挥不佳,教育的实效性不强。

第二,在西藏各阶段学校教育中,思想政治教育理论内容不断重复,使高校思想政治理论课教师在实践中政治教育重点不突出;教师队伍在教育实践过程中所使用的方法单一,主要以灌输教育和学生的被动接受为主,教育方式方法缺乏创新性。

第三,思想政治教育自学科创立之日起就"本着创造性与构建性的目标,通过打破学科营垒,实现内容的相互渗透、通融、整合和再生,展现其宽领域、跨学科、多维度的综合性特点",大一统的思想政治内容、千篇一律的教育方法使学生对思想政治教育学习不积极,甚至产生敷衍抵触情绪;学生对现实的困惑没有得到及时的指导和解决。教师在教授过程中对时事政治新闻热点与课程理论结合不够,出现空谈理论、教学本本主义、教条主义思想,与社会发展步伐相脱节,呈现出"教师难教、学生厌学"的复杂状况。

二、构建西藏和谐社会背景下高校思想政治教育创新的意义

(一)高校思想政治教育创新的必要性

中共中央、国务院《关于进一步加强和改进大学生思想政治教育的意见》指出,加强和改进大学生思想政治教育要"以大学生全面发展为目标",加强和改进大学生思想政治教育要"坚持以人为本,贴近实际,贴近生活,贴近学生,努力提高思想政治教育的针对性、实效性和吸引力、感染力"。在特定环境中长大的西藏大学生,呈现出与内地高校大学生不同的特征。充分把握这些特征,针对性地进行思想政治教育是十分必要的。这些不同特征主要表现在以下四个方面。

一是部分大学生基础知识相对薄弱,缺乏系统的理论学习,对西藏历史、民族宗教理论政策认识不够,知识结构、思维方式与汉族同学相比存

在一定的差异性。

二是对马克思主义理论及思想政治教育理论处于被动接受的状态，对知识从表面感知，死记硬背，没有深层次理解，缺乏独立思考、自主解决问题的能力。

三是市场竞争意识相对淡薄，对思想政治理论课程学习不积极、学习兴趣不浓厚、成绩不理想，具有道德判断能力，但是道德行为与道德认知脱节，出现知行不一致，对将来的就业和择业没有明确目标。

四是特殊的生活环境、民族传统文化导致了藏族学生极具民族特性的心理特征。

（二）高校思想政治教育创新的意义

中国要建设和谐社会，就需要和谐思想政治教育。没有和谐思想政治教育，就没有和谐社会，反过来，没有和谐的社会氛围，也不利于进行和谐思想政治教育。和谐社会与和谐思想政治教育是同步发展的。高校思想政治教育的主要内容与构建和谐社会的本质要求是一致的。根据西藏高校大学生尤其是藏族大学生的思想特点、性格特点、心理特点和行为特点，创新思想政治教育方法是十分必要的。加强和改进西藏高校思想政治教育，增强大学生思想政治教育的针对性和实效性，在构建西藏和谐社会的大背景下具有非常重要的意义。

1. 有利于建设先进文化

高校思想政治教育与社会主义文化的价值取向是一致的。我们要全面建设小康社会，就要使文化成为推进中国特色社会主义事业的精神力量，使其更深地熔铸在民族的生命力、创造力和凝聚力之中，更好地发挥先进文化在中国特色社会主义文化中的引领和整合作用。引领，就是要坚持先进文化的前进方向。整合，就是要大力发展先进文化，支持健康有效的文化，改造落后文化，坚决抵制腐朽文化，不断增强中国特色社会主义文化的吸引力和感召力。这就是思想政治教育中发挥先进文化力量的价值选择。

在构建和谐社会的新的历史条件下，我们的先进文化建设任务更加艰巨和迫切。坚持改革是中国正视自身、面向世界的新阶段开始的标志。在这种背景下，要赋予中华民族文化时代的生命力，必须主动融入先进文化发展的行列。在西藏地区，由于各自家庭背景和文化背景在认知上的差异，高校学生在信仰和心理上的差异呈现着多面的特点，当地少数民族的民族文化和宗教文化密切相关，造成了一些学生在学习中带有宗教色彩的信仰，他们总是自觉或不自觉地从自己的民族和宗教特点来观察和体验生活，有的学生甚至形成自己片面的价值观。西藏的农牧地区，信仰藏传佛教的群众比较多，一些家长认为送子女到寺庙去学习经文可以解决家庭的生养问题，这比接受正规教育更划算，也相对减少了家庭的部分财产支出。于是，在农牧区，一些家长将未满十八岁的青少年送到寺庙去学习经文，有的家长甚至把孩子送到印度的寺院去学习；有一些寺庙还免费招收，以这样的条件来吸引和接收适龄儿童到寺庙去学习宗教文化。虽然说在寺庙也可以学习一些文化，但它毕竟不是正规的教育，是没有现代意义而且违反国家的教育政策和法规的，同样也违反了对宗教、寺庙、僧人的相关法律法规。大量的年轻人去寺院学习宗教文化不仅不利于国家改善教育，而且也不利于国家和民族地区的经济和社会发展。

因此，建设社会主义和谐社会必须实现社会主义先进文化与西藏地区宗教文化的结合。发展面向现代化、面向世界、面向未来的，民族的、科学的、大众的社会主义文化，是构建社会主义和谐社会的思想文化基础，是我国各族人民的必然选择。大力发展文化，充分发挥文化的作用和功能，是人类文明、和谐与进步、社会经济持续发展的重要条件。

2. 有利于为西藏培养合格接班人

培养人才、科学研究和社会服务是高校的社会功能。高校通过人才培养，为先进文化建设提供智力支持和人才保障；通过开展科学研究、创新知识，为先进文化建设服务；通过社会服务，引领、推动先进文化的发展。通过培养一批高素质的创新人才，促进教育与经济社会发展，为现代化建设提供人才支持和知识贡献。高校先进文化建设的目的，就是着力提高学生的思想道德素质、科学人文素质、身体心理素质、生活技能素质等综合素质，促进大学生全面发展。这是党和国家事业的需要，是人民利益的需要，是与社会主义高等教育目标相一致的。

在现阶段，西藏高校先进文化建设的目标就是为国家培养大批各类优秀人才，为西藏的发展稳定和各项事业进步做出贡献。所以西藏高校通过深入贯彻落实党的十八届三中全会精神，贯彻落实习近平总书记系列重要讲话精神和关于西藏工作的一系列重要指示精神，特别是"治国必治边、治边先稳藏"重要战略思想，加强思想政治教育工作，始终将维护祖国统一和反对分裂作为思想政治教育的重要内容，贯穿于学校教育各个领域，根据学生的思想和身心成长特点，有针对性地开展思想政治教育工作，积极回应学生关心的现实问题、热点问题，教育引导师生自觉抵御达赖分裂集团的分裂渗透活动。只有这样，才能保证大学生思想政治教育的针对性和实效性，进而培养出自身和谐、与社会主义新西藏建设相适应的合格的建设者和可靠接班人，实现在构建和谐社会的背景下高校思想政治教育价值创新的目的。

3. 有利于更好地构建西藏地区和谐校园

构建和谐校园是落实以人为本的科学发展观的需要。构建和谐校园是培养高素质人才的需要，其主要任务是促进教育环境的和谐发展，最终还是要落实在学生身上，学生个性的全面和谐发展是和谐校园的一个重要标志。

在全球化发展的前提下，西藏高校学生的成长是多方面的，他们的思想正在发生巨大变化。高校学生的民族意识、信仰和自信心都在不断提高，但也有少数的学生对民族精神的理解不深，特别是忽略和淡化了伟大的民族精神追求，市场经济的负面影响使一些大学生缺乏崇高理想及艰苦奋斗、甘于奉献的精神，拜金主义、享乐主义和个人主义滋生并不断蔓延。如果没有及时和有效地通过思想政治教育加以解决这些问题，就会影响西藏高校学生的健康成长。

在全球化的背景下，国家的繁荣和教育理念的完善是引导学生培养坚定信念和崇高精神，帮助他们树立崇高理想、关心未来和国家命运的必要条件，懂得为了繁荣西藏地区而努力学习，从而整体让西藏的教育获得全面的发展。大量的事实说明，在西藏地区开展思想政治教育，加强当地学生的思想品德教育，是建立高品质当代学生的动力源。

西藏高校对学生思想政治方面的教育工作，以深入开展马克思主义理论教育，坚定中国特色社会主义理想和信念教育为核心，以基本的公民思想政治教育为基础，教育学生加强自身的理想信念教育和素质教育，特别强调马克思主义"五观"教育和反分裂斗争教育，从思想政治理论课教学、辅导员队伍建设、学生心理健康教育以及西藏地区的双语教育等方面出发，对学生的个性全面发展都将起到积极作用。

4. 有助于推进中华民族伟大复兴的进程

随着西藏自治区改革开放的日益深入，西藏地区社会的经济基础和上层建筑正在发生转变，而这样的转变确实比其他任何地区都要复杂。我国社会日益多样化的经济要素组织形式和分配方式，给市场竞争带来了巨大的就业压力，而人民的贫富差距也造成艰苦奋斗的精神在社会生活中逐渐淡化，滋生了拜金主义和享乐主义。历史虚无主义的不良思想对社会主义制度产生了负面影响，也同样对少数民族学生的生活观和价值观产生了负面影响。

中国是个多民族的国家，西藏是中国神圣领土不可分割的一部分，地域辽阔，资源丰富，自然条件和政治经济文化等方面都非常特殊。藏族和其他少数民族都是祖国大家庭中的一员，在长期的历史发展过程中，西藏对维护和壮大伟大的祖国、维护民族团结都做出了突出贡献，并创造了悠久的历史和独特的文化，从而丰富了中华民族的文化瑰宝。在西藏和平解放以后，党中央、国务院高度重视西藏历史和文化的保护和继承，特别重视西藏文化和教育的发展。国家采取了大量的特殊措施以帮助和支持西藏发展教育事业。经过50多年的努力，西藏的教育已经发生了翻天覆地的变化，但和我国其他兄弟省市相比仍有较大的差距。随着中国政治和经济改革的深化，改革西藏教育尤其是在西藏地区开展思想政治教育，是发展西藏整体教育的根本途径。

三、加强西藏高校大学生思想政治教育的措施

（一）增强思想政治教育内容的针对性

思想政治教育的内容是思想政治教育目标的具体化，是党和国家对社会成员实施的思想政治教育总体目标在思想、政治、道德、心理等素质方面的要求。思想政治教育的内容体现了思想政治教育的性质，用以说明思想政治教育要把我们的教育对象"培养成什么样的人，为谁培养人"的目标，因此，本着思想政治教育坚持"以人为本，贴近实际，贴近生活，贴近学生"的原则，西藏高校的思想政治教育理论内容要紧密结合西藏实际，为西藏培养一批在政治上真正过硬的高素质人才。笔者认为应从以下两方面着手。

第一，始终坚持将马克思主义理论作为指导思想，通过向学生传授马克思列宁主义、毛泽东思想、邓小平理论、"三个代表"重要思想和科学发展观，让学生了解基本的社会制度政治体系，树立马克思主义政治观，

为自身思想道德、心理素质提高打下基础，使他们确立坚定正确的政治立场，坚定不移地维护祖国统一和民族团结，从心里树立爱国主义理想。

第二，将国际和国内热点问题、时事新闻有机地融入思想政治教育当中。在信息化迅速发展的社会，大学生时刻接收着来自四面八方的前沿信息，而良莠不齐的信息也会对涉世较浅的青年大学生造成一些负面影响。思想政治教育本身是一门应用型学科，将理论联系生活实际，有效解决大学生的实际问题才是其发挥功能的根本。

（二）促进教师主导性和学生能动性的有机结合

思想政治教育工作者是思想政治教育的主体，在思想政治教育中承担着主导性作用。提高思想政治教育工作者的素质，充分发挥其在思想政治教育过程中的作用，是开展思想政治教育的基础工作。目前，西藏高校思想政治教育方法依然是以灌输教育为主，我们不能否定灌输教育有它自身的优越性，马克思灌输理论是列宁提出来的，其实质是"通过马克思主义理论灌输，使人们内化社会主义意识形态、社会主义道德原则、心理健康知识，从而在行动上成为社会需要的人才"。但是，我们反对脱离教育对象差异性和具体情境的强制灌输。正如毛泽东所说："政治动员并不是将政治纲领背诵给老百姓听，这样的背诵是没有人听的"，所以在思想政治教育传授过程中，我们一定要促进教师主导性和学生能动性的有机结合。

第一，要充分发挥教师的主导作用，同时也必须将教师的灌输教育与学生的自主学习有机结合。思想政治理论课教师要善于在"两课"教学中补充和丰富具有民族特色的思想政治教育内容。将社会思潮、社会热点教育与思政教育巧妙地结合起来。除此而外，思想政治理论课教师要不断地改革创新教学方法，坚持以人为本，尊重学生在教学中的主体地位，多采用启发式、讨论式、研究式等教学方法，多运用多媒体、网络等现代化教学手段，来调动学生的学习积极性。

第二，不断加强大学生的社会实践活动。社会实践是大学生思想政治教育的重要环节，对西藏大学生深入开展社会实践活动至关重要。在思想政治教育中积极探索实践育人的长效机制，重视社会实践基地建设，积极组织大学生参加社会调查、生产劳动公益活动、志愿服务、勤工助学以及科技发明等社会实践活动，不断丰富社会实践的内容和形式，提高社会实践的质量和效率，使大学生在社会实践当中受到教育，增长才能，增强社会责任感。

第三，鼓励大学生加强自我教育，将提高大学生的思想政治素质落到实处。要加强大学生自我教育，首先要发挥大学生团体在大学生思想政治教育中的作用。这些团体包括正式群体，也有非正式群体，正式群体有党组织、团组织、班集体等，非正式群体有学生社团、协会、兴趣小组等。他们有共同的兴趣、共同的追求，在思想上也趋向一种整体水平，这些团体在大学生自我思想政治教育中起着不可替代的作用。要认真组织各种正式团体，强化其育人的功能，对非正式团体加以规范和引导，发挥其育人的功能。

（三）有针对性地开展思想政治理论课双语教学

在西藏高校思想政治理论课教育教学中，有针对性地开展汉、藏双语教学，是提高思想政治理论课教学质量的重要手段。为了有效地实施双语教学，在我们的教学过程中需要采取以下措施。

第一，建立一支以藏族教师为主体，从事思想政治理论课教学的汉、藏双语师资队伍。双语师资是开展双语教学的关键，在思想政治理论课教学中居于主导地位，培养汉、藏双语师资是提高思想政治理论课教学效果的前提。为此，在广泛接纳人才的前提下，应以本校培训为主体，大力加强在岗藏族思想政治理论课教师的双语培训。对藏语基础较好的教师，可以通过开展短期培训班、教学观摩、请专家学者讲座等方式提高教师的双语水平；对藏语基础较差或没有藏语基础的教师，可以利用学校现有的藏语教学资源，有计划、有步骤地开展长期培训，逐步提高思想政治理论教师的藏语水平，以适应开展思想政治理论课的双语教学。

第二，正确认识汉、藏两种语言在思想政治理论课教学中的地位，有针对性、有差异性地开展双语教学。作为教学语言，汉、藏两种语言在思想政治理论课教学中都具有重要作用。就目前的西藏高校来看，尽管少数民族学生所占比例较大，但汉族学生还占有一定的比例，他们没有藏语基础。因此，在高校思想政治理论课教学中，应以汉语授课为主，藏语授课为辅，要有针对性、有差异性地开展双语教学。目前，双语教学只适用于藏族班或藏汉族混合班。通过双语教学，使藏族学生消除语言上的障碍，在教师的指导下，正确理解和把握思想政治理论课的基本知识、基本原理。在具体的教学过程中，我们要结合多媒体教学、电视、电影、录像等现代教育技术手段，通过直观的、具体的、形象的教育方式，进一步加深学生对理论知识的理解，使全体学生的思想政治理论水平不断提高，最终实现思想政治理论课的教育目标。

第三，在双语教学理论研究的基础上，开展双语教学的实验研究，做到理论联系实际，让研究者和从事思想政治理论课双语教学的教师共同参与实验，用现代心理学的新方法来探讨双语教学实际问题，争取在理论与实践的结合中逐步探索出双语教学的成功经验，用来指导双语教学。同时，应鼓励和支持从事思想政治理论课教学的广大教师，在教学实践中创造出符合班级学生实际和学科特点的、生动活泼的双语教学形式。

第四，组织编译思想政治理论课双语简易教材。从目前西藏高校思想政治理论课教学的实际出发，在现有思想政治理论课教材的基础上，针对思想政治理论课中难以理解、理论性较强、较为抽象的专业术语、概念、基本原理等内容，组织编译适合西藏高校思想政治理论课教学的简易双语教材或教学资料。这既有助于加深藏族学生对基本理论知识的学习和理解，又为思想政治理论课的双语教学提供了有利条件。

四、结语

综上所述，思想政治教育是一项艰巨而复杂的系统工程，要更好地实施这项工程，需要学校各级领导、教师、学生的共同努力。西藏高校应该结合自己的特殊性，进一步加强大学生思想政治教育研究，进一步让大学生明确自己对国家、对社会所肩负的责任，努力提高自己的综合素质，成为一名有理想、有道德、有文化、有纪律的新一代社会主义事业接班人。

（杨慧，西藏民族大学马克思主义学院在读硕士研究生）

西藏大学生思想政治教育与构建西藏和谐社会

张 燕

西藏是祖国不可分割的领土，西藏大学生思想政治教育工作直接关系到构建西藏和谐社会。自党的十八大以来，以习近平同志为核心的党中央认识到大学生思想政治教育工作责任重大，对加强大学生思想政治教育工作提出了新的要求和希望，而且为加强和改进西藏大学生思想政治教育工作指明了新的方向。

一、西藏大学生思想政治教育存在的主要问题

2004年8月26日，党中央颁发了《关于进一步加强和改进大学生思想政治教育的意见》。文件指出，当代大学生思想政治状况的主流是积极、健康、向上的。同时也强调，国际国内形势的深刻变化使大学生思想政治教育面临严峻挑战。西方反华势力和分裂分子对西藏大学生的思想渗透是无孔不入的，这严重威胁着西藏的和谐，对我们改进和加强西藏大学生思想政治教育造成了极大的困难。

（一）西藏高校思想政治理论教育受到挑战

要构建西藏和谐社会，必须坚定不移地坚持马克思列宁主义、毛泽东思想、邓小平理论、"三个代表"重要思想和科学发展观在意识形态领域的指导地位，坚持走中国特色社会主义道路。随着国家对西藏的各种投入，比如交通、网络的迅猛发展，极大地加快了西藏的发展，但同时内地各种思潮纷纷涌入西藏，使西藏大学生的思想观念受到了严重的冲击，"一切向钱看"的拜金主义思潮抬头，造成了学生对政治理论课不感兴趣的现象，这与构建西藏和谐社会的目标是不相适应的。

（二）部分西藏大学生的价值观念发生了改变

构建西藏和谐社会，就必须要求我们要有集体主义观念，要正确处理好个人、集体、国家之间的关系，正确处理眼前利益和长远利益的关系。随着西藏实现跨越式的发展，西藏大学生从封闭的西藏开始走向开放的内地，价值观念也发生了重大的变化，有的以个人利益为重，忽视集体利益，责任意识较淡薄；有的诚信缺失、道德背离的现象突出；有的缺乏艰苦奋斗的精神，浪费现象严重……这些严重损坏了西藏大学生的形象。西藏大学生价值观的极端化，严重影响着西藏大学生的思想，同时也直接关系到西藏的和谐、稳定与发展。

（三）西方反华势力和达赖分裂集团的渗透破坏对西藏大学生思想的冲击

西方反华势力和达赖分裂集团对西藏大学生的思想渗透不仅一直没有停止过，反而愈演愈烈。特别是进入21世纪以来，随着互联网的快速发展，在这个网络时代，西方敌对势力和达赖分裂集团对西藏大学生思想渗透的手段更加具有隐蔽性，方式更加多样化，西藏大学生接受他们的思想渗透也变得越来越容易。西方敌对势力和达赖分裂集团的渗透活动使西藏青年大学生的思想受到严重的冲击，给我们的思想政治教育带来了更加严峻的挑战，严重威胁着西藏的和谐社会建设。

二、加强和改进西藏大学生思想政治教育是构建西藏和谐社会的必然要求

西藏大学生思想政治教育直接关系到西藏的和谐稳定。在构建西藏和谐社会的过程中，应当把服务西藏、建设和谐西藏也作为西藏大学生思想政治教育工作的重要目标，纳入西藏大学生思想政治教育总体规划，从而引导西藏大学生树立科学发展观和和谐发展的思想观念，促进西藏大学生全面科学和谐的发展。西藏大学生思想政治教育与西藏和谐社会的本质是一致的。和谐社会是人与社会、人与自然、人自身全面和谐的社会。在这三个和谐关系中，人自身和谐是社会和谐发展的基础。铸就和谐的人的个体，就是要使一个人有健全的人格，有正确的世界观、人生观和价值观，

能合理地处理个人与自然、个人与社会错综复杂的关系，做到融入自然、融入社会，从而实现自己全面的发展。我们在构建西藏和谐社会的过程中，教育西藏大学生要以理想信念教育为核心，深入进行树立正确的世界观、人生观和价值观教育，在西藏大学生中认真开展增强社会责任感和主人翁意识的教育，引导西藏大学生积极健康成长。青年的社会责任感关系着祖国的未来、民族的希望，也是一个青年立志成才、走向成功的关键因素。因此，加强和改进西藏大学生思想政治教育工作，最根本的就是要教育西藏大学生树立正确的人生观，增强社会责任感和主人翁意识。抓住了这个关键，思想政治教育才能收到良好的效果，学生学习才有不竭的动力，高校学风才能从根本上好转。进行这一教育，最好的教材就是以爱国主义教育为重点，深入进行弘扬和培育民族精神教育，以基本道德规范为基础，深入进行公民道德教育。以西藏大学生全面发展为目标，加强和改进西藏大学生思想政治教育，促进西藏大学生全面和谐发展，是建设西藏和谐社会的必然要求。

三、加强西藏大学生思想政治教育、促进西藏和谐社会建设的路径选择

（一）加强理想信念教育，教育西藏大学生热爱社会主义制度

加强西藏大学生的理想信念教育，就是要教育西藏大学生坚持以马克思列宁主义、毛泽东思想、邓小平理论、"三个代表"重要思想和科学发展观为指导，走中国特色社会主义道路，拥护中国共产党、拥护社会主义制度，弘扬"老西藏精神"，把建设西藏、服务西藏作为西藏大学生唯一正确的选择。

（二）转变教育理念，做到以学生为本，促进学生健康成长

在传统教育理念下，思想政治教育重视政治服务功能，侧重于知识的灌输，而忽视学生的主体的需要，使学生被动地学习知识，使学生不能成为具有独立人格的人。当今时代是一个知识爆炸的时代，知识的创新和运用是经济发展的基础，要想实现知识的创新和运用，首先要靠人这个主体。因此，在进行思想政治教育的过程中，一定要从学生的实际需要出

发，充分尊重学生的主体地位，注重学生素质培养和全面发展。

（三）进一步强化马克思主义"五观"教育

西藏大学生是西方反华势力和达赖分裂集团拉拢、腐蚀的重点对象。反分裂反渗透斗争形势十分严峻，我们必须加强对西藏大学生进行马克思主义"五观"教育，引导西藏大学生认识西藏反分裂、反渗透斗争的长期性、复杂性、尖锐性，增强反分裂、分渗透斗争的自觉性和主动性，不断增强西藏大学生对社会主义的认同、对中华民族的认同，让学生充分认识到"分裂动乱是祸，团结稳定是福"，认识到第十四世达赖是图谋"西藏独立"的分裂主义政治集团的总头子，是西方反华势力的忠实工具，是在西藏制造社会动乱的总根源，是阻挠藏传佛教建立正常秩序的最大障碍。在构建西藏和谐社会的目标下，我们要按照构建西藏和谐社会的要求，进一步深化、拓展、创新西藏大学生思想政治工作。用和谐社会的理念来梳理西藏大学生思想政治教育，使西藏大学生思想政治教育工作更富有现实意义。只要广大师生员工群策群力，坚持和谐社会理念，努力加强大学生思想政治教育工作，就一定会更好更快地构建西藏和谐社会。

（张燕，西藏民族大学马克思主义学院讲师、在读硕士研究生）

新形势下西藏少数民族大学生思想道德教育存在的问题及对策

张翠华

一、加强西藏少数民族大学生思想道德教育工作的必要性和紧迫性

党的民族政策和宗教政策在西藏得到落实,使平等、团结、互助的社会主义民族关系得到了进一步的巩固和发展。在改革开放和社会主义核心价值观建设的新时期,民族问题仍是关系到国家稳定的关键问题。西藏少数民族大学生是青少年中的优秀群体,是国家的栋梁,如何加强西藏大学生的思想道德素质,是思想道德教育工作者的一项极其重要任务。

对西藏这一特殊的地理区域,多年来,西方敌对势力从未放弃把西藏分裂出中国这一巨大阴谋,试图通过各种手段,煽动民族对立情绪,从而破坏民族团结。在2008年,达赖集团指使少数不法分子在拉萨所制造的打砸抢烧暴力事件,非常严重地破坏了社会稳定和社会正常秩序。在这种形势下,为了维护祖国统一、民族团结,西藏需要大力加强少数民族大学生的思想道德教育,使他们在维护民族团结和社会稳定、反对民族分裂方面,坚定政治立场,始终与党在政治、思想和组织上保持高度的一致性。西藏少数民族大学生思想道德素质的高低和思想道德教育状况,是国家稳定的基础,也是构建社会主义核心价值观的需要,同时也影响到中国的全面发展。因此,我们应以维护国家统一和社会稳定为前提,深刻认识新形势下加强西藏少数民族大学生思想道德教育工作的重要性。

二、西藏少数民族大学生思想道德教育工作中存在的主要问题

（一）学校思想道德教育工作的科学化程度不高，有待改进

西藏自1952年8月第一所现代化学校开办以来，思想道德教育方式大多都是采取"教师讲、学生记"这种单向传授式教育，学生的实践机会少之又少，大部分学生缺少实践性教育。这种教育方式使学生的学习兴趣减弱，教育效果也不明显。对西藏少数民族大学生思想道德教育，不能仅凭思想政治教育专业或者相关课程的教学，也要通过其他非文科类，诸如医学、化学、生物等的教学来实现。对教育，不能仅靠教师空洞的说服，在上课时教师应该多联系实际生活，让思想道德课和其他课程更贴近生活、更接地气，这样就比较有利于学生的掌握吸收。教师可以搜集相关课程的资料，安排符合少数民族大学生特点的教材，充分调动少数民族大学生学习的积极性。

（二）学校思想道德教育队伍力量薄弱，教育缺乏创新性

西藏高校大多地处偏僻，教学条件相对也很落后。在西藏，各高校普遍存在大学生思想政治教育队伍的力量薄弱、人员流失等问题。近几年，尽管国家出台了一系列相关政策，但是各高校在执行过程中还存在重视程度不够等问题。在西藏部分高校中，思想政治教育工作队伍显现出一些出乎意料的问题，如少部分高校专兼职辅导员并存现象出现，代课辅导员大部分没有多余时间给学生做思想道德辅导工作；"辅导员的知识结构体系不完善、学历层次偏低，不能很好地适应新形势下思想政治工作的需要"[1]，有的甚至对思想道德教育工作缺乏政治意识、责任意识和大局意识。这些都在一定程度上影响了思想道德教育工作的效果。所以，为了适应当前高等学校思想道德教育工作的需要，提高西藏高校思想道德教育工作队伍的综合素质迫在眉睫。

---

[1] 别刊·哈那艾提：《新形势下新疆少数民族大学生思想道德教育工作中存在的问题及对策研究》，载《辽宁广播电视大学学报》2013年第1期。

（三）大学生思想道德水平参差不齐，法律意识淡薄

以西藏民族大学为例，在在校少数民族大学生中，有部分是来自于偏远的农牧区，特别是一些极度落后地区的贫困学生，与整体学生的知识和思想道德水平相差较远。一般情况下，西藏少数民族学生思维比较活跃、自我约束力较弱，加上藏族特有的文化风俗及成长环境的影响，学生很容易就与老师和周围汉族同学产生隔阂，从而增加了道德教育的难度。

西藏少数民族大学生大部分都信仰佛教，藏传佛教不仅是他们的外在行为规范，也早已成为他们的信仰。加之西藏处于西部，长期以来经济水平不高，生产力不够发达，使少数民族的法律意识淡薄。

（四）思想道德教育很难与大学生成长成才相同步

随着改革开放和社会主义市场经济的发展，西方文化不断通过各种现代学术思想进行大量传播，同时，也不断通过经济活动、商业、文化艺术等方式，对我国大学生的思想和心理产生潜移默化的影响。传统文化淡化、价值观念世俗化、集体主题淡化等问题不断侵蚀大学生的心灵，而思想道德教育的方式方法与社会经济的快速发展相比，与大学生比较喜欢的交流、沟通、联系的方式相比，具有很大的滞后性。

三、改进西藏少数民族大学生思想道德教育工作的对策

（一）提高学校思想道德教育工作的科学化程度

思想道德教育必须要"因地制宜""因材施教"。这就要求我们在思想道德教育工作过程中应根据少数民族学生的实际学习能力，采取科学有效、灵活多样的教学方式方法。当然，学校思想道德教育工作应坚持理论与实践相结合，真正落实到社会实践这一环节。列宁在《青年团的使命》中指出："把自己的训练、学习和教育同工农的劳动结合起来，不要关在自己的学校里，不要只限于阅读共产主义的书籍和小册子。只有在劳动中同工农打成一片，才能成为真正的共产主义者。"[1]基于西藏教育长期受应

---

[1] 《列宁选集》（第四卷），人民出版社1972年版，第358页。

试教育以及藏传佛教的影响,思想道德教育工作者应该有组织、有计划地带领或鼓励学生到革命老区或东部沿海开放地区参加有特殊意义的社会实践活动。同时,科学地组织学生进行参观、调查、走访、学术交流,从而加强他们对生活的了解、对人生的认识、对中国特色社会主义和构建社会主义核心价值观的理解。

(二)加强大学生思想道德教育工作队伍建设

首先,应该保障学校思想道德教育工作者队伍的数量。在稳定现有教育工作者队伍的基础上,不断扩大教育者数量,提高教师的工资和福利待遇,保证人员的稳定。

其次,必须保证思想道德教育工作者的高素质水平。切实加强对广大思想道德教育工作者的藏文化知识和科学文化的培训工作,使他们为人师表、以身作则。

最后,继续优化思想道德教育工作者与少数民族大学生之间的人际关系。和谐的思想道德教育过程应以良好的师生关系为基础,良好的师生关系是保证思想道德教育工作顺利实施的有利条件。只有建立在师生相互尊重、相互鼓励、相互信赖基础上的人际关系才能使德育工作取得最佳效果。

(三)加强学校法制建设,提高全体师生的法律意识

"要根据教育法、义务教育法等法律中关于学校思想品德教育的有关内容,通过法制的力量,有效地推动学校思想品德教育,并且要通过教育法规的完善,来体现思想品德教育对象、目标以及要求的层次化。"[1]西藏少数民族大学生受家庭教育、基础教育及西藏社会浓厚宗教信仰的影响至深,因此,西藏学校应根据学生自身发展的规律和特点,做到对学生分差别、分层次教学,做到因材施教,提高全体教职工和学生的法律意识。

(四)思想道德教育内容要与现代化建设相适应

在全球化背景下,对不良的道德现象,如拜金主义、享乐主义、以权谋私、见利忘义等现象要有清醒的认识。自觉地抵制封建社会所遗留下的

---

[1] 吴德刚:《加强青少年思想道德教育的思考》,载《教育研究》2008年第7期。

腐朽行为和思想，从小树立健康的思想道德意识。要针对少数民族大学生的特征，编写与时代特征相适应的思想道德教育教材，并结合少数民族大学生的日常生活习惯，从简单的日常作息、社交礼仪、文明礼貌、道德规范开始，采取循序渐进的方式方法开展教育。思想道德教育的内容应与实际生活、现代化建设结合起来，增加学生与教师、藏族与汉族、藏族与藏族的互动，尽量避免枯燥的说教式教育。

综上所述，少数民族大学生思想道德教育工作对全面实现稳藏兴藏具有重要的意义，应该作为西藏高校的一个重要工作来抓。通过提升个人道德修养和强化思想道德教育，使少数民族大学生科学文化知识、思想道德素质得到全面的提升。另外，应积极探索加强和改进少数民族大学生思想道德教育的路径，提高思想道德教育的实效性、感染力和吸引力，把少数民族大学生培养成中国特色社会主义事业的建设者和接班人，为践行社会主义核心价值观贡献一分力量。

（张翠华，西藏民族大学马克思主义学院在读硕士研究生）

下篇

社会德育与和谐西藏

西藏和谐社会建设是全国和谐社会建设的有机组成部分，有全国和谐社会建设共性的问题，也有西藏和谐社会建设特殊性的问题。西藏和谐社会建设任重道远，关键原因是西藏发展经济受高寒缺氧、交通不便等客观条件局限性大，而且还受达赖分裂集团的破坏和影响，同时西藏教育文化事业还相对滞后，西藏人民群众整体受教育程度、文化水平等有一定的差距，这些对西藏和谐社会建设都有不利的影响。和谐西藏是要达到整体社会的和谐，需要营造良好的社会文化氛围，提高社会群众精神境界等。

学校德育主要是帮助学生提高其思想道德素质，并通过接受良好教育的学生向社会辐射，带动更多的社会成员提高思想素质，践行文明行为，服务于和谐社会建设。但是，我们都知道学校不是办在真空中，学生还是要与社会有密切的联系，而且学生最终要回到社会。从思想政治教育的内在要求来看，成功的思想政治教育必须是学校教育、家庭教育和社会教育的密切配合。因此，要发挥我党思想政治教育优良传统，服务于西藏和谐社会建设，就不能仅仅局限于学校德育的范围，必须要从社会层面上发挥思想政治教育的重大作用，也就是要有社会"大德育"的推动才能成效显著。

针对西藏社会现实，在社会层面发挥思想政治教育作用，首先要认真分析现阶段影响藏区和谐稳定的相关因素，加强西藏社会思想道德建设，大力弘扬社会主义核心价值观，发掘"老西藏精神"等优质特色教育资源。在中国特色社会主义和谐社会建设的大背景下，要注意西藏特点的发展道路，不能照抄照搬，要创新思维，要因地制宜。藏民族是我国优秀的少数民族之一，在数千年的发展进程中形成了一些优秀的道德传统。在构建和谐西藏的过程中，我们一定要对藏族传统文化进行分析，充分发挥藏族优秀传统道德的积极作用。西藏青年现在生活条件比较优越，没有经历"旧社会"的黑暗，自身分辨是非的能力还不强，比较容易受达赖分裂集团的渗透和挑唆，这对西藏和谐社会建设是最大的威胁。当前，社会各有关机构，特别是学校要加强当代青年反分裂反渗透斗争教育，让西藏当代青年始终做到立场坚定，以切实的行动维护西藏和谐稳定。

论思想政治工作在建设和谐稳定西藏中的重要作用

陈敦山

西藏的和谐稳定是西藏头等重要的大事,也是全国人民关注的问题。习近平总书记在参加十二届全国人大一次会议西藏代表团审议时提出了"治国必治边,治边先稳藏"的重要战略思想,这对推进西藏跨越式发展和长治久安具有重大指导意义。当前,我们应该对西藏社会和谐稳定形势有一个客观的估计和准确的认识,而且应该从多种视角来探索维护西藏社会和谐稳定的举措。本文拟从我党的思想政治工作这一优势和传统来探究其在维护西藏社会和谐稳定中的重要作用。

一、近年来西藏社会和谐稳定形势不容乐观

1951年5月23日,《中央人民政府和西藏地方政府关于和平解放西藏办法的协议》(即《十七条协议》)在北京签署,西藏获得了和平解放。按照《十七条协议》的规定,对西藏的现行政治制度,中央不予变更;达赖喇嘛的固有地位及职权,中央亦不予变更;有关西藏的各项改革事宜,中央不加强迫;西藏地方政府应自动进行改革,当人民提出改革要求时,得采取与西藏领导人员协商的方法解决之。然而,当时的西藏地方政府在部分反动上层人士的挑唆裹挟下,于1959年3月悍然发动了武装叛乱,中国人民解放军迅速平息了叛乱,以第十四世达赖为首的反动上层逃亡印度。在这种情况下,中央宣告对西藏进行民主改革,彻底废除了政教合一的封建农奴制。自此,西藏社会实现了千年的跨越,从最黑暗最落后的封建农奴制社会进入到社会主义社会。几十年的社会主义建设,西藏的政治、经济、文化、教育事业快速发展,西藏人民的生活水平迅速提高,西藏社会保持了长期的稳定和谐发展。特别是中央针对西藏的客观实际,分别于1980年、1984年、1994年、2001年、2010年召开了五次西藏工

作座谈会,就西藏的发展和进步从国家层面进行推进,协调全国力量支援西藏发展,使西藏经济建设和各项事业以跨越式速度向前发展,这种快速发展使西藏有了和谐稳定的社会基础,从而也使西藏社会基本实现了长期和谐稳定。

在中国共产党的领导下,西藏各族人民谋发展、思稳定、促和谐,人们珍惜西藏来之不易的和谐稳定生活,共同维护西藏和谐稳定的大局。正是因为这样,西藏基本保持了长期和谐稳定的局面。但是,我们也要清醒地看到一个事实,西藏的和谐稳定是相对而言的,西藏的和谐稳定始终受到西方敌对势力和达赖分裂集团的破坏和干扰。第十四世达赖是图谋"西藏独立"的分裂主义政治集团的总头子,是国际反华势力的忠实工具,是在西藏制造社会动乱的总根源,是阻挠藏传佛教建立正常秩序的最大障碍。几十年来,达赖集团不断变换手法,制造舆论混淆视听,有意通过所谓的"宗教自由""保护西藏传统文化""保护环境""保护母语"等问题向我国、我党发难,挑起西藏民众对中国共产党在西藏的治理政策的不满,还通过策动自焚、暴力事件等手段在西藏挑起事端。西方敌对势力也有意培植、扶持达赖分裂集团,把西藏问题作为遏制中国发展的一颗棋子,企图以"藏独"来分化中国。这些现实问题严重影响到西藏的和谐稳定。各种情况表明,今后很长一个时期,西藏和谐稳定的形势不容乐观。

虽然如此,在中国共产党的坚强领导下,通过全方位的工作,我们仍然能够为西藏和谐稳定打下坚实的基础,特别是我党的思想政治工作将会与和谐稳定西藏建设工作形成良性互动。按照经济基础和上层建筑的辩证关系,一方面,西藏和谐稳定建设工作有利于思想政治工作的开展,另一方面,思想政治工作又能有力促进西藏和谐稳定建设。

二、思想政治工作在西藏社会和谐稳定方面起着重要作用

思想政治工作是党的意识形态工作的重要内容,也是我党政治优势的重要表现形式和实现方式。在中国共产党领导西藏各族人民建设和谐稳定西藏社会的过程中,思想政治工作在促进西藏社会和谐稳定方面发挥着重要作用。

（一）能够促使人民群众增强对社会稳定重要性的认识

思想政治工作使西藏各族人民群众明白，社会和谐稳定事关千家万户和每个人的幸福生活。中国共产党在西藏执政过程中，要通过形式多样的思想政治工作，宣传中国共产党治国理政的理念，宣传党的路线方针政策，特别是要宣传西藏工作的目标要求。中央第四次西藏工作座谈会确定了西藏在新时期的发展目标是"一个中心，两件大事，三个确保"。"一个中心"即坚持以经济建设为中心，"两件大事"是要紧紧抓住发展经济和稳定局势两件大事，"三个确保"就是要确保西藏经济加快发展和社会全面进步，确保国家安全和西藏长治久安，确保各族人民生活水平不断提高。这个目标可以说是已经深入人心，在西藏各族人民中家喻户晓。每当达赖分裂集团通过各种手段破坏西藏稳定、造成严重的社会危害时，我党也及时通过各种媒体对分裂分子进行谴责，对社会局势发表社论，呼吁各族人民群众自觉维护社会稳定；党政干部深入街道和社区开展走访、座谈，安抚人民，鼓励人民自觉维护社会稳定。因此，通过我党深入细致的思想政治工作，西藏各族人民增强了对社会稳定重要性的认识。

思想政治工作能够增强人民群众的生活幸福感。人民群众愿不愿意自觉维护社会局势的稳定，对生活是否满意，也就是他们的生活幸福感如何，对社会稳定也相当重要。当人民群众生活富足、安居乐业时，他们对社会生活很满意，幸福感就很高；如果人民群众日子过得清贫，生活艰辛，他们对社会生活不满意，幸福感就不高。一个人的生活幸福感是一个人对社会生活的自我感觉，这种自我感觉是更多地通过对社会整体生活状况、自身及家庭生活状况纵向比较而获得的一种感受。西藏在和平解放与民主改革以前，绝大多数人民群众过着悲惨的生活，衣不蔽体，食不果腹。在中国共产党的领导下，西藏发生了天翻地覆的变化，西藏各族人民翻身当家做了主人，生活水平大大提高。特别是近年来，西藏各族人民群众人均收入不断提高，生活水平也不断提高。有些人可能对生活的变化缺乏感受，或者淡忘，原因正如古诗里的一句话"只缘身在此山中"。而思想政治工作将西藏社会主义建设取得的成就展现出来，通过开展新旧西藏对比教育，让西藏各族人民群众清楚了解西藏经济建设、社会发展取得的巨大成就，感受自身生活水平的提高，从而增强生活幸福感。

（二）能够促使人民群众更加拥护中国共产党的领导

社会能否和谐稳定，与执政党的自身建设、执政党的执政能力和执政水平有很大的关系。中国共产党自建党以来不断加强自身建设，使党的执政能力和执政水平不断提升，使党在领导西藏社会主义建设事业中愈发坚强有力。正是这样，在中国共产党的坚强领导下，西藏政治、经济、文化各项事业发展迅猛，社会日益和谐繁荣昌盛。当然，对社会和谐稳定来说，执政党的执政水平和执政能力很重要，老百姓是否拥护支持执政党对社会和谐稳定也很重要。如果执政党很优秀，执政能力和执政水平都很高，但是老百姓不拥护不支持执政党的领导，那也会严重影响社会和谐稳定。

客观地讲，在西藏历史发展进步的过程中，中国共产党所起到的作用是非常巨大的，是世人有目共睹的。但是，别有用心的西方敌对势力和达赖分裂集团蓄意诋毁中国共产党在西藏的执政地位，恶毒攻击中国共产党在西藏的各项正确的方针政策。他们通过宗教和其他貌似合理的人权等华丽的外衣包装而来的辞藻对中国共产党在西藏的政策进行恶毒的攻击，搬弄是非，挑起善良的西藏各族人民群众对中国共产党在西藏执政的不满情绪，这势必会影响到西藏社会的和谐稳定。

针对以上所面对的客观现实，适时并恰到好处地开展思想政治工作，批驳西方敌对势力和达赖分裂集团对中国共产党的蓄意攻击和丑化，还原中国共产党在西藏执政的真实功过，向善良的人民群众说明有关事情的是非曲直，促使人民群众能真正明辨是非，从而理解中国共产党在西藏政策的科学性和合理性。这样，将会赢得西藏各族人民对中国共产党更衷心的拥护和支持。

（三）能够积极化解西藏社会的各种人民内部矛盾

按照马克思辩证唯物主义的观点，矛盾是无时不在、无处不在的，西藏社会也必然会存在一定的矛盾。西藏是我国社会发展中最为特殊的一个地方，社会形态从民主改革前的封建农奴制社会直接进入到社会主义社会，短短几十年实现了数千年的历史跨越；西藏地域广阔，自然环境千差万别，人民群众生产生活条件形成的自然差异无法逾越；西藏文化传统、宗教习俗以及生活习惯纷繁庞杂……在现实社会中，以上这些方面必然会在西藏各族人民群众中以某种形式的人民内部矛盾而存在或展现出来。

人民内部矛盾是非对抗性质的矛盾，完全可以采用民主的方法来解决，而我党的思想政治工作就是通过"团结—批评—团结"的过程，采用民主的方法解决人民内部矛盾。我们要在中国共产党的正确领导下，科学合理地运用思想政治工作这个武器，将西藏社会现存的人民内部矛盾逐个化解，消除西藏各族人民群众纯属人民内部矛盾的心理隔阂，从而促进和谐稳定西藏建设。

（四）能够促使人民群众积极主动维护社会稳定，增强西藏各族人民的主人翁精神

思想政治工作是中国共产党的一大政治优势，其形式多样、内涵丰富。从思想政治工作的功能来看，既有宣传教育的功能，也有管理的功能，也就是说思想政治工作既可以使人增智、明理、辨是非，也能够使人服从政府管理，顺应社会发展要求。目前，在西方敌对势力及达赖分裂集团干扰破坏等多种因素影响下，西藏社会和谐稳定局势非常复杂。在这种现实背景下，除了利用国家安全机关、公安机关以及司法机关等国家机器的强制力来打击分裂破坏活动、维护西藏和谐稳定外，也要积极发挥我党思想政治工作的特有效能来维护西藏社会的和谐稳定。首先，思想政治工作可以让西藏各族人民群众充分认识到西藏社会稳定的总体形势；其次，思想政治工作可以还原西藏社会一些本来面目于世人，让人们清醒地认识到西藏社会和谐稳定的现状，让人们清楚地了解影响西藏和谐稳定的不利因素；最后，通过思想政治工作，可以激励广大人民群众自觉维护社会稳定和谐的政治局面。

社会和谐不和谐、稳定不稳定，与全体社会成员关系密切。西藏社会和谐稳定形势虽然不容乐观，但是，只要全体西藏各族人民群众提高了思想认识，认识到和谐稳定与每个人、每个家庭的幸福生活休戚相关，人们都会齐心协力维护社会稳定。通过思想政治工作，让西藏广大人民群众知道维护社会稳定不仅是党和政府的事，更是老百姓自己的事，促使人们增强主人翁意识，积极主动维护社会稳定，为西藏和谐社会建设出谋划策，贡献力量。

三、积极发挥我党思想政治工作的优势，维护西藏社会和谐稳定

在促进西藏社会和谐稳定方面，思想政治工作的作用是非常重要的，也是非常可行的。为了真正发挥中国共产党思想政治工作的优势，促进西藏社会和谐稳定，应针对西藏社会的实际和西藏面临的形势，重点做好以下工作，发挥思想政治工作在维护社会稳定方面的积极作用。

第一，确保中国共产党在思想政治工作中的绝对领导地位，掌控涉藏意识形态工作的主动权和话语权。

思想政治工作是一种意识形态工作。广义的思想政治工作是一个阶级或社会群体运用一种思想观念、政治观点、道德规范对人们施加有目的、有计划、有组织的影响的一种社会实践活动。因此，一切针对人的思想而开展的灌输、教育、引导的工作都可以算作思想政治工作。这种针对人的思想的工作，始终都有正面和负面的思想政治工作，比如我党教育引导西藏各族人民要树立科学精神，要形成唯物主义的世界观，但是，唯心主义的宗教势力也在通过各种形式渗透影响人们的思想，使人们不知不觉就会受唯心主义有神论思想意识的影响。这些年来，西方敌对势力和达赖分裂集团在与我们争夺青少年、争夺接班人，也就是说，在我们用正确、爱国的、维护国家核心利益的有关意识形态教育引导青少年的同时，敌对方也在用反动的思想做着这些青少年的"思想政治工作"，对我党的思想政治工作形成严峻的挑战。

在西藏社会和谐稳定建设的实践中，发挥我党思想政治工作优势是我们要始终关注的问题。因为我党的思想政治工作与敌对方在意识形态上的渗透交织在一起，特别是近年来敌对势力变换了手法，进一步加大了在意识形态领域对我国的渗透，对我党涉藏领域思想政治工作形成了严峻挑战。在国际社会，西方敌对势力更是为达赖分裂集团打气撑腰，为分裂分化我国大打"西藏"牌，混淆视听，制造舆论，在舆论上对我国、对西藏制造压力。这些在意识形态领域的现实问题严重影响着西藏的和谐稳定。因此，中国共产党要充分发挥思想政治工作优势，掌控涉藏意识形态工作的主动权和话语权，对有些舆论要针锋相对，对有些舆论要主动出击，为西藏和谐稳定营造良好的舆论氛围。

第二,西藏各有关单位、部门及人员要形成思想政治工作合力,齐抓共管,促进社会和谐稳定。

思想政治工作是很庞杂的系统工程,对整个西藏社会来说,西藏思想政治工作涉及很多部门,包括各级党委宣传部门、政府部门、军队、教育部门、新闻出版部门、工青妇等部门,以及有关电视、报纸、杂志、广播、网络等媒体。另外,各有关单位、社会团体都有思想政治工作的任务和工作内容。因此,从促进西藏和谐稳定发展的目标出发,在自治区党委的统一领导下,西藏各有关单位、部门及人员,应就思想政治工作形成合力,齐抓共管,共同促进社会的和谐稳定。

思想政治工作涉及面广,就维护西藏和谐稳定来说,不能仅局限在西藏范围内开展思想政治工作。特别是随着互联网的快速发展,西方敌对势力和达赖分裂集团不断在国际舆论上造声势,在网络上进行渗透,破坏西藏稳定。现在维护西藏和谐稳定而需要开展的思想政治工作已经成了更大的工作任务,需要更高的目标要求,因此,现在涉藏思想政治工作需要中央以及国家层面来指导并协调开展工作。西藏各有关单位及部门就应该积极主动地在党中央的统一领导下,统筹协调各方力量,齐心协力做好涉藏思想政治工作,下好先手棋,打好主动仗,为西藏和谐稳定发挥应有作用。

第三,将思想政治工作融入西藏各项工作中去,在维护稳定工作中发挥"润物细无声"作用。

西藏和谐稳定是西藏事业发展的一个环境以及要实现的目标,但是要实现和谐稳定的目标又必须发展经济。其实,科学谋划西藏各项事业发展的思路,就是要处理好西藏稳定与发展的关系,要坚持在稳定中谋发展,在发展中保稳定。如果没有和谐稳定的社会环境,西藏难以实现快速发展,同样,如果西藏不推动经济社会的快速发展,也难以维护西藏和谐稳定,特别是难以实现高水平、长久性的社会稳定。因此,西藏社会和谐稳定的前提和基础还是发展经济,提高各族人民生活水平。

思想政治工作促进了西藏社会和谐稳定,为和谐稳定凝心聚力。思想政治工作在西藏和谐稳定方面所起的促进作用是毋庸置疑的,关键是怎样使思想政治工作更具科学性、实效性,值得我们去思考。针对思想政治工作的特点,要使思想政治工作的对象真心愿意接受思想政治工作者所传递的教育内容,整个教育实践活动就必须符合人的内心世界变化的规律,符合人的思想形成发展的规律。思想政治工作必须循序渐进，必须融入西藏经济建设工作和其他各项事业发展之中，达到"润物细无声"的效果，真正为西藏的和谐稳定发挥重大作用。

（陈敦山，西藏民族大学马克思主义学院教授、硕士研究生导师）

创新思想政治教育路径,建设和谐西藏

马艳丽

自和平解放以来,在中国共产党的领导和西藏各族人民的共同努力下,西藏经济社会发展取得了举世瞩目的成就,人民生活水平有了很大的提高。党的十六届四中全会把"构建社会主义和谐社会"作为我党执政的重要目标和检验党的执政能力的重要方面提了出来。作为我国 56 个民族重要组成部分的藏族的聚居地,西藏地区经济发展水平高低、社会和谐与否,不仅关系到西藏人民的幸福安康,还是测评我国和谐社会建设整体水平的重要指标之一。由于各界爱国人士的不懈奋斗,近年来,西藏社会总体形势是和谐稳定的,但依旧存在的一些不和谐因素,制约着西藏和谐社会的构建。发生在 2008 年的拉萨"3·14"事件表明,西藏社会和谐稳定的形势不容乐观,影响西藏和谐社会建设的因素依旧存在。以达赖为首的分裂分子利用西藏社会长期以来实行政教合一的制度,打着宗教的旗号,借助所谓"宗教自由""保护环境"的幌子,诋毁我国的民族区域自治政策,挑起西藏民众对中国共产党民族政策的不满情绪,利用各种场合不断宣讲他们所谓的"大藏区""中间道路"来蛊惑民众,不断进行分裂祖国的活动;一些西方敌对势力通过向西藏地区的大学生提供物质援助、提供出国留学机会等手段,向大学生宣讲他们的价值理念,并把西方文化中的糟粕灌输给他们,在精神上对他们进行腐蚀,消灭他们的意志,最终把大学生培养成他们反华的工具。除此之外,西方敌对势力还和达赖分裂集团不断勾结,以西藏问题来制约中国的发展,企图把西藏从我国分裂出去。思想政治教育作为构建社会主义和谐社会的重要工具,在当今社会发挥着越来越重要的作用。西藏地区,不管是在地理环境还是政治、经济、文化等方面都比较特殊,因此,构建和谐西藏更需要发挥思想政治教育的巨大作用。

一、目前西藏地区思想政治教育存在的问题

(一) 专业理论体系不够完善

思想政治教育是指一定的阶级、政党、社会群体用一定的思想观念、政治观点、道德规范，对其成员施加有目的、有组织的影响，使他们形成符合一定社会、一定阶级所需要的思想品德的社会实践活动。民族地区的思想政治教育是研究少数民族人们思想品德形成、发展规律的科学。作为一项实践活动，思想政治教育由来已久并且已经形成了比较完备的理论体系。然而，我国对少数民族地区思想政治教育的研究还是以传统的思想政治教育学为指导，专门针对少数民族思想政治教育方面的研究还比较缺乏。西藏地区由于自然环境和社会历史条件的特殊性，人们针对西藏地区少数民族思想政治教育的研究更少，已有研究成果主要是针对藏族干部和大学生的思想政治教育。专业思想政治教育指导理论的缺乏必然会影响到西藏地区思想政治教育的发展。

(二) 文化教育事业发展滞后

西藏地区地处我国青藏高原，海拔高、空气稀薄、气候条件差，远离东部发达地区。受各种条件限制，长期以来，西藏经济社会发展水平远远落后于全国平均水平。西藏地区人民的受教育程度普遍较低，思想文化水平不高。受传统习俗的影响，西藏长期以来处于政教合一的状态，几乎是全民信教，宗教中有很多迷信思想，不少民众不能正确辨别宗教中的精华与糟粕，并以此作为他们一生的信条，这与以马克思主义为指导的思想政治教育宣扬的科学精神和无神论是背道而驰的，必然会影响到西藏人民对思想政治教育的理解与接受。西藏和平解放之前，旧西藏社会曾长期处于政教合一的状态，宗教上层和旧噶厦政府为了让人民忠实地为其服务，利用人民对宗教的虔诚，不断对群众实行"愚民政策"，不少群众至今都还坚持"读书无用论"，生活在贫困、落后山区的人民很多都是文盲或半文盲。虽然改革开放以来，我国大力普及义务教育，这使西藏地区的教育水平有了很大的提高，但由于经济水平和思想落后的原因，很多青少年的文化水平仅限于初中以下。西藏地区人民教育、文化水平落后，直接制约了当地思想政治教育的发展。

（三）思想政治教育体制、机制不健全

思想政治教育活动的持续开展，需要建立完备的思想政治教育体制；思想政治教育活动的有效进行，同样离不开一整套完备的思想政治教育机制的监督和强化。近年来，党和政府加大了对西藏地区思想政治教育工作的重视，西藏地区思想政治教育工作也取得了一些成就，但与全国其他地区相比，当前西藏地区思想政治教育的体制不完备，机制不健全。西藏地区地域辽阔，人口分布比较分散。受自然地理条件限制，群众多以村落为单位居住，村落分布比较分散，生活于农牧区的牧民以放牧为生，逐水草而居，居住地不固定，对他们进行思想政治教育尤其困难，也没有相应的制度来保证每个村寨都安排相应的思想政治教育工作人员定期对村民进行思想政治教育。目前，承担西藏地区思想政治教育工作的主要是党政机关工作人员和学校的思想政治教师。党政机关的工作人员还要处理党建、社团活动等方面的工作，思想政治教育只是辅助性的任务，而思想政治教师又只负责对在校学生进行思想政治教育，除此之外，其他人的思想政治教育并没有保障。从上到下没有一套完备的思想政治教育班子专门负责对西藏人民进行思想政治教育，这在很大程度上影响了西藏地区思想政治教育的效果。

（四）民族分裂势力不断干扰

我国是一个统一的多民族国家，各民族在长期的历史发展过程中互相帮助、互相团结，逐渐形成了团结、互助、和谐的新型民族关系，各民族共同发展、共同维护着国家的统一。但当前依旧存在着一些破坏我国民族团结、祖国统一的势力，这些势力在西藏地区尤其明显。以达赖为首的分裂分子从未放弃将西藏从中国分离出去、建立自己的独立王国的阴谋，他们打着"宗教自由"的幌子，对一些不明真相的群众煽风点火，诋毁中国共产党的民族区域自治政策，蓄意挑起西藏民众对中国共产党的不满情绪，利用群众信仰宗教的心理，蛊惑一部分民众进行打砸抢烧等破坏性活动，并多次在公开场合宣讲其"大藏区"和"中间道路"的主张。一些西方敌对势力也不愿看到中国富强，西藏问题就成为他们制约中国发展的棋子，他们通过为大学生提供出国留学的机会来收买人心，借机向大学生灌输其价值观念，并不断与达赖分子勾结，企图将西藏从中国分离出去。

这些事件破坏了西藏民众接受思想政治教育的环境，必然会影响到我党在西藏地区思想政治教育的有效开展。

二、思想政治教育对构建西藏和谐社会具有重要意义

（一）可以增强群众对中国共产党路线方针政策的理解

思想政治教育是执政党用一定的思想观念、政治观点对其成员施加有目的的影响，使其成员形成符合社会发展要求的品德的过程。目前，在我国的思想政治教育就是中国共产党对民众传导其执政目标、价值理念的过程。构建和谐社会、和谐西藏，是党的政治目标，这也是与人民的利益要求相一致的。党向群众宣传和谐社会、和谐西藏的过程就是其对民众进行思想政治教育的过程。和谐西藏的建设需要党和西藏人民的共同努力，中国共产党需要通过电视、广播、媒体向民众宣传其路线方针政策，帮助群众增强政策观念，学会用政策分析处理问题，群众则通过思想政治教育增强对党的政策的理解，为和谐西藏的建设提供精神保障。

（二）可以增强西藏民众之间的民族团结

建设和谐西藏，首先要保证西藏人民之间相互和谐、相互团结。党通过各种媒介向西藏人民介绍中国的发展史和西藏的发展史，可以增强西藏人民之间的团结。我国自古以来就是一个统一的国家，中国近代史上，孙中山没能团结全国各族人民导致辛亥革命失败，毛泽东争取民心、团结各族人民取得了新民主主义革命的胜利，更是表明只有各民族人民之间的团结才能共同抵御外辱，取得革命的胜利。同样，西藏的和平解放也是在各民族人民的共同帮助下完成的。当前西藏社会出现的一些分裂分子蛊惑和利用一些不明事理的群众，参与一些危害社会稳定、破坏民族团结的事件，党可以通过思想政治教育向西藏民众讲明这些事件，让民众认识到民族团结的重要性，增强西藏人民之间的民族团结情感。

（三）可以促进西藏经济社会的发展

经济基础决定上层建筑，上层建筑对经济基础具有反作用。江泽民同志曾从政治和经济的辩证关系上，深刻阐述了思想政治教育对生产力发展的保证作用。他指出"经济建设要搞上去，必须要有正确的政治方向"

"没有政治条件和政治保证，社会不稳定，经济就搞不上去，古今中外概莫能外。"作为上层建筑的思想政治教育，其作用如果发挥好了，便可促进西藏经济社会的发展。党通过思想政治教育向群众宣传党的路线方针政策，让群众认识到党的执政目标与人民群众的利益是相一致的，党的民族政策是为了帮助少数民族地区人民更好地发展而实行的，这样人民群众就更容易接受党的领导；坚定西藏民众的社会主义政治方向，认清达赖分裂集团的本质，自觉同他们划清界限；让群众通过思想政治教育进行自我教育，不断提高，增强自身觉悟，化解西藏人民内部矛盾。人民群众对党的政策理解了，消除了之前的误解，就会相互团结，相互帮助，齐心协力共同发展西藏的经济。

三、创新思想政治教育路径，建设西藏和谐社会

对构建和谐社会，思想政治教育起着非常重要的作用。在西藏这样一个政治、经济、文化等各方面都比较特殊的地方，要建设和谐社会，更需要充分发挥思想政治教育的积极作用。但目前甚于种种原因，西藏思想政治教育的效果并没有很好地发挥出来。因此，我们需要改进思想政治教育的方式方法，创新思想政治教育路径来构建西藏和谐社会。

（一）建立健全思想政治教育专业理论体系

西藏地区由于自然地理环境差，经济发展水平低，教育、文化水平落后，思想政治教育的专业理论体系不够完善。目前针对西藏地区思想政治教育的研究相对较少，有一部分研究也只是针对党政机关工作人员和学校的思想政治教师开展的，还没有人开展专门对全区人员进行思想政治教育的研究。因此，国家有关部门以及西藏政府相关人员应该加大对西藏地区思想政治教育的投入，组织国内外著名专家学者进藏调研考察，划拨相应的科研经费，保证调研活动的顺利进行，对在西藏思想政治教育专业理论方面有突出贡献的科研人员，给予一定的物质和精神方面的奖励，吸引更多有志之士投入到这项研究中来，建立健全思想政治教育专业理论体系。

（二）结合具体实际，创新思想政治教育方法

在和平解放前，西藏是一个政教合一的封建农奴制社会，旧噶厦政府

为了维护其统治地位，借助宗教的力量对广大西藏僧俗群众进行思想控制。当前，西藏宗教氛围仍很浓厚，相当一部分人民群众信仰宗教，而宗教中有很多封建迷信思想，这与当前我国宣扬的科学文化、无神论是相悖的。这些原因导致西藏民众的教育、文化水平落后，他们比较难以理解思想政治教育中的理论观念。针对这种情况，思想政治教育工作者可以结合西藏民众能歌善舞的特点，将党的路线、方针和政策以及思想政治教育中的理论，通过说相声、演小品、表演话剧等形式传递给民众，让人们在轻松愉快的氛围中接受思想政治教育。

（三）建立健全思想政治教育体制机制，保证思想政治教育顺利开展

当前西藏地区思想政治教育效果有限，原因之一是思想政治教育活动没有形成完善的体制。学校的思想政治老师只负责对在校学生进行思想政治教育，党政部门工作人员的思想政治教育对象也非常有限，而对广大民众的思想政治教育几乎是一片空白。为了使西藏全体人民都能够时刻了解党的方针政策，接受党的科学的思想政治教育，相关部门需要设立一套专门的机构上至党政机关，下至普通村民，专门对民众进行思想政治教育。例如可以在每个村成立思想政治工作办公室，聘请一些专业的思想政治工作人员，定期向民众宣传党的方针政策和时事新闻，揭示达赖集团的分裂本质，运用思想政治教育的原则与方法，处理人民在生活中的矛盾，让人民心甘情愿地接受党的领导，并将其作为一种制度固定下来，纳入干部的绩效考核。

（四）选拔一批德才兼备的志愿者，深入基层进行志愿服务

对西藏这样一个各方面条件都比较特殊的地域，国家也十分重视，投入了大量的人力物力来促进西藏经济社会的发展。西部大开发、志愿服务西部计划等活动已经如火如荼地开展。但目前在西部工作的部分人员工作积极性不高，所发挥的思想政治教育效果也非常有限，究其原因，有些人是因为在上大学时为了减轻经济和就业负担报考了免费师范生，按照约定他们毕业后必须在西部地区服务十年，他们被迫来西藏工作，工作热情不高；还有部分人员是因为语言不通，不懂藏语，即使是同群众进行简单的交流都有困难，更不用说是对群众进行思想政治教育了。此外，西藏社会

宗教氛围比较浓厚，西藏相当多数少数民族群众相信灵魂转世，内地去西藏工作的人员对他们的思想政治教育内容大多是无神论的，如果汉族思想政治工作者不懂得合理、科学地开展思想政治教育工作，只是一味教条地强硬式地开展灌输教育，可能会使部分人从内心抵触我党的思想政治教育。因此，应该选拔一批真正热爱西藏、关心西藏社会发展的志愿者到西藏工作，同时，这些人员还需要具备既精通马克思主义理论，又懂得藏语；既了解宗教，又懂得当地民俗的综合素质。只有这样，思想政治教育才能在西藏有效地开展下去。

（马艳丽，西藏民族大学马克思主义学院在读硕士研究生）

西藏和谐社会建设中的思想政治教育

王 潇

西藏地处我国大西南腹地，承担着国家边疆要塞和谐稳定的重任，是我国边境地区的主要安全屏障，在我国国家整体安全中具有重要的战略地位。西藏自治区的和谐稳定发展是中共中央、国务院努力奋斗的目标，更是全国各族人民热切期盼的美好愿景，它与我国正在努力构建的社会主义和谐社会相互照应、互为补充、相互促进。

党的十六届四中全会通过的《中共中央关于加强党的执政能力建设的决定》，第一次鲜明地提出和阐述了"构建社会主义和谐社会"这个科学命题，并把它作为加强党的执政能力建设的五项任务之一提到了全党面前。在新形势下，建设西藏和谐稳定的社会发展局面，成为我党构建社会主义和谐社会的一个重要组成部分。加强西藏地区思想政治教育工作的开展，是建设和谐西藏的重要工作之一；特别是新时期的思想政治教育，是服务于建设社会主义和谐社会和中国特色社会主义现代化的重要理论指导，引领新时期的社会建设和发展。西藏和谐社会建设与地区思想政治教育密不可分：一方面，和谐稳定的区内社会发展环境，为思想政治教育理论科学化和实用性的整合提供了良好的氛围；另一方面，思想政治教育工作能够在西藏自治区取得成效，也将会有效推进西藏的社会形势向着和谐稳定的方向发展。

一、西藏思想政治教育在和谐社会建设中的重大战略意义

在我国社会主义和谐社会建设中，西藏思想政治教育具有重要的战略意义，是新形势下中国特色社会主义现代化事业发展过程中不容忽视的环节。

（一）是维护我国边疆民族地区和谐稳定的重要组成部分

党的十六大以来，党中央反复强调，要把推进社会主义和谐社会建设作为全面建设小康社会和中国未来发展的重要任务。构建社会主义和谐社会，是我党在进行中国特色社会主义伟大实践中的重大决策。社会和谐是中国特色社会主义的一项本质属性，而加强西藏思想政治教育，对西藏地区、边疆民族地区和谐稳定的构建和国家民族事业的发展都具有重大推动作用。西藏思想政治教育工作的有效展开，一方面，为我国边疆地区和谐社会的构建营造了良好的社会思想环境，能够在提高各阶层人民群众道德修养和素质的同时，增强不同民族群体之间的团结互助和友爱相处，从而带动边疆其他民族地区形成和谐发展的良性循环；另一方面，西藏地处西南边境地带，是我国边疆民族地区建设和发展的重点组成部分。可以这样认为，只有正确执行党中央各项思想政治工作，才能够有效推进和谐西藏的建设，也只有实现西藏的安定繁荣，才能确保边疆民族地区的长期稳定发展。

（二）是积极推进民族事业发展和国家整体安全的重要手段

西藏地区的思想政治教育，在教育的背景、方法、内容和目标等方面，都具有一定的特殊性。推进社会主义中国民族事业，需要从西藏地区的社会发展中寻求一定的突破和有效的经验，而思想政治教育则是维持西藏稳定的关键性因素。与此相类似，西藏作为边疆重点区域，地区政治稳定是国家整体安全的基础和保障，而思想政治教育工作则是其重要手段。加强西藏思想政治教育工作，确保以马克思主义为指导的社会主义主流意识形态占据西藏地区思想的制高点，使广大藏族和其他少数民族群众在对中国共产党执政能力和治理成效高度认可的前提下，真正意识到我国民族区域自治制度的优越性，由此从自我意识层面产生对西藏地区和整个中国的热爱情怀，以及建设西藏、建设民族地区、建设社会主义中国的强烈信念，继而能够促使我国边疆民族地区不同阶层的群众参与社会主义的建设和发展，维护国家的整体利益，进一步推进我国民族事业的发展和国家整体安全。

（三）是确保中国特色社会主义建设和发展的首要保障

政治在社会生活中居于十分重要的地位，它在社会经济和文化的整合中处于控制和调节的中心地位，并对社会进步或社会倒退产生广泛而深远的影响，发挥着重要的社会作用。[①] 政治稳定是中国社会各项事业发展的关键因素，特别是边疆地区良好安定的政治环境，为我国社会主义的整体建设和发展提供了重要保障。我国正在为建设社会主义现代化国家而努力奋斗，社会主义政治现代化是社会主义现代化建设的一个重要方面。西藏作为我国与南亚相互交往的重要门户，在国家"一带一路"倡议中占据着至关重要的高地，而西藏作为少数民族自治地区中的关键区域，其政治稳定关乎边疆少数民族地区跨越式发展的实现和国家社会主义事业的全面推进。开展思想政治教育工作是确保西藏政治稳定的必然途径，这不只为西藏当地社会各项事业发展提供了良好的社会政治环境，更是确保中国特色社会主义建设和发展的首要保障。基于政治因素在社会建设和发展中的重要性，在建设和谐西藏、促进西藏稳定发展的道路上，思想政治教育显得极为突出也十分必要，思想政治教育工作自然也需要提升到一定高度上去执行。这是由我国当前社会发展阶段的具体国情以及西藏自治区的具体区情所决定的。

（四）是促进中华民族命运共同体意识构建的有效途径

中华民族是由多个民族元素构成的统一整体，每一个民族都是社会发展进步过程中不可或缺的组成部分。西藏作为我国少数民族（尤其是藏族）群众聚居的边疆地区，是引领我国各民族团结进步和实现民族之间交往、交流、交融的关键自治地区。在西藏进行思想政治教育，使各民族群众切身感受到自己从农奴成为社会主义新中国主人的巨大变化，在提高地区群众（特别是广大农牧区群众）对社会主义伟大祖国认同和中国共产党执政能力认同的同时，能够促进群体从思想上形成对中华民族共同利益的正确认识，从而有效构建不同群体的中华民族命运共同体意识。中华民族命运共同体意识的形成是推进藏族和汉族、藏族和其他少数民族、其他民族和汉族、各少数民族之间民族平等，加强各民族密切联系，最终实

---

① 参见王学俭《政治学原理新编》，兰州大学出版社2011年版，第6页。

现民族团结进步的重要基石，这不仅是马克思主义民族理论与中国民族实际相结合下所得出的科学理论成果，也是现阶段中华民族精神培育的关键。因此，西藏思想政治教育是构建不同民族群体命运共同体意识的有效途径，对中华民族长期民族关系的处理和民族进步起到了积极的推动作用，对我国和谐社会建设具有重要的战略意义。

二、影响西藏和谐稳定发展的主要因素

目前，西藏自治区人民群众的生活水平得到显著提高，人民综合幸福指数也连续多年位居国家首位，西藏呈现出和谐稳定的发展局面。但是，在新形势下，仍然有部分影响西藏和谐稳定发展的因素，对巩固并进一步推进和谐西藏建设与发展造成一定的威胁。

（一）城市和农牧区发展较不协调

经济基础决定上层建筑，经济发展的水平会直接影响到社会政策执行和思想政治工作开展等各项事务的顺利进行。这个现象可以用恩格斯的中轴线原理解释。恩格斯在《致瓦·博尔吉乌斯》中提到："我们所研究的领域越是远离经济，越是接近于纯粹抽象的意识形态，我们就越是发现它在自己的发展中表现为偶然现象，它的曲线就越是曲折。"恩格斯从中指出，经济水平是社会发展的重要标志。西藏社会主义改造的完成，为自治区实现跨越式发展提供了良好的经济基础和有效契机，是推进西藏社会进步的重要保障。然而，随着社会主义市场经济的逐渐深入，区内城市和农牧区之间，区域发展不协调的现实情况也随之显露出来。占西藏总面积90%以上的农牧区的经济发展与区内城市之间的发展水平存在较大差距。区内经济发展水平的长期不协调，必然会导致城区和农牧区出现一定的贫富差距，从而引起不同社会阶层和群体在思想认识方面产生冲突。区域经济发展的不均衡性和不同地区经济发展的波动性日趋显露出来，对地区社会政治稳定极为不利。

（二）境内外敌对势力的蓄意破坏

1965年9月1日到9日，西藏自治区第一届人民代表大会第一次会议在拉萨召开。至此，西藏自治区筹备委员会完成了长达9年的筹备工

作，西藏自治区宣告正式成立。① 西藏自治区的成立翻开了西藏社会建设历史的新篇章。然而，由于西藏地处边疆，在我国地理环境上具有重要的屏障作用，境内外敌对势力在自治区成立之后并没有消逝，反而随着国际局势的日益紧张和国内发展的日趋高涨而愈演愈烈。近些年，西方反华势力和达赖分裂集团加紧破坏国内团结，以其资产阶级所谓的"民主""自由""平等"等政治名词，妄议我党在区内的政治管理和藏族群众的人权问题，以大量不实新闻报道在舆论上诋毁中国共产党和社会主义国家；与此同时，达赖则携带其非法组织——"西藏流亡政府"，在西方部分国家的支持下积极活动于各国之间，妄图博取世界舆论同情；西方反华势力逐渐改变了过去的暴力对华手段，从意识形态领域加强对我国群众的思想渗透，不断拉拢和收买人心。境内外敌对势力相互勾结，是当前影响西藏地区和谐稳定的一个主要因素，给我国边疆民族地区的稳定发展带来了许多不确定因素，成为威胁地区和谐稳定的又一个重要原因。

（三）中华民族文化认同感存在欠缺

文化是社会进步的一个重要表现形式，也是和谐社会建设的重要方面。藏族是西藏自治区的主体民族，在历史发展的过程中，藏族群众创造了丰富的本土文化。长期的民族交融，在推进本民族文化发展的同时，也增加了中华文化圈的多样性。近些年，随着中国大国角色不断增强，文化交流逐渐成为我国与其他国家特别是西方国家互相交往的主要载体形式，外来文化的侵入无疑成为增加我国文化多元化的重要因素。在多元文化的背景下，西藏地区的文化发展呈现出一定的复杂性。需要特别指出的是，以藏传佛教为主的宗教文化，在西藏地区的影响根深蒂固。其历史久远、教徒众多、宗教文化丰富，以及长时间营造的浓厚宗教氛围，增加了西藏地区文化的复杂性。在多元文化背景下，西藏广大群众强烈的宗教情怀为中华民族文化在地区群体中的认同造成一定困扰。在藏区建设和谐社会的过程中，文化本身就是一个极为关键的因素，文化认同的部分缺失或者某些方面存在的缺陷，都会阻碍西藏更好融入中华民族文化圈之中，而文化层面难以形成良好的共识和认知，思想上就无法产生对应的主流意识认同，将会严重影响地区民族团结和民族发展，不利于西藏乃至边疆民族地

---

① 参见青觉《中国民族区域自治史纲》，社会科学文献出版社2011年版，第244页。

区的和谐稳定。

三、加强思想政治教育，促进西藏和谐社会发展

我国是目前世界上最大的社会主义国家，建设社会主义现代化国家的进程也在逐步加快。在新的历史时期，全国各族人民正紧密团结、努力奋斗，致力于实现社会主义和谐社会。思想政治教育是指社会或社会群体用一定的思想观念、政治观点、道德规范，对其成员施加影响，使他们形成符合一定社会或一定阶级所需要的思想品德的社会实践活动。思想政治教育的根本目的就是要不断提高人们的思想道德素质，提高人们认识世界和改造世界的能力，为建设有中国特色社会主义，实现共产主义而努力奋斗。① 新形势下，积极探索西藏地区思想政治教育新途径，是促进西藏和谐社会发展的有力举措。

（一）针对不同阶层开展有效的爱国主义教育

当前，西方反华势力和"藏独"分裂势力成为破坏西藏地区和谐稳定的主要敌对势力。维护西藏地区稳定发展，必须要对区内不同阶层的群体进行切实有效的爱国主义教育，强化中华民族整体凝聚力和向心力，防止西方资产阶级从意识形态领域进行思想渗透，杜绝以第十四世达赖为首的"藏独"势力对我国国家统一和民族团结的破坏。针对不同群体进行爱国主义教育，将以爱国主义为核心的民族精神通过教育手段加以传播，是促进西藏社会和谐稳定发展的重要基础。在西藏自治区内进行爱国主义教育，首先应当使广大人民群众深刻认识到新旧西藏的不同，在对新西藏和旧西藏进行对比的过程中，认识到社会主义时期新西藏的优越性，从而使群体从思想深处形成对"一个中国"的认同、对中华民族的认同、对中国共产党执政的认同、对中华文化的认同、对中国特色社会主义道路的认同。在对我国社会主义建设和发展的高度认同基础上，形成深刻的国家和地区一体、少数民族与中华民族一体的命运共同体意识和思想理念，使爱国主义深入人心，从而形成建设西藏、建设中国的强烈意愿，为和谐西藏的建设提供稳定、积极的社会发展环境。其中，特别要重视在寺庙或者

---

① 参见张耀灿、陈万柏《思想政治教育原理》，高等教育出版社2001年版，第127页。

宗教信仰浓厚的地区开展爱国主义教育，引导广大教徒科学信教，引导西藏的宗教信仰与我国的社会主义事业相适应。

（二）加强西藏地区"自我造血"的意识教育

1994年，中央召开第三次西藏工作座谈会，进一步号召"全国支援西藏"。第二年，中央国家机关首批援藏干部踏上了西藏的土地。① 从1979年中央"对口支援"政策提出开始，全国支援西藏工作全面展开，在经济、文化、教育、民生、干部交流、边境贸易等多个方面，都体现出了中央和全国各地对西藏的"输血"援助政策。在对西藏进行计划性、稳定性、指导性、全面性支援的前提下，西藏地区的经济、政治、文化、教育等事业得到明显的改善，藏族同胞生活质量也得到显著的提高。然而，随着现代社会的不断进步与发展，西藏广大群众深刻认识到自我发展的重要性，积极引导藏族同胞主动投身于西藏社会的建设和发展中，是新时期我们开展思想政治教育工作当中的一个重点内容。充分调动西藏地区人民建设西藏的积极性，教育广大群体根据自己的兴趣喜好进行自主择业，彻底颠覆群体老旧的"等、靠、要"思想观念，加大对人民群众社会主义市场经济下的竞争意识教育，提升西藏自治区内不同群体的"自我造血"意识，为西藏地区的社会发展提供更广泛的支撑力量。同时，群体积极投身社会主义事业，对社会的认可度也会得到极大提升，这对构建和谐西藏具有重大的推动作用。

（三）将法治教育作为西藏地区思想教育的重点

党的十八届四中全会第一次把依法治国作为党中央全会的主题，而民主法治作为社会主义和谐社会的最根本特征，也是和谐西藏建设中的一项主要内容。依据宪法和法律治理国家不仅是国家治理现代化的重要标志之一，也是建设社会主义和谐社会的重要保障。建设法治化西藏是我国社会主义政治现代化的一个重要组成部分，因此，法治教育也是西藏思想政治教育过程中一个不容忽视的重要环节。在构建和谐西藏的过程中，应当将法治教育作为西藏地区思想政治教育的重点。在西藏进行法治教育，首先要积极引导藏族同胞了解民主法治的内涵，使广大人民群众能够知法、懂

---

① 参见青觉《中国民族区域自治史纲》，社会科学文献出版社2011年版，第244页。

法、守法、学法、用法；其次，在倡导法治西藏建设的过程中，应当在广大的社会群体中树立强烈的法律信仰和法律权威，形成法律对广大群体的约束力；最后，应当引导藏族同胞擅于依照我国宪法和民族区域自治法行事，确保每一个人都能够成为守法的个体和受法律保护的对象，任何组织也能够依法维护自己的利益。只有当群体能够在高度自律的情况下，群体思想才不易出现过大偏差，也才能实现西藏社会的和谐稳定局面。

（四）强化对西藏地区生态文明建设的思想教育

人与自然和谐相处是构建和谐社会的重要特征之一。西藏地区生态环境脆弱，强化地区生态文明建设成为和谐西藏建设的必要手段。因此，应当不断强化生态文明建设思想理念，在保证西藏地区经济实现跨越式发展的同时，经济、社会、环境互相协调发展。以农牧业为主的第一产业，和以旅游业为主的第三产业是西藏的支柱产业，更是西藏财政收入的主要来源。随着地区间联系的日益紧密和人民生活水平的提高，西藏旅游业在近些年得到飞速发展，地区生态环境承载压力逐年增大。经济迅速增长的同时，西藏的生态环境开始面临严峻的挑战，自然环境遭到不同程度的破坏。对西藏社会不同群体进行思想政治教育，应将生态文明发展理念列入其中，教育不同行业的群体走可持续的西藏发展道路，把以往粗放型经济发展模式转化为节约型经济发展模式，倡导循环经济发展理念。这不仅能够实现人与自然和谐相处的社会和谐局面，还能在生态经济得到发展的前提下，实现西藏经济的长久持续发展。同时，还应当改变区内产业结构不均衡现象，减轻单一产业发展对生态造成的负担或者不良影响。

加强西藏自治区思想政治教育，能够为西藏地区和谐社会发展和社会稳定局面营造良好的环境氛围，使西藏区内社会主义建设能够在和平稳定的局面下进行并取得良好成效。同时，思想政治教育工作在西藏的有效展开，也是在积极响应我国社会主义和谐社会建设基本理念的前提下，将西藏作为我国边疆少数民族地区快速稳定发展的一个重要模型，为我国其他少数民族聚居区和自治地区的发展提供合理的可借鉴经验，为推动和促进我国和谐稳定的社会建设局面提供重要的可行路径。在新的历史时期，不断加强西藏地区思想政治教育，不仅能够促进西藏社会和谐稳定发展，而且，西藏自治区思想政治教育工作开展过程中所形成的有效经验和成果，也可以作为全国少数民族地区建设和发展的榜样示范，为我国少数民族地区的致富繁荣树立新的里程碑,为全国少数民族地区的跨越式发展,给予最有力的经验指导。在新形势下,将西藏作为我国边疆地区发展和国家整体安全维护的重点区域,占领地区思想政治教育制高点,确保以西藏和谐稳定建设为重点的边疆少数民族地区的稳定发展,这样才能够为中国特色社会主义事业的发展提供强有力的思想保障和良好环境。

(王潇,西藏民族大学马克思主义学院在读硕士研究生)

论西藏和谐社会与公民道德建设

张美玲

公民的道德素养、文明水准是整个民族素质的体现，是一个国家软实力的重要组成部分，以"爱国守法、明礼诚信、团结友善、勤俭自强、敬业奉献"为主要内容的公民道德建设工程，是建设和谐社会的重要精神基础，也是提高公民道德素质、促进人的全面发展、培养现代公民的基本纲领和基本方式。加强公民道德素质建设，为构建文明法治、稳定和谐、谅解宽容的和谐社会提供强大的精神动力。西藏自治区把传播先进文化、普及科学知识、改变陈规陋习，引导农牧民养成健康文明的生活方式，作为一项长期建设的目标，还把公民道德建设宣传画发放到家家户户，并在农牧区建立各级宣传文化示范点和科普示范基地，使西藏人民的精神面貌发生了深刻的变化，生活观点也更新了，不再满足于有吃有喝，开始追求科学、健康、文明的新生活，为西藏和谐社会打下了良好的基础。

一、建设西藏和谐社会的必要性

和谐社会建设是社会最受关注的话题，西藏和谐社会的建设是焦点中的焦点。和谐的状态是人们向往的一种理想的美好状态，构建西藏和谐社会，能够长期维护社会稳定、加快经济增长、促进社会繁荣，实现西藏地区的跨越式发展。作为备受瞩目的雪域高原，西藏在构建社会主义和谐社会中占有重要的地位。

首先，是政治的需求。西藏敌对势力的觊觎和西藏达赖集团的分裂使西藏成为世界政治敏感的地方，西方反华势力试图把西藏从中国分裂出去，破坏中国的安定团结。国家统一和谐，人民才能安居乐业，我国政府和全国各族人民绝对不能容忍把西藏从中国分裂出去，西方反华势力和达赖集团往往以所谓的"人权问题""宗教信仰""民族文化毁灭"等问题为借口来制造麻烦，我们在发展的同时还要与这些分裂势力做斗争。热爱祖国就是要树立正确的国家观，分清基本的历史是非，坚持"西藏自古以来就是中国不可分割的一部分"的历史事实，坚持中华民族大家庭观念；就是要分清基本政治是非，站稳政治立场，维护祖国统一和民族团结，自觉与达赖集团的分裂活动作斗争；就是要自觉维护社会稳定，建设和谐西藏，把"团结稳定是福，分裂动乱是祸"的道理落实到日常工作和生活之中；就是要自觉维护社会主义祖国的尊严和荣誉，坚持祖国利益高于一切，在任何时候、任何情况下都对祖国忠诚，做祖国的好儿女；就是要热爱西藏、建设西藏，为西藏的繁荣发展贡献力量。特别是在和谐社会建设中，西藏和谐社会的建设尤为重要。

其次，是经济的需求。旧西藏经济十分落后，交通闭塞，没有现代工业，只有牧业和少量农业、手工业。自1959年民主改革后，特别是1978年改革开放以来，经过多年的努力，西藏的经济体制格局发生了重大变化，一个健康发展、充满生机的社会主义市场经济体系正在形成，西藏各项事业取得了巨大成就，经济实力明显增强，经济建设的步伐也大大加快，不仅建立了现代工业、交通、通信业，原有的农牧业、商业也有了长足的发展。但是西藏经济取得发展的主要还是依靠国家投入。西藏经济想要进一步的发展，必须要以西藏和谐社会的发展为前提条件，西藏社会如果不和谐稳定的话，西藏的经济也难得有很大的发展。

二、公民道德建设是西藏和谐社会的精神动力

加强公民道德建设是维护社会秩序、规范全体公民思想和行为的重要手段和途径，是构建社会主义和谐社会的重要条件和精神动力，是西藏和谐社会发展必不可少的一项目标。良好的公民道德素质是构建西藏和谐社会的重要前提，它不仅可以增加西藏人民的价值认同感和凝聚力，还可以很大程度上减少西藏人民的社会生活中的各种内耗，使西藏社会的运行成本大大地降低。

其一，巩固思想基础。共同的理想信念是我们党治国理政的旗帜。正确的理想信念不是凭空产生的，而是来源于马克思理论武装，来源于在这一理论指导下对社会历史发展规律和人生价值的清醒认识和正确把握。加强公民道德建设，就是要牢固树立中国特色社会主义的共同理想，大力弘

扬爱国主义、社会主义、集体主义思想，引导西藏人民树立正确的世界观、人生观、价值观，使西藏人民把个人追求融入中国特色社会主义的共同追求之中，把个人的奋斗融入实现中华民族伟大的奋斗之中，最大限度地消除不和谐因素，最大限度地增加和谐因素，为构建西藏和谐社会提供有力的支持。

其二，调节人际关系。人是和谐社会的主体，人离开了和谐的人际关系，社会的和谐也就不存在了。建立和谐的人际关系、维护良好的社会秩序、促进人与自然和谐相处，既要靠法制建设，也要靠道德建设。和谐社会体现的是一种安稳、有序、祥和的社会状态，和谐的人际关系体现在社会成员的人格和尊严都能一视同仁，这意味着社会成员在履行义务的同时，同样拥有权利和自由，不受任何原因的限制，实现真正的人人平等。西藏和谐社会的构建需要西藏全体成员的参与，没有全体西藏公民的参与，西藏和谐社会的建设将是一句空话，而社会成员之间良好的人际关系的形成，是建立在全体公民的道德素质与时俱进的基础上的。加强公民道德建设，可以化解西藏人民的各种内部矛盾，营造西藏和谐社会安定团结、一直进步的氛围，使人与人之间的关系融洽、积极进取、和谐发展、共同进步，使西藏人民在和谐、稳定的社会环境中生活、奋斗、共同进步。

其三，激发创造活力。伟大的民族精神和时代精神，是中华民族与时俱进的精神动力，是构建社会主义和谐社会的不竭源泉和创造活力。构建社会主义和谐社会是一项史无前例的创造性事业，必须大力弘扬以爱国主义为核心的伟大民族精神和以改革创新为核心的时代精神，不断增强持久的精神力量，培养全体社会成员的积极性、主动性和创造性。加强公民道德建设，要继承中华民族几千年来形成的传统美德，发扬我们党在革命建设实践中形成的优良作风，积极借鉴世界各国道德建设的成功经验，使公民道德建设既体现时代特点又充满生机活力；要倡导民族团结、祖国统一的价值取向，倡导国家富强、社会进步、人民幸福的价值取向，大力支持一切有利于社会发展的创造活动，为实现全面建设小康社会的宏伟目标而奋斗。

其四，培育文明新风。和谐文明的社会风尚既是公民道德建设的重要内容，也是构建西藏和谐社会的重要目标。社会风尚影响着国家和社会的稳定，是检验社会是否和谐的重要标准。加强公民道德建设，就要在全西藏形成爱国守法、明礼诚信、团结友爱、勤俭自强、敬业奉献的基本道德规范；建立以为人民服务为核心、以集体主义为原则、以"五爱"为基本要求、与社会主义市场经济相适应的社会主义道德体系；积极创造顾全大局、加倍珍视团结、努力维护稳定的良好局面，重点加强社会公德、职业道德、家庭美德、个人品德建设，引导西藏人民做好公民、好职工、好成员。提升西藏公民道德建设，有利于加强社会建设和管理，形成西藏团结稳定的社会秩序，有利于西藏社会各方面利益，创造良好的人际环境，有利于建设西藏安定有序的经济、政治和文化生活，保证全体西藏人民幸福安定的生活。

其五，培养时代公民。人的全面自由发展是构建和谐社会的重要内涵，也是实现社会和谐的基本条件。构建社会主义和谐社会，从本质上是以满足人的生存和发展为目的的。人的全面自由发展是人的最高需要，也是最高的价值境界。实现西藏人民的全面自由发展是以西藏的和谐社会发展为条件的。马克思主义认为，人越是全面发展，社会就越是和谐，越能创造更多的物质文化财富，而物质文化财富创造得越多，就越能促进社会和谐，越能推进人的全面发展。加强公民道德建设就是要提高西藏公民的道德素质、科学文化素质和健康素质，促进人的全面发展，为彰显人的主体地位、推进人的全面发展积极创造条件。

三、公民道德建设是构建西藏和谐社会的本质需求

道德是人类文明生活的永恒主题，道德的基础是人类精神的自律。道德作为调节人与人、人与社会、人与自然关系的行为规范，既是社会调节的一种特殊手段，又是个人实现自身内在统一和精神完善的一种特殊方式，它始终根植于人和社会不可分割的联系之中，已经成为国家发展、民族存在、社会和谐、人民幸福的重要精神力量。《公民道德建设实施纲要》（以下简称《纲要》）是做好新世纪新阶段公民道德建设的纲领性文献，是新形势下加强我国思想道德建设的重要指导方针。党中央颁布《纲要》以来，西藏把公民道德建设与西藏实际紧密联系，把贯彻落实《纲要》与学习实践社会主义荣辱观进行有机结合，采取有效措施，扎实推进公民道德建设，为建设和谐西藏、平安西藏、小康西藏提供了有力的道德支撑。

首先，公民道德水平的高低直接影响国家的社会秩序、社会风气、社会凝聚力，是一个社会文明程度的标志。当前，爱国主义、民族团结、崇尚科学、开拓创新是西藏各族人民群众精神风貌的主流，但社会上存在的是非不明、美丑不分、善恶不辨，尤其是在反分裂斗争中存在的认识含混、态度暧昧、立场摇摆等现象，极不利于经济发展和社会稳定。因此，在西藏公民道德建设中必须积极引导人们树立正确的国家观，大力弘扬爱国主义精神，打牢反分裂斗争的思想基础，筑起抵御不良风气的思想道德防线，提高全体公民的思想道德素质，促进西藏和谐社会的发展。

其次，公民道德建设是社会主义思想道德建设体系的有机组成部分，是培育有道德的西藏公民的有效途径。建立健全与社会主义市场经济相适应、与中华民族传统美德相承接的社会主义思想道德体系，是社会主义精神文明建设的基础性工程，务必抓紧抓好、抓出成效。随着改革开放的不断深入和社会主义市场经济的迅速发展，西藏社会经济成分、组织形式、就业方式、利益关系和分配方式的日益多样化，各种价值观念相互激荡，西藏人民受到的影响越来越多。西藏社会和谐需要有强大的道德力量来推动，西藏社会的发展需要有优良的道德风尚来引领。构建社会主义和谐社会，既是一种治国方略，又是一种政治理想，更是一种文化样态，还是一种精神追求。这么多追求的核心，就是要把每个人的自由全面发展和我们的国家、民族的发展有机结合起来。从个人的发展和社会发展的意义上讲，构建和谐社会是从社会建设的角度出发去促进人的全面发展与社会和谐发展，公民道德建设是从人的素质建设角度出发去推进人的全面发展与社会和谐发展，二者的效果是一样的，西藏和谐社会的发展更是离不开西藏公民道德建设的支持。

最后，公民道德建设是构建西藏和谐社会的内容。公民道德属于意识形态范畴，既立足现实又指向理想，同时，公民道德又属于社会实践范畴，关注当下又着眼长远。构建社会主义和谐社会是我们党从全面建设小康社会、开创中国特色社会主义事业新局面提出的一项重大任务，适应了我国改革发展进入关键时期的客观要求，体现了广大人民群众的根本利益和共同愿望。在这一时期中，西藏和谐社会的发展也是包含在内的，西藏是祖国不可分割的一部分，西藏社会的和谐稳定对国家的和谐稳定有着重大的影响。公民的道德水平不高、没有共同的理想信念、没有良好的道德规范是无法实现西藏和谐社会的，国家的和谐稳定更是无从谈起。西藏公民道德建设是西藏和谐社会内容的一部分，积极实施公民的道德建设，在全社会形成团结互助、平等友爱、共同前进的社会氛围和人际关系、促进公民的全面发展，促进西藏的和谐稳定。

四、结语

提升公民道德建设，进一步形成全社会共同的理想信念和道德规范，打牢全党全国各族人民团结奋斗的思想道德基础，是构建社会主义和谐社会的必然要求。西藏社会要适应形势的发展变化，在和谐理念的指导下，以社会主义荣辱观为核心，扎实推进西藏公民道德建设，努力建设西藏和谐社会。

（张美玲，西藏民族大学马克思主义学院在读硕士研究生）

加强思想政治教育，促进西藏和谐稳定发展

王 潇

西藏这颗地处中国大西南边陲的璀璨明珠，担负着我国边疆要塞和谐稳定的重担，承载着祖国民族自治区稳定发展的希望。西藏自治区和谐稳定发展是党中央、国务院努力奋斗的目标，更是全国各族人民热切期盼的美好局面，它与我国正在努力构建的社会主义和谐社会相互照应、相互促进。

党的十六届四中全会通过的决定，第一次鲜明地提出和阐述了"构建社会主义和谐社会"这个科学命题，并把它作为加强党的执政能力建设的五项任务之一提到全党面前。建设西藏和谐稳定的发展局面，是我党构建社会主义和谐社会的一个重要组成部分。自治区内政治、经济、文化等多方面的稳定发展，可以加快我国建立社会主义和谐社会的进程；社会主义和谐社会的建立，也可以更好地保证西藏地区和谐稳定的社会形势，加快本地区各方面的发展。

加强西藏地区思想政治教育工作的开展，是建设西藏和谐稳定的发展局面的重要工作之一，特别是新时期的思想政治教育，是服务于建设社会主义和谐社会的。我们讲西藏和谐社会建设，应当是与思想政治教育密不可分的；同时，思想政治教育工作如果能够在西藏自治区取得成效，西藏的社会形势便能够向着和谐稳定的方向发展前进。

一、西藏思想政治教育的发展现状

1965年9月1日至9日，西藏自治区第一届人民代表大会第一次会议在拉萨召开。至此，西藏自治区筹备委员会完成了长达9年的筹备工作，西藏自治区宣告正式成立。自西藏自治区成立至今，已有50余年。西藏自治区的成立，为西藏的各方面建设翻开了历史性的新篇章。我们欣喜地发现，这片可以站在高地仰望星空的地方，它的许多改变已经跃然出

现在全国各族人们的眼里,为全国55个少数民族和5个自治区的发展提供了更多的经验和希望。目前,西藏自治区的发展状况也是各方人士极为关注的重点。

(一) 西藏自治区的特殊性

1. 自然环境的特殊性

西藏自治区地处青藏高原,平均海拔在4 000米以上,素有"世界屋脊"之称。西藏自治区北邻新疆维吾尔自治区,东连四川省,东北紧靠青海省,东南连接云南省,南、西与缅甸、印度、不丹、尼泊尔等国毗邻。[①] 这样特殊的自然地理位置,注定了这个地方无论是贫瘠还是富饶,都将会是一个要塞之地。自古以来,西藏特殊的地理位置阻绝了外来势力的侵扰,也保留了其独特的地域文化。

西藏由于海拔高,气候总体上具有西北严寒干燥、东南温暖湿润的特点;同时,随着海拔增高,气压降低、空气密度减小,因此地处西藏可能会有一定的氧不足等高原反应,对身体素质差的人来说是极为严峻的考验。

2. 人文环境的特殊性

西藏地处祖国西南边陲,全区总人口主要为藏族,其余为汉族、回族、门巴族、珞巴族、僜人、夏尔巴人。西藏社会的宗教信仰氛围十分浓厚,西藏全区的宗教主要由雍仲本教、藏传佛教、民间宗教构成,此外,还有伊斯兰教和天主教。藏传佛教在西藏乃至整个中国的历史长河中都具有十分重要的作用,在历史、文化等领域有很高的研究价值。

西藏地区的人民淳朴勤劳,居住在此的广大群众传承着西藏地区悠久的古老文明和历史文化,我们毫不怀疑,这里具有的厚重深远的文化气息能够吸引更多的热爱藏文化的人前来探索它的神秘,感受它带来的不一样的人文民俗风情。

(二) 西藏社会思想政治教育发展状况

1994年,中央召开第三次西藏工作座谈会,进一步号召"全国支援

---

① 《中国国家地理地图》编委会:《中国国家地理地图》,中国大百科全书出版社2010年版,第307页。

西藏"。第二年，中央国家机关首批援藏干部踏上了西藏的土地。① 西藏自治区在党中央、国务院的高度重视下，在越来越多前往那里扎根奉献的人的前仆后继的努力下，西藏城镇居民和农牧民的生产、居住、饮食、交往、通讯、传统节日庆典、衣饰的变化，家庭、村庄、城镇面貌的改变，都十分生动地反映出西藏的发展进步，更与旧西藏形成强烈的反差。②

自 2013 年开始，西藏自治区政府深入贯彻落实党的十八大和党的十八届三中全会精神，贯彻落实习近平总书记对西藏各项工作的重要精神、"治国必治边，治边先稳藏"的重要战略思想和"持续稳定、长期稳定、全面稳定"的重要指示。这些精神和指示已经成为西藏自治区社会发展和思想政治教育工作的重要依据。

虽然在西藏和谐稳定发展的道路上有不少的阻碍，但是我们仍然可以发现，社会主流已经朝着和谐稳定的方向前进，西藏人民的思想政治觉悟也由于思想政治教育工作的有效开展而有了十分显著的提高。

二、影响西藏和谐稳定的因素

西藏自古以来便经历了许多的支离破碎，西藏解放和西藏自治区的成立也是在历经了过多的曲折过程之后才实现的。我们知道，社会发展的趋势并非一帆风顺，而是螺旋式上升的，前途是光明的，道路是曲折的，西藏的和谐稳定是发展的大趋势，发展途中遇到的阻碍是无法阻止其沿着主导方向发展。

随着西藏经济的发展，西藏的社会也必然会展现出更高的发展水平，社会也将逐步稳定。这个现象可以用恩格斯的中轴线原理解释。恩格斯在《致瓦·博尔吉乌斯》中提到："我们所研究的领域越是远离经济，越是接近于纯粹抽象的意识形态，我们就越是发现它在自己的发展中表现为偶然现象，它的曲线就越是曲折。"恩格斯从中指出经济水平是社会发展的标示。社会发展水平提高，社会各个方面也将会得到提升，和谐社会局面必然出现。

对在建设和谐西藏、促进西藏稳定发展的过程中具有影响作用的因

---

① 参见北京大学团委《西部牧歌》，北京大学出版社 2010 年版，第 149 页。
② 参见曾建徽《融冰·架桥·突围》，五洲传播出版社 2006 年版，第 233 页。

素，主要可以归结为三个方面，即经济、文化和政治。

（一）经济因素

经济基础决定上层建筑，经济发展的水平会直接影响到自治区内政策的执行和思想政治工作的开展等事务的进行。要建立西藏和谐稳定的社会发展局面，发展经济是一个重要的环节。只有经济发展了，人民生活有保障，各项思想政治教育工作才能深入大众的心理，才能被广大群众所接受，社会和谐稳定才有它生长的良好环境，西藏社会才能够和谐稳定发展。

（二）文化因素

文化是社会进步的主要表现形式之一。藏族是自治区的主体民族，宗教在西藏有着久远而深刻的影响。西藏的民俗文化是具有很好的人文历史底蕴的，藏传佛教在自治区内的影响根深蒂固。针对这样的文化色彩，我党在西藏建设的过程中，关键是要在注重西藏地区文化特点的同时，加强思想政治教育及道德教育，加强区内文化建设，这对构建西藏和谐社会和促进稳定发展尤为重要。

（三）政治因素

政治在社会生活中居于十分重要的地位，它在社会经济和文化的整合中处于控制和调节的中心地位，并对社会进步或社会倒退产生广泛深远的影响，发挥着重要的社会作用。[①] 国家政策和政治环境对社会发展稳定与否，起着决定性的作用。

在建设和谐西藏、促进西藏稳定发展的道路上，思想政治教育工作的作用显得尤为突出，必须提升到更高的地位上去执行。

三、思想政治教育与西藏社会和谐发展的关系

思想政治教育是指社会或社会群体用一定的思想观念、政治观点、道德规范，对其成员施加影响，使他们形成符合一定社会或一定阶级所需要

---

① 参见王学俭《政治学原理新编》，兰州大学出版社2011年版，第6页。

的思想品德的社会实践活动。思想政治教育的根本目的，就是要不断提高人们的思想道德素质，提高人们认识世界和改造世界的能力，为建设中国特色社会主义、实现共产主义而努力奋斗。① 西藏和谐社会是我党构建社会主义和谐社会中的一个重要部分，社会主义和谐社会是我国建设中国特色社会主义的一个重要的方面，西藏和谐社会的建设自然也是其中的一个重点。

在西藏的建设中，思想政治教育工作的有力开展和西藏社会和谐稳定的环境是有着密切关系的，二者之间相互影响、相互作用。加强思想政治教育工作能够促进西藏社会和谐建设的进程，能够促进西藏社会稳定发展。加强西藏自治区内思想政治教育的目的，就是为了西藏能够和谐稳定地发展；而西藏社会的和谐稳定，也为开展西藏的思想政治教育工作提供了良好的环境，这有利于思想政治教育更上一个台阶，也能使西藏的政治、经济、文化等各方面建设在更为有利的条件下进行，这样必然会使西藏在以后的发展中处于一种和谐稳定的状态。

（一）西藏自治区内开展思想政治教育的重要性

维护社会稳定，是党中央为实现西藏地区经济发展、人民安居乐业的重要保证。自治区内开展思想政治教育，对自治区建设、自治区和谐稳定的发展具有很大的推动作用。"发展教育，提高人口素质，是民族地区发展的根本，也是民族自身发展的根本。"② 西藏是我国少数民族聚居的地方，发展西藏地区的教育，特别是重视并加强西藏地区思想政治教育，是引领西藏自治区走向繁荣昌盛的基础。

（二）西藏自治区内开展思想政治教育要关注的重点

西藏自治区由于其地理位置和历史发展等方面的特点而具有一定的复杂性。针对这样的区情，中央更加注重在维护西藏和谐稳定的大前提下，维护祖国统一和民族团结，促进西藏各项事业的繁荣发展，实现西藏社会长治久安。

---

① 参见张耀灿、陈万柏《思想政治教育原理》，高等教育出版社2001年版，第127页。
② 温家宝：《落实科学发展观——加快民族地区发展》，载《人民日报》2005年5月29日第1版。

思想政治教育是我党进行社会主义建设的一个重要举措。我们谈思想政治教育，开展思想政治教育活动，是为了使自治区人民能够更加清楚地认识到中国共产党在马克思列宁主义、毛泽东思想、邓小平理论、"三个代表"重要思想和科学发展观指导下，在以习近平同志为核心的党中央领导班子的正确领导下，西藏各族人民可以过上富裕稳定的生活，西藏社会将会有更加美好的明天，这是由世界局势所决定的，是由中国共产党的先锋队性质所决定的，是由中国的具体国情所决定的，更是由西藏自治区的区情所决定的。

西藏自治区内思想政治教育工作的开展，是针对全体各族人民而进行的，其中广大少数民族群众是思想政治教育的主要对象。而且，根据西藏的区情特点，西藏思想政治教育要重点关注反分裂斗争教育。这个时代谈发展、谈和平，不像解放战争过后那段时期那么简单，需要使人民群众从思想上得到解放，从而提高自身觉悟，这就必然要开展思想政治教育工作。在当前形势下，要在西藏地区开展思想政治教育活动，就必须将国家和西藏的利益兼顾起来。

我们知道，西藏自古就是中国的领土，这片广袤的土地神圣不可侵犯。现今，西藏问题依然存在，但西藏是中国的领土，解决西藏问题纯属中国的内政，外国无权干涉。追溯历史，袁世凯卖国求荣，于1913年10月派代表赴印，在西姆拉举行所谓"中印藏会议"。英国蓄意制造内藏外藏的谬论，叫嚣要使"外藏独立""西藏自治"。1914年7月，英国勾结西藏地方卖国分子私行签订了《西姆拉条约》。但是，中国政府代表拒绝在这个条约上签字，并正式声明："凡英国和西藏本日或他日所签订的条约或类似的文件，中国政府一概不能承认。"① 这样的历史无疑是可耻的。在西藏进行思想政治教育工作，就必须使西藏各族人民在了解历史中认清现实，寻找幸福的源泉，不要再重蹈覆辙，应当坚决反对分裂，与破坏现阶段人民维持的统一和平的发展环境做斗争；要团结一致共同建立和谐稳定的社会生活，促进西藏的发展，为共同建立和谐稳定的新西藏而努力奋斗。这样的思想政治教育活动的开展，才是有意义的思想政治教育活动，才能起到思想政治教育理论源于实践，实践提升理论的作用。

---

① 李荣华：《中国近代史》，辽宁人民出版社1984年版，第374页。

(三) 西藏自治区思想政治教育对西藏和谐稳定建设的影响

当今，我党正高举社会主义伟大旗帜，领导我国各族人民探索适合中国具体国情的社会发展模式，将马克思主义基本原理与中国具体实际相结合，走中国特色社会主义道路。中国正在建设社会主义和谐社会，这是中国特色社会主义道路上的一个重要的举措。我们所说的和谐社会，不是没有矛盾和争端，它要求的不是事物内部矛盾的消失，而是矛盾双方对立统一的结果，是矛盾差异的相对均衡、相对中和。中国社会的发展，是在各种矛盾的推动下进行的，我们是在不断解决矛盾的过程中提升自身的能力，促进自身解决矛盾的方法更加具备先进性和科学性。

西藏的和谐稳定建设是和我国和谐社会建设分不开的，即西藏的和谐稳定建设是我国构建社会主义和谐社会的一个重要组成部分，也是我国建设和谐社会的重点投入部分。

思想政治教育对利益关系的这种调节，有助于在全社会范围形成一种公正、合理、和谐的利益关系，从而为社会主义现代化建设营造一个良好的社会环境。[①] 这充分说明思想政治教育对和谐社会建设具有举足轻重的作用，对西藏的和谐稳定建设具有深远的影响。

在西藏自治区内开展思想政治教育是基于思想政治教育的巨大的作用而展开的。加强区内思想政治教育，是提高西藏各族人民的思想道德素质、提高西藏各族人民的爱国主义觉悟、加快西藏自治区政治民主进程的需要。在西藏社会开展思想政治教育，能够使人民群众从思想和精神上得到提升，为西藏和谐稳定的发展创造良好的社会环境，更好促进西藏各方面的发展。

(四) 西藏自治区加强思想政治教育的必要性

当前，西藏社会发展处于一个非常关键的历史时期。在这个关键历史时期，全面分析各种现实环境，在西藏自治区加强思想政治教育工作十分必要。

1. 就国际复杂形势来看

西藏因为其地理位置的特殊性，自古就受到许多国家和地区的垂涎，

---

① 参见张耀灿、陈万柏《思想政治教育学原理》，高等教育出版社2001年版，第69页。

更是有不少恶劣分子在挑拨着西藏和中央的关系。就目前国际形势来看，多极化格局形势日趋明显，世界局势表面和平，实际上却暗藏汹涌。这种复杂的国际形势要求在西藏自治区内进行思想政治教育工作必须使广大官兵、党员干部和群众在共产党领导下，坚定信念，发展西藏的经济、政治、文化，使西藏在富强繁荣的建设道路上能够平稳前进。

2. 就我国现代化建设来看

自党的十一届三中全会以来，我国加快了社会主义现代化建设的步伐。西藏是我国社会主义现代化建设中的一个重点地区。自2006年世界上海拔最高的、被称为"天路"的青藏铁路开始通车时起，越来越多的发展机会涌向西藏，西藏现代化建设的面貌也日新月异，西藏的社会主义建设翻开了崭新的一页。

那么，社会主义现代化建设的加速进行，是不是也要有一定的思想政治做其强有力的后盾呢？答案是肯定的！一个国家、一个地区，社会的发展只有在稳定的政治环境和良好的社会氛围中才可以顺利进行。进行思想政治教育能够给西藏地区的社会主义现代化建设提供更为良好的社会环境。这对西藏、对我国少数民族地区、对我国进行社会主义现代化建设具有极大的推动作用。

3. 就西藏社会发展进程来看

西藏在1951年和平解放前，社会形态十分落后，处于政教合一的封建农奴制社会。在中国共产党领导下，西藏经过新民主主义革命、社会主义改造、社会主义现代化建设，生产力不断提高，在不断改革之下形成了适应生产力发展的生产关系。这一时期，以马克思主义为核心的先进的意识形态逐渐深入越来越多的人民群众心里，指导人们的实践活动。西藏社会发展不是随机无序的，它的发展是在正确的思想意识指导之下进行的，是有先进的思想观念去引导的。因此，就西藏社会发展进程而言，进行思想政治教育是十分必要的，是能够推动西藏社会发展进程的一项重大举措。

4. 就西藏文化发展情况来看

藏传佛教是西藏自治区历史上最突出的、最具有统领地位的宗教思想意识。西藏文化是我国十分重视保护的少数民族地域文化。目前在全国各地已经建立藏学基地，倡导保护学习藏族文字等，这些举措都充分证明了国家对西藏传统文化的高度尊重，并且也在最大限度地保护着西藏的历史文化和宗教文化。针对西藏的文化，取其精华去其糟粕，在充分保护的同时不断发展创新。

在西藏文化传播发展的同时，要特别注意文化改变的动向并加以引导。一方面，对于积极的文化，应当提倡并宣传；另一方面，对于不利于社会发展的文化，就应当进行筛选后再进行传播。这就极需要我们将思想政治教育融入文化发展的历程中。

在思想政治教育引导下的文化，其发展的方向才是最正确的，发展的道路才是最先进的，发展的成效也是最喜人的。我们应该擅于运用科学的思想意识去指导文化发展，无论是藏族的文化还是其他民族的文化，都应如此。

（五）西藏自治区加强思想政治教育的重要性

在当前的时代背景下，加强西藏自治区思想政治教育工作非常重要。首先，思想政治教育具有积极的导向作用。作为一种有意识、有目的、有计划的思想政治活动，对自治区的社会和谐、稳定建设，能够起到良好的引导作用。其次，思想政治教育工作者在运用多种方法对西藏地区的思想政治状况进行调研时，也是对马克思列宁主义、毛泽东思想、邓小平理论、"三个代表"重要思想、科学发展观以及党中央政策的宣传和讲解，这对整个西藏社会思想政治教育的提升具有重要作用，其营造的氛围也是和谐的。再次，思想政治教育工作中所总结的经验是我党在加强西藏党政建设、加强西藏各族人民的思想道德素质、加强西藏和谐社会建设中的指路明灯，对西藏社会发展具有十分重要的作用。最后，思想政治教育工作能有效指导实践。思想政治教育的指导思想源自于社会建设现实，反过来这些思想如果能够合理运用，则可以指导社会主义和谐社会的稳定建设和发展，这对西藏自治区各项工作的开展十分重要。

四、加强西藏地区思想政治教育，促进和谐社会发展

我国是世界上最大的社会主义国家，建设社会主义现代化国家的进程也在不断加快。在新的时期，全国各族人民正紧密团结、努力奋斗，致力于实现社会主义和谐社会。党中央对维护少数民族稳定、维护祖国统一方面持坚决态度，将西藏的和平建设、维护民族团结放在政治工作的首要

地位。

我们可以站在海拔最高的纬度仰望星空、俯视和平年代的美好天下，我们可以看到党中央、国务院对西藏地区思想政治教育工作的高度重视，也能看到西藏自治区内党员干部对开展思想政治教育工作的大力支持，更能发现越来越多的群众在思想政治教育中取得进步以及思想政治教育工作对社会发展环境稳定的积极作用，为西藏经济、政治、文化、现代化建设和西藏的稳定发展创造了最为有利的政治条件。

我们坚信，不断加强西藏地区思想政治教育和少数民族思想政治教育工作的开展，能够促进西藏社会和谐稳定发展。我们期待，在党的方针政策指导下，不断深化开展思想政治教育工作，西藏自治区能够在和谐稳定这条发展道路上越走越稳，西藏也可以作为全国少数民族地区建设和发展的示范区，为我国少数民族同胞与汉族同胞一道全面建成小康社会起到积极作用。

（王潇，西藏民族大学马克思主义学院在读硕士研究生）

加强思想道德建设,努力构建和谐稳定西藏

武慧芳

党的十六届四中全会提出了构建社会主义和谐社会的总目标。胡锦涛同志指出:"我们所要建设的社会主义和谐社会,应该是民主法治、公平正义、诚信友爱、充满活力、安定有序、人与自然和谐相处的社会。"社会主义和谐社会的建立,也就是建立于人与人、人与社会以及人与自然之间的和谐。道德在构建社会主义和谐社会中起着不可替代的精神支撑的作用,是维系人际关系和调节社会利益的基本准则。西藏的和谐稳定,同样离不开思想道德建设。

一、建设和谐稳定西藏的重大战略意义

西藏处于我国的西南边疆,是国家安全的重要屏障,在党和国家战略全局中居于重要地位。建设和谐稳定西藏在构建社会主义和谐社会中占有重要的地位。

(一) 建设和谐稳定西藏是对社会主义本质的践行

建设社会主义和谐稳定西藏,是践行社会主义本质属性的重要体现。党的十六届六中全会决定提出:"社会和谐是中国特色社会主义的本质属性。"这是我们党总结我国社会主义建设的长期历史经验得出的基本结论。建设和谐西藏同样是对社会主义本质属性的践行。同时,建设和谐西藏也是践行社会主义本质的必然要求。社会主义的根本任务是解放生产力,发展生产力。建设和谐稳定西藏,必须要以解放生产力和发展生产力作为物质保障。所以,对经济、文化比较落后的西藏来说,大力解放生产力、发展生产力更是必须重视的问题。

（二）建设和谐西藏是落实科学发展观的伟大实践

建设和谐稳定西藏从根本上说就是一个发展的问题，建构和谐稳定西藏的过程就是科学发展观的贯彻过程。建设和谐稳定西藏，要以科学发展观为指导，坚持全面协调可持续的发展，不仅是生产力的发展、人的全面发展、经济和社会的全面发展，应该要着眼全局，从全局入手，全面推进经济、政治、文化、社会等各方面协调发展。建设和谐稳定西藏是我们党长期以来对执政规律、社会建设规律以及人与社会发展规律的有效探索和科学总结，也是全面落实党的十六大确定的新世纪奋斗目标及全面建设小康社会的两个关键的重要环节。建设和谐稳定西藏，就必须坚持科学发展观，把握好五个"统筹"。

（三）建设和谐稳定西藏是实现国家稳定、西藏长治久安的现实要求

社会主义建设必须正确处理好发展和稳定的关系。发展是硬道理，是目的，而稳定是前提，是一切工作得以顺利开展的基础。西藏的稳定关系到整个社会的长治久安。因此，必须把建设和谐稳定西藏作为西藏工作的中心任务。只有使西藏的经济、政治、文化、社会、生态等方面与内地协调发展，才能保持西藏的和谐稳定，才能逐步实现共同富裕的目标。

二、新时期加快推进建设和谐稳定西藏的必要性

在新的历史时期，经济、政治、文化等社会各方面基本处于稳步快速发展阶段，随之而来的是各种社会矛盾的凸显。在社会面貌发生翻天覆地变化的同时，西藏也面临着一些新的亟待解决的复杂问题和突出矛盾。社会纠纷及群体性事件呈逐年上升趋势，社会矛盾变得一触即发，而且方式变得异常激烈，甚至出现违法犯罪行为。构建和谐西藏有利于缓解社会矛盾，保持社会稳定，也是实现全面建设小康西藏宏伟目标的必然要求。当前西藏尽管处在快速发展时期，但与内地比较，无论是在质上还是在量上都存在着巨大差距，而且发展极不平衡，城乡差距、地区间差距都比较大。当前西藏贫困地区、贫困人口还比较多，这些贫困地区和贫困人口由于受自身条件以及外部环境条件的限制，主要依靠政府的各项扶贫政策。

构建和谐西藏是巩固党在西藏的执政地位、实现党执政的历史任务的必然要求。

三、推进建设和谐稳定西藏，必须大力加强西藏地区思想道德建设

（一）深化思想认识，增强建设和谐西藏的责任感和使命感

构建和谐西藏对建设社会主义和谐社会具有重要意义，因此，我们一定要深刻领会建设和谐稳定西藏的科学内涵及其重要意义。建设和谐西藏不仅关系到西藏的稳定，而且关系到整个社会的和谐稳定。新时期推进西藏的和谐稳定是抓住和利用好黄金机遇期、实现全面建设小康西藏宏伟目标的必然要求，是巩固党在西藏的执政地位的必然要求，也是实现党执政的历史任务的必然要求。要坚持把建设和谐稳定西藏放在关系西藏全局工作的重要地位，深刻认识保持西藏和谐稳定是西藏经济发展和社会进步的前提，是西藏各族群众的利益所在、福祉所在。

社会能否长治久安、和谐稳定，很大程度上取决于全体社会成员的思想道德素质。在现阶段，随着经济的发展和改革开放的不断深入，各种社会矛盾开始凸显，出现了很多道德失范的现象，思想道德建设对推进建设和谐稳定西藏就显得尤为重要。要把思想道德建设放在建设和谐稳定西藏的重大战略地位，用马克思主义道德观引领社会风尚，牢牢把握西藏先进文化的前进方向。

（二）进一步加强马克思主义道德教育宣传

思想道德建设是一个系统化、科学化的理论体系，在进行思想道德建设这项庞大的工程前，首先必须对思想道德建设体系有一个正确深刻的理解。只有以马克思主义道德理论为引导，西藏的思想道德建设才能顺利进行。只有有了正确的理论基础，社会主义道德才会被人们自觉践行。为此，要加强对西藏自治区的马克思主义道德宣传教育。用社会主义道德武装人们的头脑，启发人们对道德问题的认识和探索，使人们树立正确的道德观念，明辨是非，增强道德自律意识和自律能力。

(三) 积极推进县域义务教育均衡发展

加强思想道德建设，学校教育是基础和关键，发挥着不可替代的特殊作用。全面推进县域义务教育均衡发展，对西藏地区有效开展思想政治教育具有极其重要的意义，因此要在西藏地区做好教育普及工作，推进教育均衡发展。习近平总书记在参加十二届全国人大一次会议西藏代表团审议时发表重要讲话："要让西藏各族群众享有更好的教育。"

10余年来，自治区通过实施"两基"攻坚计划，基本普及了九年义务教育，基本扫除了强壮年文盲，实现了所有孩子"有学上""上得起学"的梦想。特别是近年来，西藏自治区把义务教育的重点放在了均衡上，要通过义务教育的均衡发展，把更多优质教育资源送到边远艰苦的高寒地区，把"有学上"变为"上好学"，把"普及"变为"内涵发展和提高质量"，为所有孩子都能成才创造条件。同时要清楚地认识到西藏与内地教育发展还有一定的差距，应该要有高度的责任感和远大理想，全心全意为学生提供良好教育。

从学校层面讲，抓教育离不开抓教师队伍建设。要培养一支高素质教师队伍，正确贯彻党和政府的教育理念、方针、政策；要培养教师崇高的品德和高尚的情操，始终为西藏各族群众提供更好的教育。发展西藏的教育关键靠教师。要让西藏各族群众"享有更好的教育"，决定了首先必须要有一支庞大并且高质量的教师队伍，只有这样才能保障广大人民群众获得更加丰富、更加优质、更高层次、更高水平的教育。西藏地处高寒地带，自然条件艰苦，特别是一些偏远地区，气候更加恶劣，广大教师常年在边远高寒的基层工作，工作和生活环境极差。因此，应给予教师更多的优惠政策，提高教师待遇。政府应出台一系列政策措施来解决他们在学习、工作和生活中遇到的种种问题。其一，建立健全教师工资保障机制，对教师的工资要予以充分保证，按时足额发放到位。其二，改善基层教师的学习、工作和生活环境，尽可能为其提供更多的便利条件。通过这些措施，激发教师的工作热情和积极性，坚定他们教书育人的信念，稳定教师队伍，促进教师队伍不断焕发新的生机和活力。

(四) 加强西藏地区法制建设，推进依法治藏深入落实

党的十八届四中全会审议通过了《中共中央关于全面推进依法治国

若干重大问题的决定》,明确提出了全面推进依法治国的指导思想、总体目标、五大原则、主要任务,对建设中国特色社会主义法制体系、建设社会主义法治国家,具有重要而深远的意义。建设和谐西藏,思想道德建设是基础,是题中之意,是生命线,而法制建设是保障。思想道德建设只有以法制建设作为保障和补充,才能收到实效。政府工作人员要带头遵守宪法和法律,不断提高法治意识和依法行政能力。

一是要加强和改进国家立法,健全政府依法决策机制。自治区立法机关要依据新时期西藏出现的新问题,在法制方面及时做出调整,坚持立改和废释并举,使重大改革和重大事件有法可依,决策和立法紧密衔接。

二是要深入开展西藏地区的法制宣传教育。传达学习党的十八届四中全会精神,学习宣传俞正声同志"依法治藏、长期建藏、争取人心、夯实基础"的指示。紧密结合西藏实际,不折不扣落实中央的各项部署要求。同时多渠道、多形式大力普及法律知识和法制观念,在自治区树立法治权威,使法治观念深入人心。

(武慧芳,西藏民族大学马克思主义学院在读硕士研究生)

论弘扬社会主义核心价值观与促进西藏和谐社会建设

王晓金

社会主义核心价值体系是社会主义先进文化的精髓，是兴国之魂，决定着中国特色社会主义发展的方向，是社会主义制度的内在精神，在社会主义体系中处于支配地位，是引领社会主义思想道德建设的一面旗帜，也是全国各民族奋发向上的力量和精神纽带。

社会主义核心价值体系的基本内容并不复杂，主要由四个部分组成：统一的指导思想、共同的理想信念、强大的精神力量、基本道德规范。表现形式主要有：马克思主义、中国特色社会主义理论、民族精神和时代精神、社会主义荣辱观的重要概念。它是社会主义意识形态的主要内容，对团结和凝聚全国各族人民进入小康社会具有重大的意义。社会主义核心价值体系是一个系统的有机整体，由若干具体的社会主义核心价值观所组成。

西藏地处祖国西南边疆，是我国重要的安全屏障，西藏的稳定关系到祖国的稳定，西藏的安全同时也关系到祖国的安全。社会主义核心价值体系在西藏维护祖国统一、反对民族分裂、化解社会矛盾以及维护社会和谐稳定方面起着重要的作用，是增强各族人民凝聚力和向心力的重要途径。因此，要维护西藏地区的和谐稳定，必须有效地践行社会主义核心价值观，为西藏各族人民团结奋斗打牢思想道德基础。

一、把维护西藏和谐稳定作为主线，践行社会主义核心价值观

社会主义核心价值观作为引领潮流的主流思想，有利于进一步加强马克思主义在社会意识形态领域的领导地位，这也是中国特色社会主义事业发展的重要需求。由于意识形态领域的特殊性，导致敌对势力的渗透和破

坏更加隐蔽广泛，从而具有更大的危害性。同时，反分裂斗争也是一场争取群众、争取人心和阵地的斗争，直接关系到国家的统一、民族的团结、各民族的利益和西藏的长治久安。

自西藏和平解放之后，我们党带领西藏各族人民，做了许多努力，如民主改革、成立西藏自治区、改革开放等，实现了西藏各项制度和经济突飞猛进的发展，短短几十年的时间就确立了马克思主义在意识形态方面的主导地位。西藏各族人民也同我们党和全国各族人民在行动上和谐一致，为建设富饶美丽的西藏而努力。

然而，我们也面临严峻的现实，我们与敌对势力特别是十四世达赖的斗争是长期而持久的，十四世达赖企图从意识形态领域来激化人民内部的矛盾，从而直接威胁到西藏的和谐。十四世达赖还经常利用藏传佛教对民众进行渗透、影响，煽动藏族群众同党和政府对立，甚至妄图恢复封建农奴制，其反动之心昭然若揭。

社会主义核心价值观在一定程度上反映着社会的本质和国家的性质，有利于不同民族、不同血缘、不同语言、不同地域的人们超越彼此之间的差异，形成共同的认同感和归属感。因此，我们必须坚持马克思主义在意识形态领域的指导地位，弘扬社会主义核心价值观，大力引导全国各族人民在反对分裂、维护祖国统一的过程中贡献自己的一分力量，坚定不移地用马克思主义中国化的最新成果来武装全党、教育人民。用中国特色社会主义的共同理想来凝聚力量，用以爱国主义为核心的中华民族精神和以改革创新为核心的时代精神来鼓舞人们的斗志，用社会主义荣辱观引领风尚，从而牢牢树立西藏人民团结奋斗的思想基础，教育西藏各族人民能够认识到十四世达赖的丑恶嘴脸，揭露其所散布的种种谬论。坚决抵制反动集团在意识形态领域的各种渗透以及封建农奴制毒瘤的负面影响。

二、把维护西藏和谐作为主要内容，在反对民族分裂的过程中不断践行社会主义核心价值观

社会的稳定是西藏发展的重要保障，要保持西藏的稳定，就要开展反分裂斗争。要充分认识到反分裂斗争的长期性和复杂性，严密防范和打击分裂分子的不法行动，要坚持深入群众，用社会主义先进文化来武装全国各族人民的头脑，采取多种形式来揭露和批驳达赖分裂集团的反动性，使

全国各族人民能够清晰地认识到达赖分裂集团的嘴脸，认识到他们分裂祖国的实质，认识到西方敌对势力和达赖分裂集团勾结的险恶用心。要加强思想教育，不断落实党的民族政策，深入开展民族团结教育，坚持同民族分裂行为斗争到底。

西藏不仅仅存在着人民日益增长的物质文化需要同落后的社会生产之间的矛盾，还存在着西藏各族人民同十四世达赖分裂集团之间的特殊矛盾。要想做好新时期的西藏工作，必须要以民族团结作为保障和基础，不断提出新的思想，把民族团结提高到一个新的高度。自从1959年叛逃之后，十四世达赖反动集团打着各种反动的口号，不断地颠倒黑白，混淆是非，灌输民族仇恨，破坏民族团结。胡锦涛同志指出："我们同达赖集团的斗争是长期的、尖锐的、复杂的，有时甚至是很激烈的。我们一定要保持清醒头脑，增强国家的安全意识、责任意识、忧患意识，做好进行长期斗争的思想准备和工作准备，绝不能抱有任何幻想，绝不能有任何麻痹。"

民族团结是西藏各族人民和谐发展的重要组成部分，没有民族团结就没有和谐稳定的西藏。这是多年的历史所证明的。正确地处理好西藏的民族问题，推进民族团结和进步，关系到党和国家的发展，关系到西藏的和谐稳定，也关系到全国各族人民的幸福。因此，要把增进民族团结作为一项重要任务来抓，认真地贯彻党的民族政策，不断地完善民族区域自治制度，增强全国各民族之间的交流、交往、交融，不断地巩固和谐的社会主义民族关系，不断地深入开展民族团结教育，引导人人为民族团结做贡献，不断地巩固和发展民族团结。

社会主义核心价值观具有强大的凝聚力、向心力和感召力，其优越性是其他社会主义意识形态不可比拟的，要不断地践行社会主义核心价值观，引领西藏各族人民为建设中国特色社会主义的共同理想而奋斗。在吸收人类文明优秀成果的同时，也要尊重西藏各族人民在文化和意识形态等领域的差异性，为促进西藏社会的和谐稳定而努力。

三、培育民族精神，在维护西藏和谐的过程中，弘扬社会主义核心价值观

一个民族和国家如果没有强大的凝聚力，就如同一盘散沙，逃脱不掉

四分五裂的命运，也不可能矗立于世界民族之林，而民族精神是民族文化最本质和最集中的体现，是鼓舞人们奋斗的重要精神力量，也是一个民族生生不息、薪火相传的重要力量，是引领人民前进的精神旗帜。中华民族精神历史悠久而又生机勃勃，是中华民族宝贵的精神财富，始终使中华民族保持着强大的凝聚力和战斗力，不断焕发出旺盛的创造力。

维护西藏的和谐稳定，不仅仅关系到西藏经济的发展，还关系到全国各族人民的利益甚至中国改革开放和现代化建设大局。社会和谐不是一个自然的历程，也不是一蹴而就的，必须要通过脚踏实地的奋斗来完成，因此，要引导人们增强大局意识，增强责任感和忧患意识，要时时刻刻保持清醒的头脑，克服松懈思想和厌战情绪，时刻提防分裂等不安定因素的破坏，不折不扣地落实中央反分裂斗争的措施，保持西藏社会的长期稳定。

西藏是一个多民族聚集、多元文化交织而且宗教氛围比较浓厚的特殊地区，其周边环境极其复杂，因此，必须要把构建社会主义核心价值观、大力弘扬中华民族精神作为一个基础工程，要实行"汉族离不开少数民族、少数民族离不开汉族、少数民族之间也相互离不开"的教育政策，教育各族人民增强对祖国、对中华民族、对中华文化、对中国特色社会主义的认同感，大力宣传中华民族的奋斗历史、优秀文化和光荣传统，大力宣扬西藏在中央、在全国各族人民的帮助下取得的辉煌成就，引导全国各族人民树立正确的国家观、民族观、历史观、宗教观、文化观，增强中华民族的凝聚力，为实现西藏的和谐稳定提供强大的精神力量。

四、加快科学发展，维护西藏和谐，弘扬社会主义核心价值观

胡锦涛同志强调指出："民族地区存在的困难和问题，归根到底要靠发展来解决。"[①] 因此，民族问题实质是民族发展的问题，中央第五次西藏工作座谈会突出强调，要推进西藏跨越式发展，建设社会主义新西藏的物质基础，西藏必须要把中央关于加快西藏发展的部署同西藏的实际紧密

---

① 胡锦涛：《高举中国特色社会主义伟大旗帜——为夺取全面建设小康社会新胜利而奋斗——在中国共产党第十七次全国代表大会上的报告》，载《人民日报》2007年10月25日第1版。

地结合起来，充分发挥自身优势，在科学发展的基础上实现跨越式发展。由于历史、社会、自然条件等各种因素的影响，西藏的困难群众还比较多，在新时期维护西藏的和谐稳定，首先要做的就是加快发展，实现跨越式发展和科学发展，把践行社会主义核心价值观同解决人们的实际困难结合到一起，建设社会主义新西藏的物质基础，更好更快地让西藏各族人民走向富裕的道路，使西藏各族人民能够深切地感受到社会主义核心价值观的价值，能够从心底认同它，并且转化为自己坚定的内心信念。只有这样，才能更好地践行社会主义核心价值观，为实现西藏的和谐稳定而努力。

（王晓金，西藏民族大学马克思主义学院在读硕士研究生）

藏族优秀传统道德对构建和谐西藏的价值分析

刘京华

藏族优秀传统道德是藏民族千百年来生活经验的积淀，融会在藏民族的生产、生活、文化、教育、宗教和传统习惯之中，支撑着藏民族的心理和意识，具有稳定性、广泛性、适用性和更为直接的社会功能。藏族优秀传统道德作为一种意识形态，与西藏社会的稳定、发展有着紧密的联系。我国是由56个民族共同组成的社会主义国家，构建社会主义和谐社会是我国各族人民的共同理想，藏族有着优秀的道德文化，对构建和谐西藏具有重大的促进作用。因此，西藏就要抓住这一发展契机，大力继承和弘扬藏族优秀传统道德，为构建和谐西藏提供重要的精神支撑。

一、藏族优秀传统道德的主要内容

藏族全民都信仰藏传佛教，宗教渗透在藏族人民生活的方方面面，使藏族传统道德具有鲜明的宗教特色，宗教和道德相互渗透和交融是藏民族传统文化的一大特点。道德借用宗教这种形式得以表现，而宗教却又借用了道德的内容得以传承。藏族优秀传统道德包含丰富的思想内涵，这些思想在无形之中成了他们的道德坐标和行动指南，规范和约束着藏民族内心世界和外在行为，协调着藏区人与人、人与社会、人与自然之间的关系。[1]

第一，行善戒恶。善与恶是人类道德中根本对立的两极。一个人有了恶，善就难以进一步伸展，若恶根膨胀，善就会被泯灭，因此行善必须戒恶。在藏传佛教看来，行善戒恶是每一位有情众生都应遵循的基本道德原

---

[1] 参见贡保扎西、琼措《论藏族传统道德思想及其社会作用》，载《西南民族大学学报（人文社会科学版）》2012年第33卷第6期。

则。任何一个善男信女要入佛道,超凡脱俗,乃至最终成佛,其基本前提是要有善念,按照善的原则去规范自己的言行意志。藏传佛教认为,宇宙万物和人的真实本性是无相无实,即空无是自性清净无染,即自性善。这是佛教的根本义理。由于违逆了佛教的真实本性义理,产生了我执和法执,导致了佛教真实本性被遮蔽,于是产生了恶。因此,恶就是违性违逆,不利于自己又损于他人的思想和行为。藏传佛教本性是善,戒恶止恶以扬善是其根本的伦理道德要求。戒恶是以戒律防止人们造恶,治恶是以忏悔方式处治已犯之恶。

第二,孝敬父母。在中国各民族中,几乎都有关于孝敬父母的道德要求。在藏族传统社会的道德中,孝敬父母也是非常重要的内容之一。在藏族史诗《格萨尔》中有一段说唱词道:"心爱的阿达拉毛听仔细,九层铁城门前的亡灵,头上的铁轮燃烧转不息,那是活在人间时,对有养育之恩的父母,不孝不敬头上击鞋底,反唇瞪眼常忤逆,细软好衣自己穿,老年父母多褴褛,香甜茶饭自己吃,老年父母吃馊食,后辈行为太恶劣,是这种恶业所致。"① 这段说唱词,从一个侧面反映了藏族传统社会对孝敬父母的倡导和对歧视及虐待老人行为的谴责。在敦煌古藏文历史文书存留下来的格言中,有许多内容也是教育人们要孝敬父母的。在藏族家庭中,人们对父母老人是尊敬的,有好吃的东西都要主动送给父母和老人吃,对不孝敬父母老人的儿孙,人们把他们比作狗,又说:"父母是檀香木,儿子是空心芭蕉树",以斥责那些没有孝心的逆子。

第三,团结友爱。从吐蕃时期开始,藏民族与周边的各民族之间就建立了良好的关系,在这种团结、友爱的关系中,双方的道德标准和审美价值也达到了一定的同一性。团结、平等与和睦是藏民族道德信条中的一项主要内容。比如藏民族在这种道德信条支配下便与蒙古族在政治、文化方面建立了甚为密切的关系。总之,藏民族伦理道德的基本范畴,是劝解人们向善、向正义、向美德提升个人的思想品行,并通过对恶的鞭挞与谴责调适个人行为。无论是吐蕃时期崇尚英雄、崇尚敢于踏向任何困境的英雄气概也好,还是分裂时代崇尚理性、崇尚智者,用佛教的道德观慰藉心灵也罢,藏民族伦理道德思想中永未泯灭的便是这个民族遵循并不断丰富和

---

① 中央民族学院《藏族文学史》编写组:《藏族文学史》,四川民族出版社1985年版,第46页。

扩大了的慈悲、怜爱、尊重自然、尊重生命、与人和睦相处等以善良、宽容为基石的道德内容。这种思想已浸渗在这个民族的肌体深处，指导并深刻影响着整个民族的精神。

第四，爱国主义精神。爱国主义是千百年来人们对自己的祖国形成的一种最深厚的情感。这种情感也就自然成为人们评判是非善恶的标准之一。因此，从道德的角度讲，爱国主义是最高的道德，是最重要的道德规范。自古以来，藏族人民心系着祖国大家庭，对祖国有着深厚的感情。爱祖国作为最高的道德要求，与藏传佛教道德中要求人们行善业是完全一致的。事实上，在藏族传统社会的道德评价中，早已把是否热爱祖国作为人们是否行善业的最高标准。藏族人民虽然世代生息在雪域高原，但在历史上形成的与祖国各民族血肉与共的关系，使他们在任何时候都把自己的命运与祖国的命运联系在一起。尤其在近代，面对外国势力的入侵和分裂图谋，藏族人民与之展开了英勇的斗争。① 英勇的人们用生命和鲜血保卫自己的家园，捍卫民族的利益，同时也维护了祖国的统一和领土的完整，谱写出了属于藏族人民的爱国主义诗篇。正是藏族人民世代形成的这样朴素的观念和情感，构筑了藏族道德中爱国主义道德规范的深厚思想基础。

除以上四方面之外，藏族优秀传统道德还有勤劳、勇敢、宽容、公正等内容。

二、当前西藏社会道德现状

构建社会主义和谐社会是一项系统工程，是一个实现物质文明、政治文明、精神文明、生态文明协调统一、共同发展的过程。其中，精神文明建设是构建社会主义和谐社会的重要推动力量，构建和谐社会主义社会离不开高尚精神的支撑，而精神文明建设的首要内容是思想道德建设，因此，社会主义和谐社会在建设发达的物质文明的基础上，更要重视道德建设。"人无德不立，国无德不兴。""道德兴则国家兴。"如果一个国家缺乏道德精神，没有道德观念，那么这个国家就会失去凝聚力和向心力，国家就会危机四伏。构建和谐西藏必须重视藏族优秀传统道德的力量，和谐

---

① 参见余仕麟《藏民族"倾心向内"爱国主义意识的形成》，载《西南民族学院学报（哲学社会科学版）》2002年第12期。

的西藏一定是有积极向上的精神风貌和良好道德风尚的社会，离开道德谈和谐西藏的构建是不可想象的。因此，道德规范的建设是构建和谐西藏精神文明建设的内在目标。

西藏是一个群众性信仰宗教的民族地区，藏传佛教在西藏社会占有重要的地位，宗教问题关乎整个西藏社会乃至全国的稳定和发展。然而随着中国国际地位的不断提升和对外开放的不断扩大，西方敌对势力利用宗教加强了对西藏的破坏活动，煽动信教群众，蛊惑人心，企图使西藏问题国际化，从而达到把西藏从中国版图中分裂出去的目的，严重影响了西藏民族团结和社会稳定。新时期，随着网络的普及，西方敌对势力也乘机借助网络对西藏人民进行价值观念的渗透，侵蚀着藏族传统的文化道德理念。当前在构建和谐西藏进程中，我们要对西方文化渗透保持清醒的头脑，坚决抵制西方的一切腐朽的资产阶级思想，加强和谐西藏道德规范建设，使广大藏族人民产生巨大的凝聚力和向心力，才能形成共同的精神支柱。

合理继承和弘扬藏族优秀传统道德，重建市场经济条件下西藏社会的道德规范，对构建和谐西藏具有重要意义。

三、藏族优秀传统道德对构建和谐西藏的价值

胡锦涛同志指出："一个社会是否和谐，一个国家能否实现长治久安，很大程度上取决于全体社会成员的思想道德素质。没有共同的理想信念，没有良好的道德规范，是无法实现社会和谐的。"可见，思想道德素质在构建和谐社会中具有重要的价值。在构建和谐西藏的今天，我们就要让藏族优秀传统道德发挥最大的价值，造福于藏族人民。

第一，弘扬藏族优秀传统道德，激发藏民族的爱国主义情怀，为构建和谐西藏提供精神动力。作为社会意识的重要组成部分，藏族优秀传统道德是藏民族文明和觉悟的集中表现，也是藏民族的精神支柱。从历史上看，敌人不断入侵骚扰藏族地区，面对这样的入侵骚扰，西藏人民只能齐心协力，一致对外，捍卫自己的家园，保护国家的利益。藏族人民在反对外来侵略和分裂势力的同时，也从来没有停止过他们对反动统治阶级的反抗与斗争。他们不仅与当地的反动统治集团做斗争，而且还投身到轰轰烈烈的中国革命的巨大洪流中去。在中国革命的各个阶段，藏族人民的革命斗争都极大地支持了全国各族人民的革命斗争。许多藏族人民的先进分子

为中国革命战争的胜利做出了重大贡献。如日本帝国主义发动"九一八"事变以后,九世班禅额尔德尼·确吉尼玛闻知热河失陷,痛心疾首,他不忍眼看祖国大好河山遭敌蹂躏,毅然长途跋涉两月之久,赴内蒙古宣传抗日救国。每到一地,他便带领当地喇嘛念经祈祷抗战胜利,同时还召集当地王公贵族,揭露日本侵略者的罪行,进行抗日宣传,号召各族的人们都拿起武器,团结御侮,保卫祖国。他希望藏族、蒙古族、汉族等各民族同胞在祖国危难之时,团结一心,巩固后方,完成抗日救国的大业,这充分表现了他热爱祖国的赤诚之心。在 1938 年年初,日本侵略军空军飞机 10 余架,犯扰广西南宁上空,藏族飞行员扎西所在的中国空军四大队四中队战机 9 架,起飞迎战,扎西和战友们将敌机赶走,为保卫祖国领空做出了贡献。1942 年,盟军在印度帮助训练中国远征军,做反攻缅甸的准备。在这些远征军中,就有藏族青年数十人。他们在缅甸北部的几次著名战役中,击溃了入侵印缅的日军主力。为了抗日战争的胜利和祖国的安全,有不少藏族青年英勇地战死在异国他乡,显示出了强烈的爱国精神。正是这种爱国主义精神成为藏民族强大的凝聚力、向心力,这种爱国精神仍激励着现代的藏族人民,成了献身和谐西藏建设的精神动力。

第二,弘扬藏族优秀传统道德,营造和谐的民族意识,为构建和谐西藏提供道义支持。和谐社会建设除了必须具备物质资源,还必须有制度、文化等精神资源的支持。道德作为文化建设的核心,是构建和谐社会最重要的思想资源。目前,西藏和全国的其他地区一样,正在进行社会主义市场经济建设,努力创建和谐社会。市场经济是开放经济、法制经济、诚信经济,和谐社会是民主法治、公平正义、诚信友爱、充满活力、安定有序、人与自然和谐相处的社会,没有道德的支持,我们的市场经济和和谐社会也不会顺利建立起来。我们这里所说的道德资源,在藏族地区主要是藏族优秀传统道德,其中包括吸收借鉴外来传统道德的有益成分和藏族自己的优秀传统道德两部分,如松赞干布时期的藏民族道德资源。我国自古以来就是一个统一的多民族国家,每一个民族在中华文明历史的发展过程中,都以自己民族独特的文化和多姿多彩的民族个性,丰富和滋润了整个中华民族的历史文化之根。藏民族作为其中的一个少数民族,在文化与文化的碰撞、文明与文明的交流中,藏族的先民们以博大宽容的精神,积极主动地学习和吸收外来文化。在松赞干布时期,吐蕃与邻近的国家、民族先后建立了友好的关系,如印度、尼泊尔的建筑、美术、工艺在藏区得到了大力的传播,汉地的星算学、医药学以及酿酒、纺织等技术在藏区得到运用。吐蕃时期还派了许多藏族贵族后裔前往长安学习汉族文化,这些藏族子弟敏情持锐、锲而不舍、善学不回的良好学风,受到了当时唐朝大臣的高度赞扬。为吐蕃赴长安请婚的一代名相噶尔禄东赞,因其卓越的军事天才和过人的才干,受到唐太宗的欣赏,还曾请其留居长安,后与唐太宗结下了深厚的友谊。[①] 在吐蕃与唐朝长期的交往过程中,藏汉两大民族间的友好和团结合作成为整个大国的重要国策之一,并一直得到珍惜和守持。

第三,弘扬藏族优秀传统道德,化解社会矛盾,协调人与自然关系,为构建和谐社会提供环境支撑。一个和谐的社会就要人与人、人与社会、人与自然都处于协调的状态,积极主动地化解社会矛盾,提高人们的幸福感。随着社会竞争的加剧,人与人之间的情感交流似乎变得越来越少,矛盾越来越复杂,但是我们的社会是人性化的社会,是需要有情感的注入的。因此,现代化的社会更需要人与人之间的交流,人与人之间的协作,这就要求每位公民对自身要行善,对父母要行孝道,对别人要尊重理解,这样的社会环境才是我们所需要的,也是我们构建和谐西藏的目的所在。

佛教经书《金刚顶经》中讲:"凡人欲,为善为恶,皆标其心,而后成其志。"一切善业皆源自心,众生道德修行首先治其心,佛教把道德之心叫作自性清净的本觉真心,即佛性。藏传佛教大师米拉日巴说:"心性本来是光明,无有念妄之垢障,如是何用勤择择?舍去一切分别心。"因此治心之根本就是彰示本觉真心,达到清净至善,消灭一切私心杂念。净心是藏传佛教善的最高境界和最后归宿,是道德修养之本。作为藏传佛教的本觉真心是超越一切善恶的至善之心,也就是慈悲利众之心、无贪念、知羞耻心和忍让之心等。具备了善心,我们就要进行实践即善行。在社会政治领域,藏族统治者出于治国安邦的需要,也竭力善行。史书记载:"松赞干布在位,在君臣关系中,赞普王室要求君臣要讲仁慈,臣对君要忠诚,君对臣要护佑。"在君民关系中,君对民护佑,民听君之言,切勿犯上作乱;在宗教生活中,藏传佛教要求信徒努力修行善业,自觉遵守戒律,坚信佛法,虔诚供佛,尊敬自己的上师;在藏族民众的日常交往中,

---

[①] 参见吕志祥、刘嘉尧《高原藏区生态法治基本原则新探——基于藏族传统生态文明的视角》,载《西藏民族学院学报(哲学社会科学版)》2010年第31卷第2期。

诚实守信，以礼待人，忍辱无争，文明用语，知恩必报；在家庭生活中，子女孝敬父母，父母善待子女。

构建和谐西藏，既要处理好社会矛盾，也要注重协调人与自然的关系。各种因素，主要是人为因素，导致西藏草地严重退化、西藏高原湿地逐渐退化、西藏高原暖湿化趋势等环境问题，这不仅危及我们的生存和发展，还制约着藏区的生态文明建设，同时对构建和谐西藏带来了严峻的挑战。当前我们要使这些现象得到遏制，就必须重新审视我们自己，并从藏族优秀传统道德中吸收、借鉴。藏传佛教认为，宇宙万物无一不是因缘和合而生，正是因缘和合而生的万事万物构成了世界的整体。宇宙中无穷无尽的事物又分为有生命之物和无生命之物，其中有生命之物中有情识的生命物，包括微生物、动物和人，称之为有情众生。一切有情众生都是平等无差的，因此要以慈悲之心去对待一切有情众生。与此同时，藏民族头脑之中存在着万物皆有神灵的观念，由此他们敬畏各种各样的自然神祇，禁止乱砍滥伐，有的还在屋前屋后种植花草树木。所有这些，无不体现出藏族先民对自己的生存环境的重视及对生态环境的保护，这样藏族社会才能全面、健康、和谐地发展。

总之，弘扬藏族优秀传统道德，走出社会发展中的道德困境，才能实现西藏社会的跨越式发展，才能实现西藏社会的和谐发展。

（刘京华，西藏民族大学马克思主义学院在读硕士研究生）

试论"老西藏精神"的科学内涵及当代价值

高 峰

"老西藏精神"始于20世纪50年代初人民解放军进军西藏的艰苦岁月。"老西藏精神"一是表现为热爱祖国，热爱西藏，长期建藏，边疆为家，全心全意为西藏人民服务的思想。二是表现为"一不怕苦，二不怕死"的革命乐观主义精神和英雄主义气概。三是表现为自觉执行中国共产党的方针政策和坚强的组织纪律观念。四是表现为自力更生、艰苦创业的精神。"老西藏精神"的实质是对党的光荣传统包括长征精神、延安精神等的继承和发展。概括来说，"老西藏精神"就是"特别能吃苦、特别能战斗、特别能忍耐、特别能团结、特别能奉献"的精神。"老西藏精神"是中国共产党人在长期复杂的西藏革命和建设实践中表现出来的人生态度和刚强睿智，是中华民族自强不息的民族品格的集中展示。正是靠这种精神，无数革命烈士把生命献给了西藏这片高天厚土。

"物质不灭。宇宙不灭。唯一能与苍穹比阔的是精神。任何民族都需要自己的英雄。真正的英雄具有那种深刻的悲剧意味：播种，但不参加收获。这就是民族脊梁……他们历经苦难，我们获得辉煌。""叱咤风云的人物纷纷消失之后，历史便成为一笔巨大的遗产，完整无缺地留给了我们。"[1] 毫无疑问，"老西藏精神"完全具备这些精神特质，它留给今天社会主义新西藏的是无穷无尽的精神财富，给行进在"中国特色、西藏特点"历史进程中的西藏人民无穷无尽的精神力量，它将以丰厚而辉煌的历史价值和当代价值，永远镌刻在中华民族的精神丰碑上。

---

[1] 金一南：《苦难辉煌》，华艺出版社2010年版，第694页。

一、"老西藏精神"的科学内涵与大学生的理想信念教育

党的每段历史都有它的特质。反映那段历史的"精神",就会有它的特定内涵。那么,何谓"老西藏精神"?西藏自治区原党委第一书记、西藏军区第一政委、老西藏中最具代表性的人物之一——阴法唐将军,将"老西藏精神"概括为"长期建藏两不怕,自力更生守政纪,加上'五个特别'"。作为我党我军光荣传统和中国特色社会主义核心价值体系的有机组成部分,"老西藏精神"不仅在西藏而且在全军、全国都产生了重大影响。作为西藏大学生,应该将革命先辈留下的精神财富传承下去,我们讲吃苦耐劳、艰苦奋斗,不是仅停留在物质生活上节衣缩食的感性层面,而应该具有为实现个人理想和社会理想而努力追求、不懈奋斗的理性层面。胡锦涛同志曾经指出:"一个没有艰苦奋斗精神作支撑的民族,是难以自立自强的;一个没有艰苦奋斗精神作支撑的政党,是难以兴旺发达的。"这也是西藏人民在面临国内外反动势力时,坚持奋战,红旗屹立不倒的最基本素质。"老西藏精神"源于奉献铸就的丰碑,是薪火相传的美德。在新的历史时期,西藏大学生要自觉树立正确的人生观、价值观,把握时代脉搏,努力成长成才,自觉肩负起西藏大学生的历史使命,为西藏社会发展建功立业。

"老西藏精神"是中国共产党人以马克思主义理论为指导,在西藏特殊的革命历史时期创造的革命现实主义和浪漫主义相结合的实践成果和精神财富。今天,它以成熟的理论形态与中国革命时期的长征精神、井冈山精神、延安精神等一起成了中华民族的精神丰碑和道德高地。"老西藏精神"具有深刻的思想内涵和丰富的精神价值,充分表现了一种爱国主义的道德情怀和革命理想主义的精神境界,彰显了彻底的唯物主义立场和大无畏的革命英雄主义精神品质。

西藏高校思想政治教育坚持以"老西藏精神"为核心,是因为"老西藏精神"涵盖了主流价值观和正能量的精神品质。首先,要让大学生了解和感知革命先辈用鲜血和生命谱写的热爱西藏、热爱西藏人民的壮美史诗。"老西藏精神"诠释了因爱达到极致而释放出最大潜能的爱国主义情怀,西藏高校要教育当代大学生学习和继承这笔精神财富,焕发出对社

会主义新西藏、对西藏人民的热爱之情，全身心投入学习生活中，增强为建设社会主义新西藏建功立业的自觉性和使命感。其次，要让大学生了解和感知由革命先辈在雪域高原坚守"革命理想高于天"的信念所抒写的苦难辉煌。"老西藏精神"体现了因坚守理想信念而在艰难困苦中对崇高事业向往追求的精神境界，西藏高校要教育当代大学生坚定理想信念，艰苦奋斗，以积极向上、奋发有为的精神面貌投身于建设中国特色、西藏特点的社会主义事业中去。最后，要让大学生了解和感知革命先辈在艰苦卓绝的斗争中表现出的挑战极限的钢铁般的意志品质。"老西藏精神"彰显了无私无畏的坚强意志和生命张力以及大无畏的英雄主义气概，西藏高校要教育当代大学生在成长中具有战胜一切艰难险阻的勇气和决心，在挫折和困难面前要有英雄主义情结，克服缩手缩脚、畏首畏尾、患得患失的情绪和心理，以坚忍不拔、愈挫愈勇的精神品质，满怀信心地走向社会，抒写人生的辉煌。

新时期西藏高校全面贯彻党的教育方针，坚持社会主义办学方向，高举爱国主义旗帜，继承和发扬"老西藏精神"，面向西藏，服务西藏，为西藏社会培养了大批合格人才。面对西方反华势力妄图以西藏为突破口，频繁打西藏牌，加紧实施"西化""分化"我国的战略图谋，面对达赖集团与西方反华势力遥相呼应，花样翻新、变本加厉的分裂和渗透活动，面对市场经济条件下各种文化思潮、价值观对大学校园的影响和冲击，我们要始终坚持以我为主的原则，对大学生进行以"老西藏精神"为核心的爱国主义教育，鼓励他们努力成才，为社会主义新西藏建功立业。挖掘"老西藏精神"的现代价值和精神内涵，使其成为西藏高校进行有针对性的思想政治教育的典型教材，成为西藏高校培养政治强、业务精的合格人才的精神营养。

二、将"老西藏精神"教育转化为爱国爱藏教育

将"老西藏精神"教育作为大学生思想政治教育的核心内容，并转化成为爱国爱藏教育，使西藏高校思想政治教育扎实有效。一要使西藏大学生的情感回归。当前对西藏大学生的爱国、爱藏教育，要从最基础的情感教育入手，教育他们爱文明、爱家庭、爱同学、爱老师，进而引导他们爱党、爱西藏、爱国家、爱社会。西藏各高校在进行这方面的教育时，要

切实树立以人为本、以学生为本的观念,特别要关注、关爱大学生的生活和学习,使他们有家一般的感觉,进而增强对学校、对社会的爱,从心灵深处产生对生活的期望,对人生美好的憧憬和向往。西藏教育主管部门要将各类学校关心贫困生的工作实绩纳入评价和评估的指标体系,使其成为各类学校学生思想政治工作的长效机制。二要使西藏大学生坚守阵地。西藏高校在进行思想政治教育过程中,要有的放矢,做好形势政策教育。首先,使西藏大学生感受到几十年来中国改革开放和西藏社会发生的巨大变化。通过新旧西藏的对比特别是改革开放以来的成就展示,让西藏大学生明白今天的成就是巨大的和来之不易的。其次,要使西藏大学生感受到党和国家在全力以赴地构建西藏和谐社会,从而强化理想意识,对中国的前途和西藏未来充满信心。最后,要使西藏大学生深切感受到诸多社会问题是发展中的问题,党和政府正在积极努力解决,同时,也要让大学生明白社会问题往往是此消彼长的过程,正面效应不断增长的过程,也是负面效应逐步消退的过程,从而使他们增强责任感,坚持成为社会公正的有生力量,坚守住阵地,成为抵制社会消极因素的积极因素。三要对西藏大学生的教育采取比较优势。在采取这种方法进行教育的同时,要做到真实、真诚、视野开阔。现在已进入网络时代,信息传递相当快,大学生又处在信息时代的前沿,我们的教育所采取的材料内容一定要真实,不能虚假。否则,我们的教育将适得其反。另外,我们的教育要真诚,在与国际社会各种文化背景、各种民族状态、各种国力优劣的比较中,要实事求是、客观公正。这样的教育理念排除了教育的虚伪性,也使教育者和被教育者互为诚信,更大程度地增强了思想政治教育的实效。更为重要的是,我们的教育过程要始终坚持比较优势的方法。比如,在建立国际经济、政治新秩序的过程中,我们奉行的是和平崛起的外交理念,我们在对外关系中坚持和平睦邻友好外交政策中所反映的是我们中华传统文化的优势;在实现国家现代化、建立小康社会、促进西藏社会跨越式发展、实现中华民族伟大复兴的中国梦进程中,我们坚持的是体制优势;在解决各种社会矛盾各种社会问题、建立和谐社会过程中,我们具有经济优势。我们只有坚持多角度、多视野、多层次、全方位地进行爱国爱藏教育,坚持情感教育,才能使当代大学生增强对祖国、对民族的自豪感和认同感,从而坚定中国特色社会主义的共同理想和信念,积极投身于中华民族伟大复兴的事业中去,秉持"老西藏精神"的革命传统,为西藏经济社会发展建功立业。

三、以"老西藏精神"为核心,凝练社会主义核心价值观

刘云山同志《在建设社会主义核心价值体系研讨会上的讲话》中指出:"党的十七大明确提出了推进核心价值体系建设的两大任务:一是切实把社会主义核心价值体系融入国民教育和精神文明建设的全过程,转化为人民的自觉要求;二是积极探索用社会主义核心价值体系引领社会思潮的有效途径。"刘云山同志还特别强调:"教育引导是建设社会主义核心价值体系的基础性工程",必须做好进教材、进课堂、进头脑的"三进"工作。这就充分说明,思想政治理论课在建设社会主义核心价值体系中具有特殊的地位和光荣的使命。"核心价值观,承载着一个民族、一个国家的精神追求,体现着一个社会评判是非曲直的价值标准。"[1] 西藏高校首先要将西藏特有的精神财富——"老西藏精神"融进思想政治理论课中,依据教学对象的特点和教学活动的规律,加强社会主义核心价值体系教育,以此来完善我们的教材建设,增强教学活动的思想性、实效性和说服力、感染力,把以"老西藏精神"为代表的社会主义核心价值观转化为大学生的自觉意识。

加强社会主义核心价值体系建设,对大学生进行社会主义核心价值体系教育,是大力推进中国特色社会主义伟大事业、培养社会主义事业合格建设者和可靠接班人的必然要求和重要任务。西藏高校对大学生进行社会主义核心价值体系教育,关乎西藏社会的长治久安。实践证明,一个社会的社会系统要能够正常运转,其运行秩序就必须得到有效的维持,就必须有一个基本的精神依托,这个基本的精神依托就是这个社会的核心价值体系。这个社会的核心价值体系也就是这个社会的内在精神之魂。一个社会如果没有核心价值体系的支撑,那么这个社会的多元价值观念的冲突就会陷入无序的状态,就会因为对社会多元价值观念的冲突缺乏必要的整合、引领力量而陷入混乱、动乱乃至最终被颠覆的危险之中。苏联在 1991 年解体之前,整个社会就是处于这种价值观念的冲突和混乱之中。1989 年,

---

[1] 中共中央宣传部:《习近平总书记系列重要讲话读本》,学习出版社、人民出版社 2014 年版,第 93 页。

美国《时代周刊》对1 000名莫斯科居民进行了一次调查,结果表明人们对社会主义的信念、对执政党的合法性等价值观念都处于极度的混乱状况。这也就是西方反华势力把他们对我国社会主义制度"分化""西化"的图谋寄托于价值观念的输出、渗透之上的根本原因。

从理论上讲,社会核心价值体系问题也是一个如何对社会意识形态进行自觉把握的问题,这是对社会意识形态进行反思的必然要求。任何一个社会的阶级、政党、国家都有自己的意识形态,任何社会意识形态都有自己的核心价值体系。这种社会核心价值体系不同于一般的社会意识,与一般社会意识形态的区别在于,它是一个阶级、政党、国家对自身根本利益与要求的自觉把握与深刻认识,是对自身发展道路和目标任务的高度概括与明确倡导,是对自身理想信念和行为规范的集中表达。这些都关系到一个阶级、政党、国家存在的理由和存在的价值。

从当今时代仔细分析"老西藏精神"的内涵,结合西藏现实工作,可以总结出当今社会弘扬"老西藏精神"所必须坚持的基本准则。

一是准确把握思想理论,模范执行方针政策。在政治、宗教复杂的社会环境里,经过锤炼和实践的"老西藏人",在进军西藏、经营西藏的过程中,准确、模范地执行了党的各项政策,创下了西藏发展史上200多个第一,实现了党的西藏政策在西藏的成功实践。今天,大力弘扬"老西藏精神",就要像"老西藏人"那样,始终坚持坚定正确的政治方向、政治立场、政治观点,坚决贯彻执行党的路线方针政策和中央关于西藏工作的决策部署,模范执行党的民族、宗教、统战政策,尊重各民族的平等地位,尊重群众的风俗习惯,确保西藏工作的正确方向,确保经得起各种风浪的考验,坚持把理论武装作为首要政治任务和长期战略任务,准确理解和深刻把握中国特色社会主义理论体系,认真贯彻落实科学发展观和中央第五次西藏工作座谈会以及区党委七届七次会议精神,在准确、完整地执行政策中,掌握新思想、新观点、新论断,掌握蕴含其中的马克思主义世界观和方法论,真正把科学发展观转化为坚定的政治信仰,转化为科学的思维方式,转化为指导西藏建设的素质能力,为构建团结、民主、富裕、文明、和谐的社会主义新西藏贡献力量。

二是坚持原则性与灵活性相结合,娴熟、稳健地驾驭局面。将马克思主义普遍真理与各国具体实际相结合,走马克思主义本土化道路,是共产主义运动得出的科学结论。在西藏这样一个政治、宗教复杂的社会环境里，更需要将马克思主义方向的原则性与民族地区具体政策的灵活性结合起来，才能驾驭复杂的政治局面。"老西藏人"在进军西藏、经营西藏、治理西藏过程中，娴熟地解决了民族、宗教两大难题，应对了西藏叛乱、民主改革、社会主义改造、反分裂斗争、维护社会稳定等历史大事件，成功地驾驭了西藏特殊复杂的社会局面。在新的历史起点上，我们肩负着治藏、兴藏、稳藏的历史使命，任务艰巨而繁重。大力弘扬"老西藏精神"，就要像"老西藏人"那样，深刻领会中央治藏方略，深入研究西藏社会历史，深度把握西藏特殊区情，将马克思主义的原则性和具体政策制定的灵活性结合起来，娴熟、稳健地驾驭西藏复杂的社会局面，坚定不移地走有中国特色、西藏特点的发展路子。

三是审时度势，开创性地开展工作，及时、高效地应对难题。"创新是一个民族进步的灵魂，是一个国家兴旺发达的不竭动力，也是一个政党永葆生机的源泉。"在艰难困苦的自然环境中，在基础薄弱的社会环境里，"老西藏人"结合西藏的具体实际，审时度势，开创性地开展工作，坚持走群众路线，践行着党的宗旨，卓有成效地解决了进军西藏、经营西藏中的各种现实难题，真正做到了"权为民所用、情为民所系、利为民所谋"，得到西藏各族人民的高度赞誉，奠定了"老西藏人"在西藏的历史地位。今天，西藏已经站在新的历史起点上，但西藏还存在主要矛盾和特殊矛盾，经济社会基础仍然十分薄弱，改善农牧民生产生活条件，实现经济社会协调发展，增强自我发展能力，提高基本公共服务能力和均等化水平，保护高原生态环境，扩大同内地的交流合作，建立促进经济社会发展的体制机制，实现经济增长、生活宽裕、生态良好、社会稳定、文明进步的任务十分繁重，将西藏打造成为重要的国家安全屏障、生态安全屏障、战略资源储备基地、高原特色农产品基地、中华民族特色文化保护地、世界旅游目的地，还需要大量深入而具体的工作。应对这些新课题，我们只有从"老西藏精神"中挖掘在科学发展的轨道上推进西藏跨越式发展的动力，从中寻求构建和谐西藏与长治久安的有效途径，开创性地开展工作，及时高效地应对发展中的各种难题，不断开创西藏工作新局面。

四是坚持为人民服务，严格、模范地践行群众路线。人民群众是历史的创造者，是我们党的力量源泉和胜利之本。长期以来，我们党紧紧依靠人民群众，不断取得革命和建设事业的胜利。在西藏革命和建设实践中，"老西藏人"即便在艰难困苦的自然环境里依然身体力行、率先垂范地践行全心全意为人民服务的宗旨,保持着密切联系群众的作风。可以说,"老西藏精神"中最本质最重要的还是群众路线。胡锦涛同志在党的十七大报告中强调:"要始终把实现好、维护好、发展好最广大人民的根本利益作为党和国家一切工作的出发点和落脚点。"坚持立党为公、执政为民的执政理念,树立群众利益无小事的思想,为民办事,为民解忧,为民造福;做到发展为了人民、发展依靠人民、发展的成果由人民共享。我们党的最大政治优势是密切联系群众,党执政后的最大危险是脱离群众。在新的历史起点上,我们党要实现在西藏长期执政的目标,走群众路线、为人民服务的宗旨决不能丢。弘扬"老西藏精神"要求我们始终保持同人民群众的血肉联系,严格、模范践行为民宗旨,走群众路线,提高密切联系群众的标准和要求,增强群众观念的紧迫性。

四、挖掘"老西藏精神"的当代价值,为西藏社会提供精神动力

民族精神是一个民族赖以生存和发展的精神支撑,而"老西藏精神"正是中华民族精神的有机组成部分。作为革命精神的"老西藏精神",是中国共产党人在领导西藏革命和建设实践中形成的宝贵精神财富。尽管"老西藏精神"所产生的时代已远离我们几十年了,也尽管它赖以产生的地域空间的社会条件已发生了较大的变化,但历史与现实告诉我们:"老西藏精神"是永恒的,无论过去、现在和将来,"老西藏精神"都不能丢。在新的历史起点上,我们要顺利完成党中央关于西藏工作的部署,在科学发展的轨道上推进西藏跨越式发展和长治久安,完成党在西藏执政的历史使命,必须大力弘扬"老西藏精神",让"老西藏精神"在雪域高原上永放光芒。

现代社会多元价值观念要能够成为社会核心价值观,必须具备两个品格:一是体现人文精神的时代特征,表征社会发展的价值目标,否则它就不能成为社会内在的精神之魂,因而不具备引领社会多样价值观念的资格;二是它能够赢得大多数人的价值认同,否则它就没有感召力,也不具备引领社会多样价值观的基础。毫无疑问,"老西藏精神"完全具备了这两大品格。社会主义核心价值观是中国各族人民共同的内在需要,是中国各族人民根本利益的集中体现和价值升华,是中国人民在长期的革命、建

设和改革实践中所达成的价值共识。它是社会主义意识形态的本质体现，是社会主义制度的内在精神和生命之魂，是社会主义文化建设的根本。培育和践行社会主义核心价值观，符合社会发展的规律，总结了古今中外治国理政、安民固邦的经验教训。它标志着我们党对社会主义制度在价值层面的探索达到了一个新的高度，为全面推进中国特色社会主义事业提供了更有力的精神支撑，也是我们党为了适应国际国内形势变化对意识形态工作提出的新要求，为我们党在经济全球化和文化多元化形势下团结带领人民开拓前进树立了精神旗帜。"老西藏精神"无疑是今天我们建设社会主义新西藏、走"中国特色、西藏特点"之路要秉持的精神特质和要高擎的精神旗帜。

社会主义核心价值观既具有广泛的适用性和包容性，又具有强大的整合力和引领力，培育和践行社会主义核心价值观的重大意义就在于：它能够为社会主义社会科学发展与社会和谐提供强有力的价值支撑，能够为全国各族人民团结和睦提供精神纽带，能够成为鼓舞全国各族人民奋发向上的精神力量和引领社会思潮的精神向导。因此，在思想政治教育领域里，社会主义核心价值观也是引领当代大学生成长成才的根本指针，它为当代大学生加强自身修养、锤炼优良品质、成长为德智体美全面发展的社会主义事业的合格建设者和可靠接班人指明了努力的方向，提供了发展动力，明确了基本途径。"老西藏精神"的特质为当前在西藏高校培育和践行社会主义核心价值观、使当代西藏大学生健康地成长为社会主义"四有"新人提供了精神动力和可靠保证。

人文精神是马克思主义的固有精神，是社会主义本质的价值体现。邓小平同志提出的"四有"新人就是人文精神在人的培养和造就上的生动体现。我们知道，随着经济全球化的推进和我国社会主义市场经济的发展，商品化、市场化、工业化的步伐在日益加速，以效益或利益为导向的市场活动必然极大地冲击和扭曲真正的科学精神，使其日益蜕变为单纯的唯科学主义，因而造成工具理性的扩张和僭越。所谓工具理性，是一种单纯以知识的追求和个人目的的满足为宗旨的理性活动。工具理性在推进我国经济发展的商品化、市场化、工业化的过程中，确实发挥了巨大的正面效用，然而它的扩张和僭越却使它几乎成了一种普遍理性原则，以致把社会的一切都置于它所彰显的实际效用的标尺之下，"一切向钱看"就是它的典型表现，这就必然使人的主体地位受到冲击，人的精神需求受到压抑，其结果是人们的思想行为日趋功利化和世俗化，人自身也日趋功能化和工具化。于是"理想失落""价值颠覆"和"精神危机"便日益困扰着人们。显然，这种对真善美意义的消解、人文精神的衰微和人文关怀的漠视的趋势，同马克思主义是根本不相容的，同社会主义的本质也是背道而驰的。于是呼唤价值的重建和人文精神的回归就成了人们普遍的期盼。"老西藏精神"的精神价值和人文情怀正是今天社会所缺失而又众望所归的精神家园。社会主义核心价值观就是适应人们精神生活这种普遍的需求而提出的。它以铸就共同的社会理想信念支柱和塑造良好的社会精神气质为旨归。它通过引导人们对科学精神的正确把握，对历史经验的深刻反思，对现实矛盾的清醒认识，一方面向人们表明，一个民族、一个国家倘若没有共同的社会理想和价值追求，一个人倘若没有正确的价值立场和高尚的精神支撑，就会在物质生活的丰饶中陷入精神的荒原，以致丧魂落魄，失去凝聚力和生命力，失去生存发展的根基、动力和源泉。在当代中国，通过塑造中国特色社会主义共同理想，不仅能够及时纠正工具理性的虚妄与偏狭，祛除社会主义现代化建设主体的"动力缺乏症"，而且能够振奋整个民族的精神，凝聚全体人民的力量，调动各方面的积极因素。另一方面它也向人们揭示，人类发展的历史经验表明，现代化事业的顺利进行需要有一种积极向上的社会精神气质来支撑。一个知荣明耻、人际和谐、风尚良好的社会环境，才能支撑起社会主义现代化国家的大厦。这样，我们才能避免重蹈西方人文精神丧失的覆辙。"老西藏精神"正是符合时代需要的人文精神的体现。

（高峰，西藏民族大学马克思主义学院教授、硕士研究生导师）

"中国特色"视角下"西藏特点"的建构论纲

王东红

1950年,邓小平同志在一次讲话中指出:"我们对少数民族地区确定了一个原则,就是在汉族地区实行的各方面的政策,包括经济政策,不能照搬到少数民族地区去,要区分哪些能用,哪些修改了才能用,哪些不能用。要在少数民族地区研究出另外一套政策,诚心诚意地为少数民族服务。比如贵州的少数民族,大多住在山上,如果我们能够给他们解决吃盐的问题,那就一定能够得到他们的拥护。又如西康现在还不通汽车,怎样在经济上同内地沟通,从内地进什么货,他们的东西怎么运出来,价格如何,怎样使他们有利可得,这些都要妥善处置。"① 作为物质实体的汽车在当时难以到达一些少数民族地区,直到2013年10月31日,西藏墨脱正式摆脱了"全国唯一不通公路县"的历史。然而,"理论的汽车是可以在不同的地域奔驰的"②。改革开放以来,中国共产党所形成的理论就在各地指导着实践,西藏也坚定不移走中国特色、西藏特点的发展路子。学界已对这条路子的提出、内涵和构成等进行了解读③,但还需更深入研究。在此,从中国特色社会主义视野对"西藏特点"加以理论建构性分析。

---

① 《邓小平文选》(第一卷),人民出版社1994年版,第167页。
② Edward W S, Reflections on Exile and Other Essays, Harvard University Press, 2000, p. 451.
③ 牛治富等:《中国特色西藏特点发展路子研究》,西藏人民出版社2012年版;王小彬:《中国共产党西藏政策研究》,人民出版社2013年版,第330－338页;王东红:《东方特型、中国特色、西藏特点:中国特色社会主义道路的文化位置》,载《湖北民族学院学报(哲学社会科学版)》2013年第3期。

一、对"西藏特点"的依据和历史要全面考察

"中国特色社会主义,是科学社会主义理论逻辑和中国社会发展历史逻辑的辩证统一,是根植于中国大地、反映中国人民意愿、适应中国和时代发展进步要求的科学社会主义,是全面建成小康社会、加快推进社会主义现代化、实现中华民族伟大复兴的必由之路。"① 中国特色、西藏特点的发展路子则体现了中国特色社会主义理论逻辑和西藏社会发展历史逻辑的辩证统一,具有深厚的理论根据和广泛的现实基础。

(一)"西藏特点"形成的理论根据

"西藏特点"的形成遵循着社会发展规律。"西藏特点"的形成符合社会的进步性规律,是社会主义初级阶段的中国社会形态存有叠加的结果,是西藏社会发展继承性的产物。"任何解放都是使人的世界即各种关系回归于人自身。"② 人类社会的发展必然使越来越多的人逐渐朝向自由全面发展。西藏就经历了由传统的农牧业经济到现代市场经济、由政教合一到政教分离、由专制到民主、由迷信到科学、由封闭到开放的进程。当前,西藏正在从加快发展转向跨越式发展,从相对封闭转向全面开放,从单一农牧业转向多元经济共同发展,从自然保护为主转向全面加强生态环境建设,从解决温饱转向全面建成小康社会。但是一定的社会中各事项的发展往往具有不平衡性。马克思多次以不同地质层系的叠复来说明社会形态的复杂性。"正像各种不同的地质层系相继更迭一样,在各种不同的经济社会形态的形成上,不应该相信各个时期是突然出现的,相互截然分开的。在手工业内部,孕育着工场手工业的萌芽,而在有的地方,在个别范围内,在个别过程中,已经采用机器了。后面这一点在真正工场手工业时期更是如此,工场手工业在个别过程中采用了水力和风力(或者还采用了只是作为水力和风力的代替者的人力和畜力)。"③ 晚年马克思还指出,

---

① 《习近平同志在新进中央委员会的委员、候补委员学习贯彻党的十八大精神研讨班上的讲话》(2013 年 1 月 5 日)。
② 《马克思恩格斯文集》(第一卷),人民出版社 2009 年版,第 46 页。
③ 《马克思恩格斯文集》(第八卷),人民出版社 2009 年版,第 340 页。

不能将所有的原始公社混为一谈,"地球的太古结构或原生结构是由一系列不同年代的叠覆的地层组成的。古代社会形态也是这样,表现为一系列不同的、标志着依次更迭的时代的类型。俄国农村公社属于这一链条中最近的类型。"① 幅员辽阔又快速转型的中国,在社会主义初级阶段,各地各种生产方式并存,"西藏特点"所反映的生产方式就是其中一种。"历史的每一阶段都遇到一定的物质结果,一定的生产力总和,人对自然以及个人之间历史地形成的关系,都遇到前一代传给后一代的大量生产力、资金和环境,尽管一方面这些生产力、资金和环境为新的一代所改变,但另一方面,它们也预先规定新的一代本身的生活条件,使它得到一定的发展和具有特殊的性质。由此可见,这种观点表明:人创造环境,同样,环境也创造人。"② 西藏各族人民面对的自然环境和社会条件及其在此基础上所创造的历史就构成了"西藏特点"的重要内容基础,这在多元一体的中华民族中更显示出特殊性。西藏作为中国欠发达的边疆民族地区,由于和整体中国的推拉牵引相互作用,实现了由封建农奴制到社会主义的跨越。但在制度总体跨越后,现实生产方式的跨越就要求从理论和实践结合上系统回答在具有诸多特殊性的西藏建设什么样的社会主义、怎样建设社会主义的根本问题,使西藏与全国一道快速发展起来,使西藏人民生活水平与全国人民一道快速提高起来。因此,西藏走中国特色、西藏特点的发展路子是人类社会发展现实与发展理想统一的体现,特别是反映了一定阶段社会发展的不平衡性和发展目标一致性的统一。

"西藏特点"的形成是理论发展规律的体现。"马克思主义者必须考虑生动的实际生活,必须考虑现实的确切事实,而不应当抱住昨天的理论不放,因为这种理论和任何理论一样,至多只能指出基本的、一般的东西,只能大体上概括实际生活中的复杂情况。"③ 中国特色、西藏特点发展路子是中国特色社会主义道路在西藏的具体化,也是在中国特色社会主义理论指导下对西藏建设社会社会主义实践的理论表达。一般来说,"中国特色"与"西藏特点"之间体现了一般与个别、全局与局部、共性与个性、普遍与特殊的关系。"正确的理论必须结合具体情况并根据现存条

---

① 《马克思恩格斯全集》(第二十五卷),人民出版社2001年版,第472-473页。
② 《马克思恩格斯文集》(第一卷),人民出版社2009年版,第544-545页。
③ 《列宁专题文集:论马克思主义》,人民出版社2009年版,第169页。

件加以阐明和发挥。"① "西藏特点"是一个语言表达精准、思想内涵丰富、传播使用广泛的提法，其所反映的西藏及其发展过程都是客观存在而不是一个虚幻的生造概念，已经产生了利远大于弊的效果。理论的要点就是要旅行，不断去超越其界限，去移居，去保持某种意义上的在他乡，而在不同的场所、地点和情境能动地激活运用理论是可能的，且能免于轻率的普世主义和笼统的总体化②。"西藏特点"就是"中国特色社会主义"在西藏的本土化，其实践及其表述都丰富了中国特色社会主义的内容。可见，"西藏特点"这一总括性提法体现了理论的产生、传播和发展的规律。

"西藏特点"的形成反映了中国特色社会主义规律。党的十八大报告明确提出了"中国特色社会主义规律"概念。这既是对认识和把握中国特色社会主义市场经济、民主政治、先进文化、和谐社会、生态文明等建设规律的提升，也是探索和运用共产党执政规律、社会主义建设规律和人类社会发展规律的结晶。毛泽东同志曾指出："要使马克思列宁主义的理论和中国革命的实际运动结合起来，是为着解决中国革命的理论问题和策略问题而去从它找立场，找观点，找方法的……我们要从国内外、省内外、县内外、区内外的实际情况出发，从其中引出其固有的而不是臆造的规律性，即找出周围事变的内部联系，作为我们行动的向导。"③邓小平同志在改革开放之初也指出："我们认为社会主义道路是正确的。我们现在进行一系列改革，仍然坚持四项基本原则，其中有一条就是坚持社会主义道路。各个国家应该根据自己的特点来实行社会主义的政策。像中国这样的大国，也要考虑到国内各个不同地区的特点才行。"④将社会主义普遍性、中国特色特殊性和具体实际个别性结合起来，把握时代发展要求，顺应人民共同愿望，做到实事求是和共建共享是中国特色社会主义规律的重要内容。"西藏特点"发展路子就是依照中国特色社会主义规律而进行的创新道路。

---

① 《马克思恩格斯全集》（第四十七卷），人民出版社2004年版，第35页。
② Edward W S, Reflections on Exile and Other Essays, Cambridge, Massachusetts: Harvard University Press, 2000, pp. 451-452.
③ 《毛泽东选集》（第三卷），人民出版社1991年版，第801页。
④ 《邓小平文选》（第二卷），人民出版社1994年版，第313页。

(二)"西藏特点"形成的现实根据

西藏的基本区情是"西藏特点"提出的根本依据。西藏区情是西藏社会状况和自然情况的系统体现,历史发展和现实阶段的总体呈现,毗邻周边环境与内地省区环境的比较显现。综合来讲,西藏是世界上海拔最高、面积最大、地形最复杂的高原,是影响全国、东亚乃至全球生态与战略的敏感区域,素有"世界屋脊""地球第三极"之称;草场山川大、林水矿资源多、路难边境长、高寒基础薄,是中国西南边陲的重要门户;还是中国人口最少、密度最小、民族众多、藏族最集中①、民族群众普遍信教的连片欠发达省区。从9世纪晚期到1959年3月,长期实行政教合一的封建农奴制的政治统治,各族人民的思想觉悟和生活状况还需不断改观。这些区情构成了西藏的基础性特点,在一定时期内有劣势和优势之分。边界问题、对西藏的自然和精神情结、国际相关力量将西藏作为牵制中国的重要因素等,使西藏地位特殊。世界关注、中央关怀、全国关心,使西藏必须坚定不移地走中国特色、西藏特点的发展路子。

中国共产党西藏工作正反两方面经验和改革开放以来西藏社会主义现代化的实践是"西藏特点"形成的历史根据。中国特色社会主义道路"是在改革开放30多年的伟大实践中走出来的,是在中华人民共和国成立60多年的持续探索中走出来的,是在对近代以来170多年中华民族发展历程的深刻总结中走出来的,是在对中华民族5 000多年悠久文明的传承中走出来的"②。拥有悠久历史文化的藏族在近代以来与中华民族共命运。公元7世纪前半叶,松赞干布统一了青藏高原上藏族各部,所建立的吐蕃王朝就与唐朝皇室建立了密切联系。③ 1791年,清政府派大军入藏并与西藏人民共同征讨廓尔喀侵藏。19世纪下半叶,英国殖民主义分子力图使西藏半殖民地化,西藏军民进行了英勇抵抗。俄国、日本、印度、美

---

① 2010年第六次全国人口普查显示,西藏全区常住人口为3 002 166人;藏族和其他少数民族人口占91.83%,其中,藏族人口占90.48%,其他少数民族人口占1.35%;每10万人中具有大学文化程度的有5 507人。参见西藏自治区统计局《西藏自治区2010年第六次全国人口普查主要数据公报》,载《西藏日报(汉)》2011年5月4日第3版。

② 习近平:《在第十二届全国人民代表大会第一次会议上的讲话》,载《人民日报》2013年3月18日第1版。

③ 参见王贵、喜饶尼玛、唐家卫《西藏历史地位辨》,民族出版社2009年版,第1页。

国乃至盘踞在台湾的国民党等也干涉西藏地方，破坏西藏民族内部团结。但经过西藏人民与其他各族人民、中央政府的努力，最终清除了外部势力的影响，维护了国家的安全和统一。在中国共产党的领导下，"进军西藏和经营西藏"① 依据西藏实际而展开，并在20世纪50年代就有了"西藏特殊""照顾西藏的实际需要"等认识。如1950年毛泽东同志在获阅"西藏情况"的汇报后指出"西藏人口虽不多，但国际地位极重要，我们必须占领，并改造为人民民主的西藏。"② 1951年的《时事手册》第16期还发表了《西藏民族解放的道路》③。经和平解放及平定上层反动集团武装叛乱，1965年成立的自治区标志着民族区域自治制度在西藏的全面确立，西藏走上了社会主义道路。"文化大革命"时期的西藏，党的民族、经济、宗教、统战、干部政策和群众工作都出现了"左"的错误，民族区域自治制度遭到了破坏。党的十一届三中全会和全国民族工作拨乱反正以后，1980年，在北京召开的西藏工作座谈会明确指出：西藏"是政治、经济、文化和自然条件都具有特殊重要性的民族自治区"，并"考虑到西藏的特殊情况"，提出了八项方针。④ 但是在贯彻座谈会精神过程中，干部政策等方面也出现了一些失误。1984年第二次西藏座谈会明确提出了"西藏特点""建设具有西藏民族特点的社会主义精神文明"等，并指出了西藏在自然、社会、民族、宗教方面的特殊性。同年，中共中央和国务院批转的《胡启立、田纪云同志赴西藏调查研究的报告》提出了"一个解放""两个为主""两个长期不变""两个转变"等方针政策。1985年胡启立在庆祝西藏自治区成立20周年干部大会上强调："要把西藏的事情办好，必须坚持党的实事求是的思想路线，不断深化和丰富对客观实际的认识，正确掌握西藏同全国各地之间的共同性和西藏本身的特点。这是三十多年的经验总结。"⑤ 但是之后的有些政策又助长了当时社

---

① 《毛泽东文集》（第六卷），人民出版社1999年版，第36页。
② 《毛泽东文集》（第六卷），人民出版社1999年版，第36页。
③ 参见中国人民解放军华东军区第三野战军政治部《关于和平解放西藏办法的协议（新五辑）》（1951年），第35–39页。
④ 参见中共中央文献研究室《十一届三中全会以来重要文献选读》（上册），人民出版社1987年版，第193–198页。
⑤ 中共中央文献研究室、中共西藏自治区委员会：《西藏工作文献选编（一九四九—二〇〇五年）》，中央文献出版社2005年版，第389页。

会兴起的宗教狂热，拉萨还出现严重骚乱。1990年自治区党委明确提出了"一个中心，两件大事，三个确保"的西藏工作指导思想①。经过1994年和2001年第三、四次西藏座谈会的完善，2005年中央政治局专题研究西藏工作，指出西藏要"以坚持用科学发展观统领经济社会发展全局，走出一条符合西藏实际、具有区域特色的生产发展、生活改善、生态良好、资源节约、全面协调可持续发展的道路"。2007年西藏经济工作会议将其概括为"建设有中国特色、西藏特点的发展路子"。对此，2008年和2009年胡锦涛同志参加十一届全国人大西藏代表团审议时予以肯定。2010年第五次西藏座谈会和2011年西藏第八次党代会对这条路子进一步加以确认。②2013年《西藏的发展与进步》白皮书指出"西藏特点"的经济、政治及其法律制度逐步发展形成。2014年的西藏自治区政府报告对"西藏特点"的发展路子进行了一系列新论述。可见，"西藏特点"的发展路子的思想肇始于1950年谋划解放西藏，实践创始是1980年中央西藏工作座谈会，理论初始是2007年西藏经济工作会议。

　　西藏的阶段性特征是提出"西藏特点"的现实基础。虽然西藏已经实现了基本小康，但其发展呈现出一系列新的阶段性特征。西藏经济总量稳步提升，但起步晚、底子薄、积累少、实力弱的状况依然没有根本改变；人民生活明显改善，但部分城乡居民特别是一些农牧民生活还比较困难，社会事业总体水平相对滞后，农牧区公共服务基础差、社会保障能力低等问题比较突出，经济社会发展不协调、城乡发展不平衡状况依然存在；健康文明的生活方式逐步形成，但市场经济意识和商品意识还很薄弱，封建农奴制残余思想在有的社会成员头脑中依然存在；环境保护成效显著，但生态和发展的矛盾日益显现，生态安全形势依然严峻；社会大局保持稳定，但反分裂斗争依然尖锐复杂。③要适应当前西藏发展的阶段性

---

　　① 参见胡锦涛《团结全区各族人民，坚持党的基本路线，为实现西藏长治久安和繁荣进步而奋斗——在中国共产党西藏自治区第四次代表大会上的报告》，载《西藏日报（汉）》1990年7月20日。

　　② 参见王东红《东方特型、中国特色、西藏特点：中国特色社会主义道路的文化位置》，载《湖北民族学院学报（哲学社会科学版）》2013年第3期。

　　③ 参见《中共西藏自治区委员会关于制定"十二五"时期国民经济和社会发展规划的建议（2010年11月5日中共西藏自治区第七届委员会第七次全体会议通过）》，载《新西藏》2011年第1期。

特征，建设社会主义新西藏，就必须更自觉地走中国特色、西藏特点的发展路子。

二、对"西藏特点"的内涵和实质要准确概括

理论总是同历史发展状况与现实主体的成熟程度相适应的。"西藏特点"是一个颇具包容性的概念，应根据语境科学使用。"西藏特点"发展路子是发展理念与发展实践的统一、总体道路与具体路子的统一、不断继承和逐渐完善的统一，不断坚持中国特色和强化西藏特点，西藏的社会主义发展路子就会越走越宽广，经济社会必然全面发展进步。

（一）"西藏特点"的内涵

"西藏特点"概念要防止误用。

首先，"西藏特点"有特定的指代，不能混同或固化。西藏特点是对西藏区情（情况）、西藏实际（现实）、西藏特（独）有、西藏特殊、西藏敏感、西藏传统等的扬弃，是对西藏经验、西藏做法等的提升。"西藏特点"还是一个不断发展的概念，具体所指不能简单地开列几条，或将其化约为西藏的自然环境特点和人文社会特点，或者经济特点、政治特点、文化特点、社会特点、生态特点。

其次，"西藏特点"是一个中性甚至是褒义的词汇，不能对其庸俗附加。把办事效率不高、封闭落后、"等靠要""远苦险"等反讽为"西藏特点"，或者将日常生活领域对西藏及其人民的刻板印象，如"糌粑酥油茶"或"高原红脸蛋""普遍信教"等作为"西藏特点"也是片面的。

最后，不能将"西藏特点"进行割裂误判。如将"中国特色"和"西藏特点"割裂对立。即要么只承认西藏的特殊性，不承认西藏同全国其他各地的共同性，甚至非常错误地认为西藏可以"独立"；要么只承认西藏同全国各地的共同性，忽视甚至否认西藏的特殊性，常采取"一刀切"。与之相反，恰恰应在共同性中看到特殊性，在中国特色社会主义的实践中，借鉴全国其他各地的经验，进一步认识和丰富"西藏特点"。再如将"西藏特点"与社会主义对立。即要么认为社会主义在西藏实践带来了所谓"人权""民族宗教""传统文化""生态环境"等问题，社会主义的"西藏特点"是个大杂烩、挡箭牌，甚至认为西藏的未来是复古

到旧西藏（如全面信教、驱逐其他非世居民族）或者汉（儒）化、西化；要么认为社会主义在全国其他各地带来了很多问题，"西藏特点"就是要"另辟蹊径"。事实上，只有从实际出发，建设社会主义新西藏，西藏的各种问题才能在发展中得到更好的解决。

"西藏特点"在内容上有广义、中义、狭义之分。

广义的"西藏特点"包括西藏自然生态环境和人文社会环境所呈现出的独特之处；从西藏实际出发，在继承西藏历史文化与借鉴其他地域文明成果基础上，社会主义在西藏经具体化实践和理论化提升而形成的最优存在方式和演化方向；西藏与中国其他四省藏区以及国外藏族聚居区相较所产生的发展经验。

中义层面的"西藏特点"指中国特色社会主义在西藏的具体化，即社会主义的"西藏特点"。现阶段，就是坚持从西藏区情实际出发，以民族团结为保障，以改善民生为出发点和落脚点，以长治久安为着眼点和着力点，坚持打牢农牧业和基础设施两个基础、突出特色产业和生态文明建设两个重点、加强民生改善和基本公共服务两个保障、激活改革开放和对口支援两个动力、强化科技和人才两个支撑、巩固民族团结和社会稳定两个基石这"六对抓手"，不断强化民生先动、市场推动、项目带动、金融撬动、创新驱动、环境促动这"六动措施"，坚守和谐稳定、生态保护、安全生产这"三条底线"，突出区域特点、民族特点、时代特点，全力推进经济社会跨越式发展和长治久安，着力建设富裕、和谐、幸福、法治、文明、美丽的社会主义新西藏。①

狭义的"西藏特点"就是走西藏特点的经济发展路子，即在力求遵循客观规律、符合西藏发展阶段性特征、充分把握西藏自然特点和产业特色基础上形成的经济发展方式，是对中国共产党领导下西藏所探索形成的经济发展做法、经验和思路的概括。具体而言，主要是坚持"一产上水平、二产抓重点、三产大发展"，推动特色优势产业加快发展，实现生产发展、生活富裕、生态良好的文明发展路子。

"西藏特点"的内涵需辩证看待。

首先，全面理解"西藏特点"：一个理论和实践相结合的体系。不能

---

① 参见洛桑江村《政府工作报告——2014年1月10日》，载《西藏日报（汉）》2014年1月18日第1版。

简单地认为"西藏特点"是"中国特色"的降格,"发展路子"是"发展道路"的降格。"中国特色"既可指代中国特色社会主义的旗帜、实践或事业乃至道路、理论体系、制度等,也可表征中国特色社会主义在经济、政治、文化、社会、生态等现实社会生活过程的具体领域和具体表现。① "道路"一般而言是实现路径,但在中国文化中,"道路"是由"道"和"路"两字所构成的,"道路"即符合"道"的路或以"道"为根据的路。② "道"有终极真理、运动规律、思想体系、正当事理、方法技艺等含义,"路"有通行之处、思想或行动的方向、种类等含义。"道路"合用还内含着不断求索、正大之义,与邪路、老路等相对,"道""路"也是中国古代的一种行政区划制度。因此,"西藏特点"(发展路子)既指发展思路,是西藏发展的行动指南,也指发展道路,是西藏发展的实现路径,还指发展规制,是西藏发展的制度安排,三者统一于西藏发展实践。

其次,发展地看待"西藏特点",其是相对静止和绝对运动的统一。既要坚持和巩固已有的"西藏特点",也要不断深化和创造西藏发展应当具有的或必须具有的,以及目前还未充分显现的"西藏特点",进而使西藏特点丰富成熟乃至定型。同时要认识到,曾经具有"西藏特点"的事物,会随着实践和时代的发展以及他域的借鉴,丧失其鲜明的"特点",如内地班(校)、对口支援等。而一些不是或曾经不属于"西藏特点"的事物,也可能转化为"西藏特点",如在交通便利后,融地域、民俗、科技一体的高原特色农牧新产品、旅游方式等。"西藏特点"所指的内容正越来越丰富,向具体领域不断延伸。其强调重点也从最早的摆脱旧西藏有点(些)社会主义特色,发展到不照搬内地经验,再到在全球化、市场化、信息化和民主化浪潮中接续西藏文化传统,传承创新藏民族特色,以及创新多民族国家欠发达地区发展模式,促进中华民族共同团结奋斗,共同繁荣发展。

最后,联系地认识"西藏特点",它是吸收比较和凝练共识的产物。"西藏特点"应放置到参照系中去考察。从社会形态角度来看,"西藏特

---

① 参见王东红《"中国特色"辨正:来源、使用和发展》,载《中共石家庄市委党校学报》2014年第1期。

② 参见李君如《中国道路与中国梦》,外文出版社2014年版,第42页。

点"是社会主义性质的,而非资本主义的、封建主义的,它是对当代西藏进入社会主义社会各方面成功探索的归纳和概括,其重点强调"西藏的"社会主义特点,即社会主义新西藏。从地域特色来讲,其是西藏这一区域根据实际而生成的成功实践与理论探索,其重点强调"社会主义特点的"西藏,即西藏特有的自然人文环境。西藏的"这种"特色可能和其他藏区或民族自治区有相似情况,但由于实现途径和文化传统等而不能排除其所具有的特点。比较中的"中国特色"既包含本质性差异的特点,也包括发展多样性的非本质特点。可见,"西藏特点"既是对西藏主导思想和基本经验的凝练概括,也是对西藏发展主要原因和根本道路的对外表达。

(二)"西藏特点"的实质

"中国特色、西藏特点"发展路子是一个历史、政治与学术交织的命题。首先,"中国特色、西藏特点"发展路子表明了西藏的领土、民族、历史、文化等都是中国的一部分。西藏自古以来是中国不可分割的一部分,西藏是中华人民共和国的一个自治区,藏族人是中国人的一部分,藏族是中华民族的一部分,勤劳、朴实、勇敢、智慧的西藏各族人民是中华民族大家庭不可或缺的成员。西藏是重要的国家安全屏障、生态安全屏障、战略资源储备基地、高原特色农产品基地、中华民族特色文化保护地、世界旅游目的地。西藏工作关乎中国核心利益。"中国特色、西藏特点"发展路子的提出是中国共产党西藏工作的理论与实践创新,是全面建成小康社会与实现科学发展、和谐发展、和平发展的需要,是维护民族团结、社会稳定、祖国统一、国家安全的需要。其次,"中国特色、西藏特点"发展路子表明了中国的社会主义性质。"决不能让西藏从祖国分裂出去,也决不能让西藏长期处于落后状态。只有社会主义才能救中国和发展中国,也只有社会主义才能救西藏和发展西藏。"① 社会主义中国的各民族之间是平等、团结、互助、和谐的关系,实现共同富裕是社会主义的本质要求。"如果不搞社会主义,而走资本主义道路,中国的混乱状态就不能结束,贫困落后的状态就不能改变。所以,我们多次重申,要坚持马克思主义,坚持走社会主义道路。但是,马克思主义必须是同中国实际相

---

① 《江泽民文选》(第一卷),人民出版社2006年版,第394页。

结合的马克思主义，社会主义必须是切合中国实际的、有中国特色的社会主义。"① 走"中国特色、西藏特点"的发展路子就体现了社会主义新型民族关系和社会主义本质的要求，是西藏各族人民实现社会主义现代化的必然选择。最后，"中国特色、西藏特点"发展路子是多民族国家欠发达地区存异求同的发展模式。在整体中国发展阶段、发展目标和发展方式下，西藏的社会主义事业发展必然有自身的特点，而判断中国的民族政策和西藏工作，"关键是看怎样对西藏人民有利，怎样才能使西藏很快发展起来，在中国四个现代化建设中走进前列。"② "中国特色、西藏特点"发展路子为中国这一多民族国家的欠发达地区按照自身特点与全国一道实现共同的奋斗目标提供了典范。

"西藏特点"要生成西藏优势。首先，要增强对"中国特色、西藏特点"发展路子的自信。对比近代以来不同主体治理下的西藏、与西藏自治区相邻的南亚国家和地区、其他多民族发展中国家欠发达地区及其少数民族聚居区，在中国共产党领导下历经和平解放、民主改革、自治区成立、改革开放的西藏经济社会发展所取得的伟大成就有目共睹。西藏的发展与稳定，既是中央的战略部署和明确要求，也是西藏各族干部群众的强烈愿望和共同责任。这都说明"中国特色、西藏特点"发展路子是党中央和西藏各族人民60多年奋斗、创造、积累的根本成就，我们需要倍加珍惜、始终坚持、不断完善，坚定对这一发展路子的自信。其次，在全面深化改革中坚持和强化社会主义的"西藏特点"。这就要求持续学习和运用马克思主义基本原理，并不断调查研究，搞清西藏各方面的实际；进一步贯彻和实践中国特色社会主义，并不断吸收来自国内其他地区和世界各国的先进文明成果；将社会主义制度的优势和市场经济体制的优势结合起来，在全面深化改革中，通过西藏各级党委政府在指导思想、顶层设计、运作环节、实际效果上对西藏发展进行积极探索，各族人民群众根据历史基础、现实状况、发展期待，在各领域、地域、时域中具体化实践，达到发展强效力、高效率、优效益的共建共享，进而经广泛借鉴和主动提升，进一步发掘和铸就西藏特点，生成西藏优势。最后，通过"中国特色、西藏特点"发展路子凝聚西藏各族人民群众的共同理想，实现其现实利

---

① 《邓小平文选》（第三卷），人民出版社1993年版，第63页。
② 《邓小平文选》（第三卷），人民出版社1993年版，第247页。

益。西藏自治区内部由于自然与历史,不同文化区域、行政区划、地理区位使地区、城乡、行业、群体发展不平衡。要通过"中国特色、西藏特点"发展路子的认同教育和现实途径,践行以"爱国、团结、和谐、发展、文明"为主题的西藏核心价值观,使各族人民和睦相处、和衷共济、和谐发展的局面更加巩固,并使奋斗中的每个人在更好的教育、更稳定的工作、更满意的收入、更可靠的社会保障、更高水平的医疗卫生服务、更舒适的居住条件、更优美的环境中成长、工作和生活。

  针对性地积极消减关于"西藏特点"的误解。首先,深入揭批长期流亡海外的十四世达赖集团政治上的反动性、宗教上的虚伪性和手法上的欺骗性。达赖以"西藏人民代言人""宗教领袖"自居,粉饰其政教合一的封建农奴制度,鼓吹"西藏独立""藏族已是西藏少数民族""中国在西藏杀了120万藏人",把党和政府发展现代科学教育文化说成是"有意灭绝西藏传统文化",散布各种"西藏环境遭到破坏"的论断,阻碍和干扰藏传佛教与社会主义社会相适应等。这些打着"民族""宗教""人权"等旗号的言论及其不断变化手法实施的渗透破坏策略,阻挠了西藏发展进步。因此,要进一步揭批达赖集团的所言所行、所作所为,使广大僧俗群众自觉地反对分裂,促进西藏稳定发展。其次,针对反华和被蒙蔽的国外人士,要讲好西藏故事,传播好西藏声音。出于帝国主义政治思维、现实利益的考量和意识形态的敌视、"双重标准"和"选择性失忆"、对中国历史和现实的无知、对西藏存有神秘想象①以及西方媒体信息的单向化,达赖集团长期歪曲性的策划宣传使许多国外人士对"中国特色、西藏特点"发展路子不了解,甚至充满偏见。如2013年12月28日,法国国民议会"西藏小组"40名议员中的19人联名签署的所谓《西藏问题提案》就谴责中国政府"对西藏语言、文化、宗教、遗产和环境的威胁"等。② 因此,创造条件,通过"走出去、请进来",积极发挥智库、非政府组织、海外侨界等的作用,使国外公众、政治与学术界更加理解中国的涉藏立场,能够更多以客观、历史、多维的眼光观察西藏,真正认识一个

---

  ① 参见朱维群《对抗没有出路——涉藏涉疆问题的西方立场剖析》,载《江苏省社会主义学院学报》2014年第2期。
  ② 参见梁晓华《比学者揭露美网站谎言——〈西藏是我家〉法文译者拉克鲁瓦的公开信》,载《光明日报》2014年1月23日第8版。

全面、真实、立体的西藏，防止对社会主义新西藏的"妖魔化"。最后，针对存有误解的国内群众，要消除民族与地域等偏见。社会的和个人的原因，特别是地域、风俗习惯、语言文字、经济、政策等的差异和国情知识的不足以及个别的负面印象，国内极少数人对中央西藏工作、西藏及其西藏同胞在认知、情感和行为上存有一定的偏见。因此，在坚持中国特色、西藏特点发展路子过程中，要加强国情知识普及，增进各地交往，树立"汉族离不开少数民族、少数民族也离不开汉族、各少数民族之间互相离不开"的思想，增强各族人民对伟大祖国、中华民族、中华文化和中国特色社会主义道路的认同，防止少数民族中地方民族主义和大民族主义的滋生，特别是要纠正民族宗教工作中主观主义、官僚主义的工作作风以及对优惠政策的援例攀比。

三、对"西藏特点"的价值和挑战要客观把握

"西藏特点"发展路子的提出和实践对当前及其今后的西藏发展具有直接的、重大的指导价值，有助于我们认识西藏的历史和现实，繁荣发展当代藏学，传播西藏乃至整体中国的形象。它还对国内其他地区的发展、国际相关问题的解决以及中国特色社会主义的坚持和发展都有积极影响。因此，走"西藏特点"发展路子必须积极应对各种挑战，使"西藏特点"发展路子有更大的价值和更好的未来。

（一）"西藏特点"发展路子的价值

"西藏特点"发展路子具有重要的国内价值。首先，"西藏特点"发展路子是创造西藏各族人民美好生活的必由道路。独特的文化传统、历史命运和基本区情，决定了西藏要走适合自己特点的发展道路。道路决定前途命运，"西藏特点"发展路子使西藏经济又好又快、民生持续改善、生态环境良好、民族团结进步、宗教和睦和顺、社会和谐稳定，是西藏跨越式发展和长治久安的唯一正确道路。2012年西藏人口达到308万人，2013年西藏农牧民人均纯收入6 520元，城镇居民人均可支配收入20 192元。2014年西藏机动车保有量32.5万余台、驾驶人数24.7万余人，平均每10人就拥有一辆汽车。拉萨市机动车数量15万余辆，其中80%都是私家车，平均不到6人就有一辆车。其次，"西藏特点"发展路子有助

于中国其他四省藏区的发展。西藏与其他同类地区特别是藏族聚居区的发展经验是可以相互借鉴的。毛泽东同志在1956年就指出："对西藏地区的土地改革要采用不同的办法，要采用云南的办法。云南有土司，他们也是贵族，是通过和平协商的办法进行土地改革的，人民满意，土司也满意。总之，贵族的生活不变，照老样子，可能还有些提高。宗教信仰也全照老样子，以前信什么，照样信什么。"① 1980年以来的西藏座谈会虽然以西藏为主，但每次也会注重西藏与其他藏区的关系。要么强调会议精神适用于其他藏族自治地方，但要根据实际，具体内容仅供参考；要么强调不能攀比，但又要统一步调，互相支持，形成合力。如第五次西藏工作座谈会就指出：四川、云南、甘肃、青海省党委和政府要切实把本省藏区工作摆到重要议事日程，作为本省经济社会发展的重点任务来抓，动员全省各方面力量支持这些地区发展。中央要加大政策支持力度，推动四省藏区发展迈出新步伐。② 2012年贾庆林同志在总结涉藏工作经验时也指出："必须在科学发展的轨道上推进跨越式发展，真正走出一条具有中国特色、西藏和四省藏区特点的发展路子。"③ 西藏作为藏族人口最集中、中央和全国支援力度最大的藏族自治地方，其发展路子为其他藏区的发展、民族团结、社会稳定提供了示范和借鉴。最后，"西藏特点"发展路子有助于其他民族自治区的发展。"建设社会主义工业化的国家，是任何民族都不能例外的。我们不能设想，只有汉族地区工业高度发展，让西藏长期落后下去，让维吾尔自治区长期落后下去，让内蒙古牧区长期落后下去，这样就不是社会主义国家了。我们社会主义国家，是要所有的兄弟民族地区、区域自治的地区都现代化。"④ 在当前，"西藏特点"发展路子就为民族地区的现代化提供了经验，特别是西藏经验教训表明，"西藏不适宜搞较大规模的工业，不应该追求各种工业门类的齐全，更不应该将发展工业作为西

---

① 《毛泽东文集》（第七卷），人民出版社1999年版，第4页。
② 《中共中央国务院召开第五次西藏工作座谈会》，载《人民日报》2010年1月23日第1版。
③ 《贾庆林强调扎实做好西藏和四省藏区发展稳定各项工作 以优异成绩迎接党的十八大胜利召开》，载《人民日报》2012年10月20日第1版。
④ 《周恩来选集》（下卷），人民出版社1984年版，第266页。

藏实现跨越式发展的重点。"① 西藏逐步走出的以能源产业、优势矿产业、建筑业、藏医药业、高原特色食品业、民族手工业为主的适度新型工业化路子，就为自然生态环境相对脆弱、民族特色产业优势突出的民族地区实现现代化提供了启示。另外，面对复杂的自然和社会形势，西藏积累的党政军警民联防联动等工作经验，对加强和创新民族地区社会治理也有参考价值。

"西藏特点"发展路子具有一定的世界意义。首先，"西藏特点"发展路子是人类社会追求正义与幸福的进取精神和创造能力的体现。在旧西藏，"接受过规范教育的西藏学者并不比目不识丁的农奴更懂得那些千百年来在全世界范围内丰富人类智慧和思想、改善人类日常生活的知识。"② 达赖集团至今一直由以十四世达赖家族为代表的上层僧俗贵族组成，普通的"流亡藏人"依旧处在被奴役的地位③。而经过艰苦努力，政教合一的、封建农奴制的西藏地方政权早被中国共产党领导下西藏各族人民自己建立的民主政权所代替，僧俗群众在政治、经济、社会、继承传统文化和宗教信仰等方面享有了广泛的自由权利。世界社会主义思想近500年的历史，表明了人类对正义与幸福的追求。社会主义的西藏实现了"一步跨千年"，是维护世界和平与促进人类进步的光辉一页，其发展路子为西藏人民美好愿景的实现提供了途径。其次，"西藏特点"发展路子为多民族国家和地区现代化提供了思路。"由于西藏情况特殊，做好民族、宗教、统战工作不仅对加快西藏建设有重要的意义，而且在台湾、港澳，在东南亚各国以至全世界都会产生重要的政治影响。"④ 早在解放西藏过程中，中央政府就做出了西藏传统的社会制度"暂时维持现状不变"的决策，这在一定时期较好地解决了维护中国主权和治权统一的问题。中国是世界上最大的发展中国家，在改革开放以来，作为欠发达的边境民族聚居区的

---

① 罗绒战堆：《非公经济与西藏的跨越式发展》，拉巴平措、格勒：《当代藏学研究的几个理论问题》，中国藏学出版社2002年版，第70页。

② ［法］马克西姆·维瓦斯：《并非如此"禅"：达赖隐匿的另一面》，西藏人民出版社2011年版，第17页。

③ 参见吕鹏飞《"日日夜夜都想家"——记者走进印度达兰萨拉》，载《人民日报》2014年7月30日第3版。

④ 《珍惜已有的成就，放眼未来的繁荣——班禅额尔德尼·确吉坚赞在庆祝西藏自治区成立二十周年干部大会上的讲话（一九八五年八月三十一日）》，西藏自治区人民政府：《为建设团结富裕文明的新西藏而奋斗》，西藏人民出版社1986年版，第20页。

西藏逐渐走出的"中国特色、西藏特点"发展路子，对推进多民族国家和发展中国家（特别是喜马拉雅地区）的国家治理体系和治理能力现代化具有启示作用，也有利于解决一些历史争端问题，如处理好中央和地方的关系、主流意识形态与多元社会思潮的关系、本土宗教与社会世俗的关系、少数族群与主体民族的关系，以及扶贫与脱贫问题、国家安全与统一问题等。最后，"西藏特点"发展路子凸显了社会主义的优越性。长期以来，苏联在人民物质生活改善以及民族、宗教等问题上留下了深刻教训，也使社会主义形象受损，导致"社会主义失败论"盛行。当今世界，发达资本主义、民主社会主义等都对科学社会主义提出了挑战。改革开放之初，邓小平同志指出：对怎样建设社会主义，"我们确实还缺乏经验，也许现在我们才认真地探索一条比较好的道路。但不管怎么样，社会主义制度的优越性已经得到了证明，不过还要证明得更多更好更有力。我们一定要、也一定能拿今后的大量事实来证明，社会主义制度优于资本主义制度。"① 而"我们是社会主义国家，社会主义制度优越性的根本表现，就是能够允许社会生产力以旧社会所没有的速度迅速发展，使人民不断增长的物质文化生活需要能够逐步得到满足。"② "西藏特点"发展路子就在经济社会发展速度和效果方面发挥了社会主义能够集中力量办大事的优势，有力地证明了社会主义的优越性。

"西藏特点"发展路子有助于坚持和发展中国特色社会主义。首先，"西藏特点"发展路子有助于坚定中国特色社会主义道路自信、理论自信、制度自信。"西藏特点"发展路子是中国特色主义道路在西藏既不封闭僵化、又不改旗易帜的创新。它反映了既不忘老祖宗、又敢于讲新话的理论自觉，是用马克思主义中国化的最新成果武装头脑、指导实践、推动工作的体现。"西藏特点"发展路子也是在人民代表大会制度的根本政治制度、中国共产党领导的多党合作和政治协商制度、民族区域自治制度以及基层群众自治制度等基本政治制度、中国特色社会主义法律体系、以公有制为主体多种所有制经济共同发展的基本经济制度以及建立在这些制度基础上的经济体制、政治体制、文化体制、社会体制等各项具体制度中不断开拓和发展中走出来的。因此，有充分的理由和充足的底气增强中国特

---

① 《邓小平文选》（第二卷），人民出版社1994年版，第250-251页。
② 《邓小平文选》（第二卷），人民出版社1994年版，第128页。

色社会主义自信。其次，丰富了中国特色社会主义的实践特色、理论特色、民族特色、时代特色。"西藏特点"发展路子推进了中国特色社会主义的区域化。"中国有960万平方公里国土，56个民族，13亿多人口，经济社会发展水平还不高，人民生活水平也还不高，治理这样一个国家很不容易……中国从东部到西部，从地方到中央，各地各层级各方面的差异太大了。"① 中国特色社会主义必然要通过区域实践才能落到实处，经过总结提升的区域化经验和理论也是中国特色社会主义的有机组成部分。各区域经过改革开放的实践，多形成了本土化的发展模式，如上海就提出了开拓一条具有"中国特色、时代特征、上海特点的社会主义发展新路"。在宽松多样的体制环境中，经过中央的支持和全国的支援，特别是西藏各族干部群众发挥主体创造精神而不断奋斗，在发展经验积累和各种独特性结合中生成了"西藏特点"发展路子。这不仅深化、细化和具体化了中国特色社会主义，还充实了中国特色社会主义的道路、理论体系和制度，在民族、宗教、统战等工作中表现尤为明显。最后，"西藏特点"发展路子为中国特色社会主义事业的发展提供了良好的国际环境。西藏是陆地国界线长4 000多公里的边境地区，与其相接壤的印度和不丹是中国陆地邻国中仅有还未解决边界问题的两国，不丹也是中国所有边界接壤国当中唯一未建交的国家。西藏还是世界上环境质量最好的地区，大部分区域仍处于原生状态，西藏的传统文化与宗教也在国外有不少影响。"从国际政治斗争的角度看，西藏自鸦片战争以来就是外国侵略势力企图瓜分中国、分裂中华民族的一个突破口。"② 在中国快速和平发展的过程中，达赖集团和逃往国外的相关势力以及国际敌对势力，欺骗不明真相的人们和国际社会，制造所谓"西藏问题"，并企图使之"国际化"。"西藏特点"发展路子进一步促进了中国西藏的稳定、发展和安全，反映了中国国家发展的方向，各领域所取得的成就也有利于传播西藏乃至整个中国的真实形象，为实现"两个百年"奋斗目标提供了良好的国际环境。

(二)"西藏特点"发展路子的挑战

"西藏特点"发展路子的合法性问题必须澄清。这里的合法性主要包

---

① 《习近平接受俄罗斯电视台专访》，载《人民日报》2014年2月9日第1版。
② 《江泽民文选》(第一卷)，人民出版社2006年版，第390页。

括其生效范围、符合某种规范和客观标准以及得到公众普遍认可的程度。质疑"西藏特点"发展路子合法性的三种主要观点都是不科学的。首先,因"西藏特点"发展路子的独特性而产生的表面相反但结论相同的两种争论是片面的。一种观点认为"西藏特点"发展路子是极具特殊性的地方发展经验,其在西藏之外不具有"可复制性",因而没有理论价值和推广价值,无须进行如此冠名。另一种观点认为,"西藏特点"发展路子无任何特殊性,其发展方式必然要与内地接轨,因而无任何创新可言,"西藏特点"发展路子的提法也是无效的。其次,认为"西藏特点"发展路子的政治基础或理论基础不成立的两种观点也是错误的。一种社会思潮否定应该坚持社会主义道路、人民民主专政、中国共产党的领导以及马克思列宁主义毛泽东思想的"四项基本原则",也就必然会否定"中国特色、西藏特点"发展路子。还有人认为中国特色社会主义无须地域化,特别是中国特色社会主义在中国大陆地区普遍适用,否则56个民族、30余个省市自治区以及不同的文化区域与城乡地区,将会出现民族主义、地方主义、小团体主义,不利于中国的团结统一和社会总目标的实现,进而否定"西藏特点"发展路子存在的合理性。最后,将西藏发展带来的后果归于"西藏特点"发展路子,而把西藏发展产生的成就归于其他,进而不认同"西藏特点"发展路子,甚至提出各种所谓"新"道路。这些历史直线论、历史虚无主义的观点夸大了改革开放以来西藏工作的失误,将西藏发展归因于国际舆论的压力、自然进化或偶然进步,掩盖了西藏发展的主流和本质。事实上,"西藏特点"发展路子是客观存在的并具有重要的价值,其符合理论与实践的发展。但目前需进一步深化"西藏特点"发展路子的研究和宣传,引导各种社会思潮,驳斥误解,使更多的人认识、认同和支持"西藏特点"发展路子。

"西藏特点"发展路子的可持续性问题必须清醒。这里的可持续性主要包括在一定状态下得以维持的能力、完善成熟的程度、长远的美好愿景。质疑"西藏特点"发展路子的可持续性主要有三种。首先,中国本身存在太多的不确定性导致"西藏特点"发展路子的不可持续。这种观点认为,中央政府治边治藏的政治理念和扶贫区域等经济政策的调整,政治体制改革和经济高速发展日趋增多的负面效应,社会问题和国际环境的不稳定等都会影响甚至否定"西藏特点"发展路子的可持续性。其次,"西藏特点"发展路子是一厢情愿,因而不可持续。这种观点认为,"西藏特点"发展路子是无视市场经济、"举国体制"和"无限政府"的产物，忽视了长期居住在西藏的本地人、对口援助单位和省市的主动性、积极性和创造性，终会因单一主体而使"西藏特点"发展路子成为宣传口号。最后，"西藏特点"发展路子尚不成熟且目标空泛，应慎提以避免固化。这种观点认为西藏是欠发达地区，"西藏特点"发展路子设定的目标宏大，缺乏可操作性，终会成为乌托邦，特别是"西藏特点"发展路子的探索是一项长期艰巨的历史任务，这条路子还远未形成，使用和宣传"西藏特点"发展路子便会在妄自尊大中失去完善的动力，并会回避存在的问题，将一些非常时期的做法常态化而作为"西藏特点"发展路子的内容。这些观点指出了坚持和完善"西藏特点"发展路子的一些问题，应在实践中加以注意，但其又与"西藏特点"发展路子的实际境况相去甚远。以习近平同志为核心的党中央所提出的"治国必治边、治边先稳藏"和"依法治藏、长期建藏"等战略要求与中国共产党西藏工作的精神一脉相承。注重培养和任用民族干部，发挥各族群众的能动性，按照"框架一致、体制衔接、积极稳妥、循序渐进、适当变通"原则，将政策转化为西藏各族人民和西藏工作各条战线人员自觉自愿的共同行动是西藏工作的重要经验。同时，必须放长眼光看待"西藏特点"发展路子，发掘西藏发展的潜在优势。认识和实践"西藏特点"发展路子都是永无止境的，只要胸怀理想、坚定信念，不动摇、不懈怠、不折腾，顽强奋斗、艰苦奋斗、不懈奋斗，"西藏特点"发展路子就有光明的前景。

"西藏特点"发展路子的现实性问题必须化解。西藏在发展过程中确实面临着一系列具体的现实问题。归纳起来，主要有涉及经济发展、社会稳定、综合改革的三类问题。首先，经济发展问题主要包括西藏经济发展的质量问题、特殊优惠政策与对口支援下经济发展的内在动力、项目建设带动经济发展的效应、三大产业结构的调整优化、科技进步创新与转化普及等，这些问题会影响西藏发展的速度和收益。其次，社会稳定问题主要包括各类分裂破坏活动的频率与程度、突发公共安全事件的处置、寺庙和谐、地区城乡行业的收入差距、农牧地区公共服务的均衡获得、意识形态领域的斗争、传统文化的传承、精神文明的创建、生态环境的保护、自然灾害的防御、党员干部腐败的惩治和预防、国防和军队的可靠等，这些问题直接关系着西藏各族人民群众的幸福生活。最后，综合改革问题主要包括非公有制经济的发展、行政体制的效率、人事制度的改革、基层组织的巩固、思想观念的解放、对外开放水平的提升、发展环境的改善、基础设施的建设、反分裂长效机制的建立等，这些问题涉及西藏未来的走向。西藏的赶超战略和跨越式发展，在复杂的地域和较短的时域中，正在走内地其他地区较长时期走过的路子，这种"时空压缩"必然导致一系列现实性问题。这其中不仅有个别长期性、根本性、深层次矛盾和问题逐渐显露，一些新的阶段性矛盾也在集中显现，并且将来还会遭遇各种难以预料的风险和挑战。在看到已经凸显出来的前所未有的问题和挑战的同时，更要看到成就是巨大的，机遇是前所未有的，且机遇大于挑战。只要西藏各族人民永远跟党走，有建设美好家园的坚定信心，与党员干部一道认清形势、明确任务、抓住机遇、努力奋斗，"西藏特点"发展路子的现实性问题必将会在全面深化改革中得以有效化解。

（王东红，陕西师范大学马克思主义学院副教授）

和谐社会视域下加强西藏地区思想政治教育的路径研究

杨雄飞

2004年,党中央从大局出发,高瞻远瞩地提出了"构建社会主义和谐社会"的伟大战略,并对"构建社会主义和谐社会"的内涵、要求及重要意义作了深刻阐述。党的十八大进一步指出,在新世纪新阶段,在中国共产党的领导下,把我国建设成为富强、民主、文明、和谐的社会主义现代化国家。思想政治教育作为构建社会主义和谐社会的重要工具,在当今社会发挥着越来越重要的作用。毋庸置疑,西藏地区的和谐社会建设不仅是"构建社会主义和谐社会"的重要组成部分,同时也是维护国家稳定团结的重要组成部分,构建社会主义和谐西藏更需要发挥思想政治教育的巨大作用。西藏地区由于经济、文化发展水平较为落后,宗教信仰传统与内地相差巨大,并且容易受到民族分裂势力的影响,因此,在西藏地区开展思想政治教育工作变得更为复杂和不易。2008年发生在西藏拉萨的"3·14"事件,进一步说明了加强西藏地区思想政治教育对"构建社会主义和谐社会"的紧迫性和重要性。

一、"构建社会主义和谐社会"的伟大战略

(一)"构建社会主义和谐社会"战略提出的时代背景

近些年,随着我国改革开放进程的不断加快,我国的经济、政治、文化等各方面的建设都取得了巨大的成就,人民的生活水平大幅提高。但随着经济全球化的不断发展,当今的国内外形势也发生了巨大变化,我国社会的不和谐因素也逐渐凸显。这些不和谐因素主要包括:多元化的价值观对主流价值取向的冲击,拜金主义、享乐主义的思想倾向侵蚀着人们的共产主义信仰;腐败问题严重,已经成为关系我党生死存亡的大问题;一些民族分裂势力在我国境内蓄意制造事端,破坏民族团结和国家统一。这些

不和谐因素严重破坏了我国繁荣稳定的社会大局。"构建社会主义和谐社会"是党中央根据当前的国际国内形势、针对当前社会中出现的不和谐现象，审时度势提出的伟大战略。

（二）"构建社会主义和谐社会"的丰富内涵

构建社会主义和谐社会是一代又一代中国共产党人的不懈追求。中国共产党经历了艰苦的斗争建立中华人民共和国，进行了社会主义改造，实施了改革开放的伟大战略决策。经过改革开放以来近40年的快速发展，我国人民的生活水平不断提高，综合国力不断增强，这些发展成果为构建社会主义和谐社会奠定了坚实的基础。2005年2月举办的省部级主要领导"提高构建社会主义和谐社会能力"专题研讨班开班仪式上，胡锦涛同志对社会主义和谐社会的基本特征做了进一步阐述，指出："我们所要建设的社会主义和谐社会，应该是民主法治、公平正义、诚信友爱、充满活力、安定有序、人与自然和谐相处的社会。"党的十八大进一步指出，在新世纪新阶段，在中国共产党的领导下，把我国建设成为富强、民主、文明、和谐的社会主义现代化国家，并提出了"推动建设和谐世界"的目标。

二、西藏地区的和谐社会建设

（一）西藏地区和谐社会建设的重要性

西藏地区位于号称"世界屋脊"的青藏高原，与多国接壤。西藏地区的发展关系到我国民族团结和政治稳定，而构建和谐社会是保证西藏地区社会快速发展的重要途径。"构建社会主义和谐社会"应重点着力于西藏地区的和谐社会建设，但种种原因，西藏地区的发展相对落后，构建和谐社会的难度也相对较大，所以党和政府要高度重视西藏地区的和谐社会建设，结合西藏区情采取科学的措施发展西藏，保证西藏地区和谐社会建设的持续、稳定发展。

（二）思想政治教育对西藏地区和谐社会建设的重要作用

西藏地区地处祖国西南边陲，而西藏地区由于其自身在地理位置、经济发展、政治文明、宗教文化等方面所具有的独特性和相对落后性，西藏地区的和谐社会建设面临着更大的困难和挑战。因此，促进西藏地区快速发展、缩小与内地相对发达地区的差异是现阶段非常紧迫和重要的任务。只有加快西藏地区的发展步伐，才能实现社会主义共同富裕和全面建设小康社会的目标，才能真正构建全中国的和谐社会。

思想政治教育具有自身的特点，在解决阻碍西藏地区和谐社会建设的相关因素方面具有独特的作用与价值，因而相对直接的经济、物质援助等手段，思想政治教育能更持久、更全面、更快速地促进西藏地区的发展与和谐社会建设。针对西藏地区地处偏远、经济文化落后的问题，通过思想政治教育向少数民族群众宣传社会主义的优越性，宣传马克思主义的世界观和方法论、宣传党的方针政策的科学性，就能激发少数民族群众发展经济的热情，就能使少数民族群众坚定信念、运用科学方法解决经济建设中所出现的困难，从而使西藏地区的经济得到稳定快速健康的发展，这对和谐社会建设将发挥巨大的促进作用。

三、当前西藏地区思想政治教育存在的问题

（一）专业理论体系缺乏

"思想政治教育学是研究人们品德形成、发展规律和对人们进行思想政治教育的规律的科学。"[①] 中国共产党经过多年以来对思想政治教育的理论和实践研究，使思想政治教育学不断发展和完善。"民族地区思想政治教育学是研究少数民族群众思想政治品德形成、发展和对少数民族群众进行思想政治教育的规律。"[②] 由于历史和现实因素的影响，目前西藏地区思想政治教育的理论体系尚不完善，不能有效地指导思想政治教育实践。西藏地区的思想政治教育起步较晚，针对性不强、专业理论知识研究不够深入等一系列问题还依然存在。目前西藏地区的思想政治教育研究专著也比较少，而且主要集中在少数民族干部培训和在校大学生思想政治教育方面。这些因素严重影响西藏地区思想政治教育工作的良好开展。

---

① 张耀灿、陈万柏：《思想政治教育学原理》，高等教育出版社2001年版，第14页。
② 徐柏才：《民族思想政治教育学导论》，民族出版社2011年版，第9页。

(二) 教育文化事业发展滞后

西藏地区地处青藏高原,全区的经济发展水平较低、群众受教育程度普遍不高。当前,西藏地区还有相当一部分群众是文盲或半文盲,甚至相当一部分群众从未接受过正规的学校教育。虽然近些年国家加大了对西藏地区教育的投入力度,但受经济条件的限制或教育思想落后等因素的影响,很多青年人的文化程度仍然在初中以下。受教育程度偏低使西藏地区的群众不容易接受思想政治教育的内容。宗教也是影响西藏地区思想政治教育效果的又一因素。西藏地区各族人民群众中相当数量的人信仰宗教,宗教在日常生活中对西藏相当大一部分人民群众的思想影响较大。虽然宗教在弘扬民族文化、维持社会秩序方面具有一定的积极作用,但宗教思想中包含着许多与马克思主义世界观和方法论相违背的内容。西藏地区落后的思想文化和长期信仰宗教的风俗习惯必然与思想政治教育的内容和要求相冲突,导致西藏地区群众不容易接受思想政治教育的内容,影响思想政治教育的效果。

(三) 队伍建设滞后

思想政治教育工作者在思想政治教育工作中发挥着主导作用,一支高素质的工作队伍对思想政治教育工作的有序开展起着重要作用。当前西藏地区的思想政治教育队伍在数量和素质上都不能满足现实的需要。西藏地区地域辽阔,但人口相对较少,群众多以村寨为单位居住,村寨分布较为分散。农牧区群众以散养牲畜为主,他们的居住地更是不固定。这些因素都决定了需要更多更有素质并且熟悉藏族语言、文化的思想政治教育工作者到西藏地区开展工作。当前西藏地区的思想政治教育工作多是由西藏各地区党政机关的工作人员完成,各地区学校的思想政治教育专业教师配备严重不足,这导致了思想政治教育工作除对在校学生开展外,对校外普通群众的思想政治教育工作并未有效开展。另外,西藏地区经济、文化发展水平相对较低,思想政治教育工作者的文化素质不高,众多因素导致思想政治教育工作者不能更深入地理解思想政治教育的内容,不能运用更科学的方法进行教育活动,从而影响了思想政治教育的效果。

（四）民族分裂势力干扰

民族分裂势力是指一些民族极端势力在主权独立的多民族国家从事分裂、破坏活动，妄图通过各种方式达到其政治目的[1]。西藏地区面临的民族分裂势力主要是达赖集团，他们长期从事策划、组织分裂祖国、危害群众的活动。西藏地区的人民群众普遍信奉佛教，而达赖集团长期披着宗教的外衣，不断利用各种途径对西藏地区各族人民群众进行反动宣传，其宣传内容多为抹黑中国共产党的领导、攻击我国实行的民族区域自治制度、破坏民族团结、鼓吹"民族独立"等[2]。这些分裂活动不但对国家的和平稳定及西藏地区人民群众的安全造成了威胁，还大大影响了思想政治教育的有序进行。由于达赖集团宣传的分裂思想具有隐蔽性和蛊惑性，这些思想极容易被部分群众所接受，导致部分群众排斥我党宣传的思想政治教育内容。达赖分裂集团为达到其政治目的，甚至策划、组织暴力恐怖事件，如2008年拉萨"3·14"事件，这种暴力打砸抢事件不仅对人民群众造成了生命财产损失，也破坏了我国民族团结的大好局面，破坏了开展思想政治教育的良好环境。

四、加强西藏地区思想政治教育的具体路径

（一）坚持以科学发展观统领思想政治教育

党的十八大报告指出："以经济建设为中心是兴国之要，发展仍是解决我国所有问题的关键。"这是全面客观分析我国发展现状得出的科学结论。西藏地区的经济文化发展落后、人民生活水平较低，因而西藏地区急需用发展解决现阶段的矛盾，而科学发展观正是关于发展的科学理论，只有坚持科学发展观的指导，才能保证西藏地区快速、稳定的发展。

科学发展观的第一要义是发展，西藏地区应紧紧围绕发展经济这一主线，思想政治教育的内容和效果要以能促进西藏地区经济发展为选择依

---

[1] 参见罗琼芳《中国边疆民族地区思想政治教育研究》，云南民族出版社2008年版，第237页。

[2] 参见刘超、张永恒《尊严：戳穿某些西方媒体与达赖集团的十大谎言》，人民出版社2008年版，第266页。

据。科学发展观的核心是以人为本，西藏地区的思想政治教育也应严格贯彻落实以人为本的原则，增强思想政治教育的实效性。科学发展观的基本要求是全面、协调、可持续，西藏地区的思想政治教育也应坚持"全面""协调""可持续"的要求。全面性是指思想政治教育的教育内容不仅应包括政治、思想、心理等内容，教育方法和教育目标也应结合西藏地区的实际，做到多样性和全面性。协调性是指要做好思想政治教育工作必须协调好各部门的关系，发挥合力，共同努力，把思想政治教育落到实处。可持续性是指思想政治教育要促进西藏地区的可持续发展。科学发展观的根本方法是统筹兼顾，即要求对思想政治教育工作要统筹安排，合理规划，为西藏地区的快速发展服务。

（二）完善思想政治教育学科理论体系

马克思主义认为，实践是认识的来源和基础，认识对实践具有能动的反作用。科学理论是对事物本质和规律的正确认识，对指导实践具有重要的反作用。思想政治教育作为一种教育实践活动，离不开专业的理论体系作指导。随着改革开放和社会主义事业的不断发展，我国的思想政治教育工作也积累了许多成功经验，思想政治教育的学科理论也不断丰富和完善。但由于历史和现实，西藏地区的思想政治教育起步较晚，发展较慢，与之相适应的思想政治学科理论体系也存在诸多不足。因此，建立西藏地区完善的思想政治教育理论体系的任务就具有非常重要的现实意义。通过民族地区思想政治教育的学科化推动思想政治教育的现代化和科学化，将会大大提升西藏地区思想政治教育的理论和实践水平。

要完善思想政治教育学科理论体系，首先，西藏地区的思想政治教育学科理论体系建设必须围绕党的路线、方针、政策展开。思想政治教育是在党和国家的路线、方针、政策的指导下，围绕着一定的政治目标，用党的纲领、理论、路线、方针和政策，来对社会成员施加意识形态和社会心理的影响，以期转变其思想观念、政治行为和道德理念，引导其形成正确的行为规范[①]。其次，必须建立具有西藏地区思想政治教育经验的高素质研究队伍。具有西藏地区思想政治教育经验的实践者，因长期从事西藏地

---

① 参见吴松《论中国少数民族地区的思想政治教育》，云南大学出版社2002年版，第117页。

区思想政治教育研究，对西藏地区人民群众的思想文化实际有真实的体验，因而能总结出与西藏地区思想政治教育实际相适应的工作方法和原则，从而完善民族地区思想政治教育的理论体系。

（三）结合西藏地区实际，创新思想政治教育方法

"思想政治教育的方法是指思想政治教育主体为完成一定的思想政治教育任务，在对教育对象进行思想政治教育的过程中所采取的一切方式、方法或手段的总和。"[1] 思想政治教育任务的完成离不开正确、有效的思想政治教育方法。科学、有效的思想政治教育方法能结合具体的受教育环境不断发展变化，不断激发受教育者的学习积极性、提高受教育者的接受能力。西藏地区的教育环境与内地相差巨大，语言及教育背景也有自身突出的特点，而随着近些年经济、文化的不断发展，西藏地区的思想政治教育环境也不断变化，因而对西藏地区进行的思想政治教育的方法一定要结合西藏地区的实际，不断地发展和创新。

首先，应根据西藏在宗教信仰及风俗文化方面的特殊性，采取针对性的思想政治教育方法。例如，西藏地区人民普遍信奉藏传佛教，结合我国宗教信仰自由的国家政策，可充分利用佛教中行善、积德等内容进行爱国主义教育和民族团结教育。其次，针对西藏地区人民群众汉语水平和受教育程度偏低的状况，不可采取传统的灌输方式进行教育，应将党的方针政策及思想政治教育的部分内容结合西藏人民普遍能歌善舞的实际，采取晚会、文艺演出等形式展现出来，并最大限度地提高人民群众的参与度，最终达到思想政治教育的效果。最后，思想政治教育要密切联系群众，要与提高人民生活水平的目标相结合。[2] 思想政治教育只有结合西藏地区的经济社会发展实际，结合西藏各族人民群众的思想实际，才能增强思想政治教育的吸引力和实效性。

（四）重视思想政治教育，加大投入力度

党和政府历来十分重视西藏地区的发展。无论是国家的方针政策还是资金、人才的投入力度，都对西藏地区的快速发展起到了巨大的推动作

---

[1] 郑永廷：《思想政治教育方法论》，高等教育出版社1999年版，第6页。
[2] 郑永廷：《思想政治教育方法论》，高等教育出版社1999年版，第374页。

用。但目前，对西藏地区的投入多集中在促进经济发展的硬件设施上，在思想政治教育领域的投入力度相对较小。思想政治教育对促进西藏地区的和谐稳定具有重要的意义。经济基础决定上层建筑。思想政治教育工作是我国社会重要的一项上层建筑领域的内容，其由我国经济基础的决定。西藏社会思想政治教育当然也受到西藏经济发展基础的现实影响。特别是西藏投入思想政治教育工作的具体经费多少，对思想政治教育工作的开展影响比较大。党的民族工作实践证明：少数民族思想政治教育工作是民族团结、经济发展和社会稳定的根本保证。随着西藏地区经济、文化的不断发展繁荣，单纯的硬件投入已不能满足现实的需要，而思想政治教育的持续性和全面性作用就愈发明显。因此，在构建和谐西藏的方针下，政府各部门应更加重视思想政治教育的作用，扩大思想政治教育的投入比例。

加大思想政治教育的投入力度，要根据西藏地区的自然环境、经济发展水平等因素具体确定，不同的地区，投入力度不能完全一样。例如，靠近城市的地区，经济发展水平相对较好，硬件设施相对完善，思想政治教育的投入力度则不必太大；农牧区经济文化相对落后，交通设施也不完善，思想政治教育的投入力度则要加大，要从物质和精神两个方面重点投入，切实提高西藏地区的社会经济发展水平和人民的文化素质。对分裂主义势力活动频繁的地区，更要加大思想政治教育的投入力度，增强思想政治教育的师资力量和教育实效性。

（杨雄飞，西藏民族大学马克思主义学院在读硕士研究生）

加强当代青年反分裂反渗透斗争教育，促进西藏社会和谐稳定

戴 畅

党的十六届六中全会做出了《中共中央关于构建社会主义和谐社会若干重大问题的决定》，明确指出了构建社会主义和谐社会的重要性和紧迫性：社会和谐反映了建设富强民主文明和谐的社会主义现代化国家的内在要求，体现了全党全国各族人民的共同愿望。西藏自治区全面贯彻决定精神，全区上下努力为构建民主法治、公平正义、诚信友爱、充满活力、安定有序、人与自然和谐相处的和谐西藏而努力奋斗，但一直有股不和谐的力量在破坏西藏社会的和谐稳定，那就是以十四世达赖为首的"藏独"分裂势力一直在对西藏进行着渗透。在西方反华势力的支持下，达赖集团图谋"西藏独立"的分裂活动一刻也没有停止过，严重影响西藏社会的安定有序，成为西藏社会和谐和稳定的最大政治障碍。我们同达赖集团的斗争不是信教与不信教、自治与不自治的问题，而是维护祖国统一、反对民族分裂的问题，是敌我性质的斗争。只要达赖集团不放弃分裂祖国的立场，我们同达赖集团的矛盾就不可调和。同时，我们还要清醒地认识到，达赖集团妄想把西藏从祖国大家庭中分裂出去的政治图谋不会轻易改变，他们会继续与境内外分裂主义势力和国际反华势力相勾结，进行各种破坏西藏和谐稳定、繁荣进步的活动。达赖集团和支持他们的西方敌对势力与我们之间的渗透和反渗透、分裂和反分裂、颠覆和反颠覆的斗争是长期的、复杂的、尖锐的。在这场斗争中，青年成为争夺的主要目标，因为青年作为推动社会发展的后备军，有知识、有能力，思想活跃，可塑性强，善于接受新思想，是推动历史发展和社会前进的重要力量。因此，只有充分认识青年的成长规律和当代青年的特点，有针对性地开展反分裂反渗透教育，才能在这场没有硝烟的人才争夺战中立于不败之地，才能维护西藏社会的和谐和稳定。

一、当代青年的思想特点

青年作为民族的希望、祖国的未来,作为党和人民事业发展朝气蓬勃的推动力量,一直都受到中国共产党的高度重视、关怀和信任。邓小平同志满怀深情地指出:"青年一代的成长,正是我们事业必定要兴旺发达的希望所在。"江泽民同志也强调:"青年兴则国家兴,青年强则国家强。"党的十六大以来,党中央要求全党都要"关注青年、关心青年、关爱青年",青年强则国强,青年智则国智,青年的思想道德素质关系着国家和民族的命运。从总体上看,当代青年的思想道德,主流情况是好的,是健康的。但是,随着经济全球化的不断深化,我国人民的物质生活水平大幅度提高,我国经济体制发生了变革,社会结构发生了变动,利益格局发生了调整,人们的价值取向、道德选择和思想认识等方面都受到了影响,在这种复杂多变的环境下,对青年的思想也产生着重要的影响,呈现出了不同于其他时期的"代际特征"。

(一)热爱祖国,关心国家命运,但政治意识不强

当代青年热爱祖国,对自己的祖国有着深厚的感情,对国家的前途命运深表关切,对我们的家园、民族和文化表示认同,并以作为一名中国人而感到自豪,渴望中华民族的振兴,期待祖国强大,希望祖国在国际竞争中占据优势。从国内环境来看,当代青年出生于20世纪80年代、90年代,恰逢改革开放、经济飞速发展的时期,物质生活条件比较优越,没有经历过苦难,是温室中的花朵,不能深刻地体会当今幸福生活的来之不易,不同程度地存在政治信仰迷茫、理想信念模糊的现象。从国际大背景来看,政治多极化、经济全球化、文化多元化,各种思潮、各类文化和价值观念涌入,冲击着青年人的思想。由于青年人正处于世界观、人生观和价值观的形成时期,接触社会不多,人生阅历还不十分丰富,对人生的思考也并不深刻。在跨文化的冲撞下,少数青年人在理想信念的选择中出现了种种迷茫和困惑,表现为对社会主义失去信心,政治信仰出现危机,主张以自我发展的观点来看待政治问题,常态下政治意识淡化,出现重大事件时会有极端化表达,对马克思主义信仰、社会主义和共产党产生了不同程度的信心危机和信任危机,没有明

确的政治理想和目标，存在某些非政治化倾向①。

（二）自我意识强，价值取向功利，但社会责任感弱

当代青年出生、成长于中国社会巨大变革的历史进程中，市场经济的发展强化了他们的个体意识和利益追求意识、自我意识、思想自主。主要表现为对自我价值、自我崇尚、自我利益的追求，以自我为中心，热衷于自我设计、自我奋斗和自我实现，过于强调个人权利的获得而忽视了义务的履行，只看重自身利益的获得而忽视他人利益的损害，甚至为追求自身的生存和发展，不择手段，不惜损害他人和集体的利益，无视社会责任。在处理个人价值和社会价值的关系上偏离方向，社会责任感缺乏，认为个人利益高于一切，先己后人，缺乏无私奉献的精神。

（三）思维敏捷，知识广博，但辨别能力弱

青年身心趋向成熟，交往扩大，社会化加速，初步涉世，开始关心国家和国际大事，开始关心社会问题，在日益激烈的国际竞争中，深知知识和科技的力量，在就业和生存的压力下，更加注重求知，乐于接受新的文化和观念。在开放的国际环境中，当代青年视野广阔，高瞻远瞩，目光长远，在市场经济的浪潮中，开拓创新，锐意进取。当代青年获取知识的来源多元化，除了通过教师的讲授和学习书本之外，网络技术的发展带来了学习和生活方式的变革，这种知识传播模式开阔了当代青年大学生的视野，提高了思维能力，迅速地成为青年获取知识和信息的主渠道。然而，各种各样不同于国家主旋律的声音也通过网络出现，美国更是凭借自身发达的网络技术推行"网络文化霸权"，输出美国的文化、生活方式和价值观念，对中国进行"分化"和"西化"。青年人毕竟涉世不深，经验尚浅，思想还不完全成熟，辨别能力不强，容易受不良思想的影响，把中国和美国进行横向比较，认为美国更加民主自由，从而片面地否定中国的社会主义制度。

（四）热爱生活，追求享乐，缺乏艰苦奋斗精神

随着我国经济的发展，对外贸易的激增，人民的生活水平日益提高，

---

① 参见王海玲《试论当代大学生理想信念教育》，载《商情》2012年第1期。

商品经济日益繁荣,物质生活更加富裕,社会消费倾向急剧增长,其所刺激起来的消费主义价值观蔓延,消费成为人们的生活方式、思维方式,甚至内化为一种心理情感的依赖对象,使相当多的社会大众把消费当作自我价值的表现和人生的根本意义,体验着"我消费我存在",助长了大众追求物质享受的人生价值目标,以至于生活目标物欲化、道德理想追求空虚化[1]。当代青年也深受影响,呈现出追求物质享乐,追逐时尚等特点,享乐主义、拜金主义盛行,讲排场,比阔气,追求当前的享乐,推崇今朝有钱今朝花,甚至用信用卡借贷,寅吃卯粮。高额的消费超出自己的承受能力,却又不愿通过诚实劳动来获取更好的生活,缺乏艰苦奋斗的精神,怕吃苦,不愿通过兼职或是创业等渠道来满足自己的需求,不切实际地梦想一夜成名或一夜暴富,或者充当啃老一族。作为家里的独生子女,父母、爷爷奶奶"捧在手里怕摔了,含在嘴里怕化了",倾其所有去满足他们,造成青年人贪图享乐,缺乏坚毅的意志,给敌对势力造成可乘之机,利用青年追求享乐的特点,用金钱利诱,从而走上歧途。

二、加强青年反分裂反渗透斗争教育的重大意义

西藏是重要的国家安全屏障、重要的战略资源储备基地,做好西藏的反分裂反渗透工作,是深入贯彻落实科学发展观、全面建设小康社会的迫切需要,是实现可持续发展的迫切需要,是维护民族团结和社会稳定的迫切需要,是维护祖国统一和国家安全的迫切需要[2]。第十四世达赖是图谋"西藏独立"的分裂主义政治集团的总头子,是国际反华势力的忠实工具,是在西藏制造社会动乱的总根源,是阻挠藏传佛教建立正常秩序的最大障碍,在西方反华势力的支持下,披着宗教的外衣,打着民族、文化、宗教的幌子与我们争夺西藏的接班人。达赖集团长期在国际国内从事分裂祖国、破坏民族团结的活动,制造了一系列的分裂活动来破坏祖国统一和民族团结,如发生在拉萨的"3·14"打砸抢烧暴力事件,干扰北京奥运

---

[1] 参见张震《当前非主流意识形态对高校青年学生价值取向的影响分析——基于对河南省高校的问卷分析》,载《山东青年政治学院学报》2012年第28卷第6期。

[2] 习近平:《在西藏和平解放60周年庆祝大会上的讲话》,见中国政府网(http://www.gov.cn/ldhd/2011-07/19/content_1909539.htm)。

圣火的传递，制造西藏的"宗教、文化、语言、民族特性等濒于灭绝"的谣言等，试图通过这些破坏活动来制造民族仇恨。在渗透与反渗透、争夺与反争夺的斗争中，青年成为敌我双方争夺的焦点。青年承担着建设西藏的重任，是西藏建设的主力军和生力军，西藏的未来、西藏经济文化的发展都离不开青年。然而，在当今复杂的国际国内局势下，西方敌对势力和达赖集团不断进行分裂破坏活动，制造各种机会向青年传播、渗透不良思想，造成部分青年思想上产生了困惑和动摇。针对青年的思想特点，有针对性地开展意识形态领域的反分裂反渗透斗争，增强其对腐朽思想的侵蚀的抵御能力，提高其辨别是非的能力，这关系到小康西藏、平安西藏、和谐西藏、生态西藏的建设，关系到祖国边疆的稳定和领土的完整，关系到祖国的繁荣昌盛和长治久安[①]。

三、加强青年反分裂反渗透斗争教育，促进西藏社会和谐与稳定

（一）提高对反分裂反渗透斗争的认识，与达赖集团斗争到底

2010年1月，在中共中央国务院召开的第五次西藏工作座谈会上，胡锦涛同志指出："西藏社会的主要矛盾仍是人民日益增长的物质文化需要与落后的社会生产力之间的矛盾，同时还存在着各族人民同以达赖集团为代表的分裂势力之间的特殊矛盾。"这两个矛盾的长期存在，互相交织，严重地影响着西藏的长治久安和跨越式发展。达赖集团和西方敌对势力搞分裂活动直接威胁着祖国的统一和西藏社会的和谐稳定，他们打着民族、宗教、文化、人权的幌子，以文明和科技为外衣，以网络技术为手段，对我国实施长期的渗透，具有复杂性、欺骗性、隐蔽性和多样性，导致部分青年不同程度存在着对达赖集团的本质认识不清，对达赖政治上的反动性、宗教上的虚伪性、手段上的欺骗性认识模糊，对达赖集团斗争的长期性、复杂性、艰巨性认识不足，进而在揭批达赖问题上心存疑虑，产生麻痹轻敌思想。我们与达赖集团斗争的实质不是信教不信教、自治不自

---

① 参见戴畅《当前西藏高校思想政治教育面临的问题及解决对策》，载《西藏民族学院学报（哲学社会科学版）》2012年第33卷第5期。

治的问题,而是维护祖国统一和反对分裂的问题,在这个最大的政治问题上,决不能天真、幼稚、糊涂,必须始终做到认识不含混、态度不暧昧、行动不动摇,始终做到旗帜十分鲜明,立场十分坚定,决不能有半点含糊、丝毫退缩,一定要坚决地与达赖集团斗争到底[①]。

(二) 加大舆论宣传力度,弘扬社会主义核心价值观

要与达赖集团作长期的斗争,党和政府必须要抢占舆论阵地,要用先进的文化和正确的舆论导向,引导广大青年确立马克思主义的科学信仰,树立中国特色社会主义共同理想,通过报纸、电视、网络等媒介,大力弘扬社会主义核心价值体系,践行社会主义核心价值观,发扬以爱国主义为核心的民族精神,引导广大青年充分认识到爱国与爱社会主义的一致性、爱国与维护祖国统一的一致性、爱国与拥护中国共产党领导的一致性,理直气壮地宣传中国共产党好、中国特色社会主义好、民族区域自治制度好,唱响主旋律,弘扬正能量,激发青年热爱党、热爱祖国、热爱社会主义的热情,引导广大青年珍惜来之不易的历史机遇,珍惜来之不易的发展势头,珍惜来之不易的团结局面,努力提高自身综合素质,弘扬中华民族优秀的传统文化,抵制腐朽落后文化的侵蚀,提升精神境界,真正成为中国特色社会主义事业的合格建设者和可靠接班人。同时,要做好与达赖集团打舆论战的准备,对达赖集团和国际敌对势力歪曲事实、欺骗社会的造谣言论,一定要针锋相对,用铁的事实予以坚决回击,让全世界、全社会、各族群众都充分了解事实真相,看清达赖的真正目的,揭穿达赖集团分裂祖国的政治图谋,把达赖集团的丑恶嘴脸暴露在光天化日之下,以正视听。

(三) 正确执行党的民族政策,切实做好民族工作

西藏的反分裂斗争形势比较复杂,夹杂着民族、宗教等问题,要在这场意识形态领域反分裂斗争中取得胜利,前提就是要做好民族工作。要做好民族工作,就必须正确执行党的民族政策,坚持以马克思主义民族理论为指导,巩固和发展平等、团结、互助、和谐的社会主义民族关系,努力促进各民族的共同进步和繁荣发展。首先,就是要坚持民族平等与团结,

---

① 参见唐章全、房玉国《当前西藏反分裂斗争的对策研究》,载《西藏发展论坛》2006年第4期。

各民族不论大小，不论其先进和落后，一律平等，反对狭隘的民族主义和大汉族主义。其次，落实好民族区域自治制度。民族区域自治制度是国家的一项基本政治制度，具体到西藏，就是要在国家的统一领导下，在西藏实行区域自治，设立自治机关，行使自治权，让西藏各族人民参与对国家事务的管理，对本自治地方的内部事务自主管理，以法律的形式保障西藏各族人民当家做主的权利。最后，要尊重少数民族的语言文字、风俗习惯、宗教信仰，团结爱国人士，培养少数民族干部。这是构建西藏和谐社会民主政治的重要内容，也是反分裂斗争的可靠保障。

（四）加强学校教育阵地建设，完善反分裂反渗透工作机制

学校既是对青少年进行马克思主义思想和社会主义文化教育的重要阵地，同时也是达赖集团同我们争夺青少年的重要场所。因此，我们一定要坚守教育阵地，加强对青年学生的思想政治教育工作，要建立健全学校反分裂反渗透工作机制，用党的理论和社会主义的思想文化，教育广大学生与民族分裂势力展开坚决的斗争。一是要确立指导思想，坚持以马克思列宁主义、毛泽东思想、邓小平理论、"三个代表"重要思想和科学发展观为指导，坚持"稳定压倒一切"的思想不动摇，坚持社会主义办学方向不动摇，坚持政治家办教育不动摇，进一步增强政治意识、大局意识、阵地意识、责任意识和忧患意识，巩固社会主义办学阵地，筑牢反分裂反渗透的思想防线，为西藏和谐稳定发展培养更多更好的合格建设者和可靠接班人。二是要成立专项工作领导小组，形成由党委统一领导、党政主要领导亲自抓、全校各部门共同关心、辅导员和政治理论课教师齐抓共管的工作格局。三是要建立一支思想过硬、政治理论水平高的专业教师队伍和思想政治辅导员队伍。这一支队伍是坚守马克思主义主阵地的中坚力量，是确保意识形态领域掌握在我们手中的依靠力量，是维护西藏学校稳定的骨干，是西藏学校坚守思想政治理论阵地的卫士，具有不可替代的作用。四是要落实专项经费，做到专款专用，定期开展反分裂反渗透教育活动，使反分裂反渗透工作常规化、常态化、制度化。

（戴畅，西藏民族大学马克思主义学院讲师）

"一带一路"倡议下加强西藏跨境民族的中华民族认同

陈 菁

一、"一带一路"与西藏跨境民族

2 000多年前,沟通中国与亚欧非多国商贸物流及文化的大通道,后人称之为"丝绸之路"。进入21世纪,在以和平、发展、合作、共赢为主题的新时代,面对经济复苏缓慢的形势、复杂的国际环境,在2013年9月和10月,习近平提出共建"丝绸之路经济带"和"21世纪海上丝绸之路"(以下简称"一带一路"),旨在借用古代丝绸之路的历史符号,高举和平发展的旗帜,积极发展与沿线国家的经济合作伙伴关系,共同打造政治互信、经济融合、文化包容的利益共同体、命运共同体和责任共同体。当前,中国经济和世界经济高度关联,中国积极地推进"一带一路"建设,既是中国扩大和深化开放的需要,也是加强和亚欧非及世界其他国家互利合作的需要。

西藏作为"一带一路"经济带建设中的一个重要节点,不仅对西藏自身的经济发展具有重要的促进作用,而且对我国建设和谐西藏具有重大意义,为我国实现中国梦增砖添瓦,而由于西藏自身特殊的历史原因和地理,西藏有许多跨境民族,如何处理好西藏的跨境民族问题,对我国的边疆稳定、西藏和谐发展具有重要作用,因此要使西藏和谐发展,加强西藏跨境民族对中华民族的认同就显得极为重要。

(一)"一带一路"倡议

"一带一路"倡议是在当前全球经济缓慢复苏的大背景下提出的,加强区域合作是推动世界经济发展的重要动力,并且已经成为一种趋势。2013年9月和10月,由中国国家主席习近平先后提出共建"丝绸之路经济带"和"21世纪海上丝绸之路"的战略构想,受到国际社会高度关注和有关国家的积极响应。2015年3月28日发布了《推动共建丝绸之路经济带和21世纪海上丝绸之路的愿景与行动》，铺就面向东盟的海上丝绸之路，打造带动腹地发展的战略支点。共建"一带一路"倡议是中国政府根据国际和地区形势深刻变化以及中国发展面临的新形势、新任务，积极促进沿线各国加强合作、共克时艰、共谋发展而提出的战略构想，对我国的发展具有重大意义。

（二）西藏跨境民族

跨境民族就是指跨国境线分居在不同国家的同一民族，具体是指原来聚居于一处的同一民族，因国境线的人为划分而分居于毗邻国家国境线两边或靠近国境线附近的民族。跨境民族可以分为两种类型：一是人口主体在外的跨境民族，二是人口主体在内的跨境民族。本文主要针对主体在内的跨境民族。

藏族是主要聚居在青藏高原说藏语的民族，四川、甘肃、云南等省也有分布，中国境内有人口640万余人（2013年），另外，尼泊尔、巴基斯坦、印度、不丹等国境内也有藏族分布。其中，西藏的其他主要跨境民族有门巴族、珞巴族、夏尔巴人、僜人等。门巴族是主要分布于中国西藏东南部的少数民族，主要聚居在错那县以南的门隅地区，其余居住在墨脱、林芝等县，人口共5万余人，其中分布在我国实际控制区以内的仅有7 475人，其余生活在错那县南部的印控区。珞巴族主要分布在西藏东南部的珞瑜地区，少数居于米林、墨脱、察隅、朗县、隆子一带，中国实际控制区内人口有3 000人左右，其余处在印占区无法详细统计。夏尔巴人是一支散居在尼泊尔、印度、不丹等国边境喜马拉雅山脉两侧的民族，现存约4万人，主要居住在尼泊尔境内，中国西藏境内有约1 200人。僜人俗称"僜巴"，分布于中印交界地区，即喜马拉雅山脉以东、横断山脉西部的西藏察隅等平均海拔1 000米的林区，加上藏南印控区的僜人，总计有5万多人，居住在察隅的僜人共有1 300多人。

（三）中华民族认同

民族认同是理解民族内聚现象和族际关系诸问题的基础。对民族认同产生影响的主要因素有文化、历史、地域、民族政策等。民族认同的功能也是复杂的，既有积极因素，也有消极因素。民族认同功能的发挥与民族认同的取向及认同意识的强弱有关。中华民族大家庭是由56个民族相互依存、共同发展凝聚而成的。每一个民族都是中华民族的组成部分，都是中华民族大家庭的一员，都和这个大家庭血肉相连，休戚与共。长久以来的历史教训告诉我们：要想国家兴旺发达，人民安康幸福，就只有56个民族团结互爱，和谐相处，正所谓"国破则家亡，国兴则家昌"。只有加强中华民族的认同，才能确保各个民族的利益，尤其是在当下多元化的环境下，我们不但要维护好我国各个民族的安定团结，更要加强边疆地区的跨境民族对中华民族的认同，促进西藏和谐社会建设。

二、"一带一路"沿线西藏所涉及的跨境民族问题

"一带一路"以我国中西部腹地为核心，向四周辐射到邻境和周边许多国家，涉及我国西北、西南、东北以及东南沿海的广大区域。我国跨境民族所在区域几乎都在"一带一路"的覆盖之下，尤其是西南地区是我国跨境民族最集中的地区，像藏族、门巴族、珞巴族等民族跨境分布，西南地区与印度、尼泊尔、巴基斯坦、泰国、越南、老挝等南亚、东南亚国家接壤，这一地区也成为我国民族关系与民族问题最复杂的地区。总的来说，当下西藏跨境民族问题主要表现为泛民族主义、民族分裂主义等涉及国家主权的问题，以及跨境民族的经济发展失衡问题，毒品犯罪、非法移民等社会问题。西藏跨境民族地区由于经济发展不平衡导致经济发展落后。这些地区拥有丰富的自然资源和矿产资源，使主体民族在发展的过程中往往运用政治、法律等手段获取资源，这种做法忽视了跨境民族的情感接受和发展要求，使跨境民族内心产生疏离感，不利于西藏和谐社会建设。除此之外，还有毒品问题的困扰，西藏跨境民族聚居在边境地方，因其特殊的地理条件，更容易成为各种毒品犯罪活动的重灾区。由于跨境民族地区人口流动方面的相关政策的不完善，有些不法分子通过跨境进入该区，利用宗教幌子进行着分裂主义活动，严重威胁我国的安全。

三、西藏跨境民族对中华民族认同的现状

（一）跨境民族认同与中华民族认同的不一致性

随着全球化的进一步加强，各个民族间的社会文化和地理界线之间要

么变得逐渐模糊，要么变得极度狭隘。这就促使国家与国家之间的政治界限、意识形态方面的差别日益分明，随之而来的边境冲突摩擦也不断增加。正是在这种环境下，我国作为一个多民族的国家，各个民族都有其独特的魅力，尤其是西藏跨境民族与其周边的国家更是有着千丝万缕的微妙关系，民族问题就显得更加突出。要想更好地建设和谐西藏，我们就要把握好"一带一路"的契机，加强跨境民族对中华民族的认同。由于跨境民族自身特殊性和历史原因，其境外部分与境内部分民族同源、文化同根，但是因为散居异地，绝大多数人加入了居住国的国籍，开始认同居住国的文化、价值观，受到西方部分反华分子的煽动，不但不认同中华民族的价值观、政策，有的甚至还参与危害我国民族团结、国家安全的不法活动。这些都十分不利于西藏和谐社会的建设。

（二）跨境地区人口流动频繁

作为一个多民族国家，中国跨境民族众多，位于我国边疆民族地区，相邻国家国境线长期模糊不清，导致了居民尤其是处于深山老林、贫困边远地区的跨境民族的民族意识淡漠，双方边民之间来往频繁且跨境相对来说较为自由，相关制约政策不完善，甚至有的人都不能明确说出自己是哪国的公民。这些地区的跨境民族只有在关系到自己切身利益时，才会利用国家的界限来进行自我保护，而当与自己关系不大时却又对国家的界限持满不在乎的态度。在这样一种较为宽松混乱的环境下，有人会利用跨境的空子进行非法交易、恶性犯罪等。跨境人口的流动必然会对西藏社会稳定造成一定的影响，妨碍当地的社会发展。

（三）全球多元文化的影响

随着经济全球化，文化也变得多元化。一个民族的成员长期受其特定的文化影响，会形成基本相同的价值观念、生活方式、行为方式等，对自己的民族文化产生强烈的认同感和归属感。西藏的跨境民族生活在一个相对宽松开放的环境氛围中，其文化思想观念更容易受到多元化文化的影响。由于外来文化对跨境民族文化的影响和冲击不断增强，使本来就缺乏坚实文化基础的跨境民族地区，在文化传承方面出现前所未有的困境，尤其是青少年，在接受外来文化的时候出现盲目的崇拜和模仿，彻底丢弃了中华民族文化的优良传统。比如当下在青少年中由于崇尚外来文化出现了大批的"哈日族""哈韩族",崇尚西方国家所鼓吹的自由化、人权等。他们大肆宣扬自由主义、消费主义等价值观的优越性,用以摧毁和腐蚀我国的社会主义核心价值观。利用圣诞节、万圣节、情人节等节日,使大批民众沉迷其中,对我国的传统节日却丝毫不感兴趣。这样的状况若不加以引导,非常容易使青少年的价值观产生偏差,从而淡化了对本国文化和价值观的认同,这对增强跨境民族对中华民族的认同感来说,是非常不利的。

(四) 文化教育事业发展滞后

由于地理位置和历史原因等,长期以来,西藏经济发展缓慢,文化教育事业也受到极大的限制,尤其在西藏跨境民族地区,教育设施非常薄弱且不完善,教育水平低下。虽然这些地区在国家相关政策的优惠扶持下,教育设施得到了很大的改善,但是由于先天不足,在文化教育方面仍有很大的欠缺,较之我国其他地区的文化教育发展水平仍比较滞后。首先,由于经济发展落后、家长对教育不重视或者无能为力等,许多学生过早辍学、外出打工来为家庭减轻负担,过早接触社会使一些学生受到来自社会的诱惑,误入歧途。其次,由于地理位置偏远,许多大学毕业生不愿意毕业后来此就业,当地的一些老师文化水平不高,而且有的没有接受过专业的师范类职业培训,不能够很好掌握学生的心理发展规律,使处于青春期的孩子容易变得叛逆、出格,心理问题得不到解决。最后,该地区的老师大多是本地人,虽然也接受过正规的高等教育,但是由于地域偏远,交通不便,信息闭塞,导致教地老师对科学文化知识理解掌握不全面,教学水平提升受限,影响了整体西藏农牧区教育事业的发展。长此下去,作为西藏跨境民族的新生代力量由于缺乏合适的平台,无法顺利融入中华民族的主流文化中,必然削弱跨境民族地区对中华民族的认同。

四、"一带一路"背景下增强西藏跨境民族对中华民族认同的途径

(一) 完善政策保障机制,促进各民族共同发展

由于特殊的地理环境和历史因素,西藏经济发展虽然取得了一定的进步,但是较之于我国其他地区经济水平仍然处于落后地位,特别是西藏跨

境民族人民物质生活水平低下，有的甚至连最基本的温饱问题都没有办法解决，处于极度的贫困状态。对这些地区，首先，我们要加强援助，进行社会疏导和社会调节，在提供经济方面援助的同时，也要为他们提供一定的劳动力市场，不仅授之以"鱼"，而且授之以"渔"。其次，我们还可以对他们进行技术上的指导，分派专业人才以提高他们的技术水平。这样不仅使他们学会技术，发展当地的经济、教育，改善民生，增强自身的造血功能，也减少了我国的财政压力。最后，国家应该制定和完善相关的法律，更好地保护民族利益、促进西藏社会和谐发展。

(二) 推进边境贸易合作，加快经济发展

随着改革开放的不断深入，我国经济已经取得了长足发展，经济全球化的趋势要求我们以积极的姿态融入其中，促进经济发展。"一带一路"的倡议，对西藏跨境民族地区来说，既是机遇也是挑战。

"一带一路"的倡议，为西藏跨境民族地区的发展带来了千载难逢的历史机遇。随着"一带一路"经济带建设的不断深化和加强，一方面，西藏跨境民族应该与周边国家加强优势互补、互惠互利、合作共赢。在对外经济的合作中不附加任何政治方面的条件，不损害我国和他国的主权完整。要抛开意识形态方面的分歧，做到和而不同，保持自己的特色，以平等、包容的态度推进同周边国家的合作，建立长久的合作和尊重认同。另一方面，西藏地区的跨境民族应该加强自身的造血能力，主动出击，借助国家的政策性照顾，实现地区经济可持续发展。这些地区拥有的独具魅力的自然资源、人文资源、旅游资源等，对它们发展经济来说，都是巨大的财富，比如西藏地区跨境民族自身的语言、文字、宗教文化以及当地的民族文化活动，都吸引着其他民族的眼球。这些地区可以借助自己特殊的地理环境及自然人文景观，发展特色旅游业，加强产业链纵向拓展。

有机遇必然也有挑战。在我国西藏的跨境民族与周边国家加大合作范围和力度的同时，也会增加边境贸易摩擦。这就要求我们要处理好这些矛盾摩擦，为跨境民族地区和西藏创造一个良好的经济环境。

(三) 加强文化教育，增强各民族群众的中华民族归属感

我国作为一个多民族的国家，每个民族都有其自身的文化特色和魅力，因此，在发展文化时更应该尊重民族文化的多样性。在我国，大多数

少数民族地区由于地理位置的局限和历史，缺乏建设资金和技术人才，一些跨境民族地区落后的传统习俗等也制约着经济发展和人口素质水平。西藏的跨境民族地区文化事业较之其他地区相当落后，受教育者人群覆盖范围小、受教育程度低，劳动者素质低下。因此，在"一带一路"倡议实施的过程中，针对西藏跨境民族地区，我们应继续加强地区文化教育、政策性的优惠，扶持跨境民族。首先，对这些地区，可以分配或者引进一批接受过良好高等教育而且具备熟练的三语（汉语、英语、少数民族语言）教学经验的专业型人才，使受教育者能够接受良好的教育。其次，在社会上可以开设夜校或继续教育培训机构等，进行一些免费的职业技术培训或者岗前技术培训等，使跨境民族地区的教育水平实现质的飞跃。最后，对西藏跨境民族地区应该加强民族文化的培育，通过开展丰富多彩的活动，以宗教文化为中心进行宗教文化交流。如边境地区举办唐卡展，作品中可融入更多民族文化元素，使边境民族群众在轻松愉快的活动中加深对中华文化的理解与认同，培养民族归属感，使他们自觉致力于西藏和谐社会的建设。

（四）进行反分裂斗争，维护边境稳定

从"治国必治边、治边先稳藏""要始终保持清醒头脑，紧紧依靠各族干部群众，努力实现西藏持续稳定、长期稳定、全面稳定"等一系列讲话中，我们可以看出"治边稳藏"的重要性。西藏位于我国西南地区，对我国西南边疆地区的安全有着至关重要的作用。

在达赖集团叛逃国外后，为了实现所谓的"西藏独立"，一方面，对西藏采取武装袭扰、渗透破坏、制造骚乱、煽动闹事等手段，破坏西藏各族人民群众正常的生产生活秩序；另一方面，通过推动所谓"西藏问题"国际化，利用各种国际场合炒作西藏议题，频繁窜访有关国家和地区，争取国际反华势力支持，借机给中国政府施加压力，企图达到其不可告人的目的。因此，如何处理好西藏地区的跨境民族问题对西藏自身的和谐发展及我国边疆的安全都是一个重大问题，所以我们必须更加重视达赖分裂集团的阴谋。

我国在构建"一带一路"经济带的过程中，特别要关注西藏跨境民族地区分裂势力的动向。对这些地区，通过网络、广播、媒体等方式对该地区的人民进行社会主义核心价值观的宣传教育，加深他们对中华民族的认识和认同感，为建设和谐西藏创造一个良好的环境。

五、小结

我国作为一个多民族的国家，民族团结和发展对我们实现中华民族的伟大复兴来说十分重要。西藏作为我国西南的边境地区，跨境民族繁多使国家安全问题尤需重视。因此，在"一带一路"经济带建设的大背景下，加强西藏跨境民族对中华民族认同具有极其重要的作用。加强西藏跨境民族与我国其他各民族的联系与互动，加强对中华民族的认同，一方面可以加强民族凝聚力和向心力，有利于促进国家的安定团结，另一方面有利于促进跨境民族的经济发展、民生改善，为构建西藏和谐社会创造有利条件，有利于我国加快建设和谐西藏的步伐，实现全面建设小康社会，实现中国梦。

（陈菁，西藏民族大学马克思主义学院在读硕士研究生）

后 记

本人主持的西藏自治区第二届高校人文社会科学课题"思想政治教育视角下构建西藏和谐社会研究"于2015年结项后,一直想将该课题研究在原有基础上继续深化。但是,由于平常行政工作杂事缠身,没有办法在原有基础上达到自己的预期。恰逢西藏民族大学国家民族与宗教事务委员会重点研究基地西藏社会和谐稳定与法治建设重点研究基地于2015年11月召开的一次学术研讨会,邀请了有关专家参会,该基地的三个研究中心,即西藏法治建设研究中心、西藏地方治理研究中心和西藏德育研究中心的相关老师以及研究生纷纷撰写文章积极参会,当时西藏德育研究中心就有十多名师生提交了参会论文,为推进西藏德育与西藏和谐社会建设起到了积极作用。西藏德育研究中心作为国家民族与宗教事务委员会西藏社会和谐稳定与法治建设重点研究基地的一个分中心,近年来努力将相关研究聚焦到西藏和谐稳定这个领域上来,马克思主义学院将学科建设、科学研究与人才培养紧密结合起来,平常就要求民族地区思想政治教育研究方向的研究生主动研究"德育与西藏和谐社会建设"相关内容。中心将近几年来相关老师与研究生撰写的该领域的学术论文进行了筛选,挑选出一部分比较优秀的论文凝练到本书当中,最终形成了这本书稿。

本书是集体劳动的成果,是国家民族与宗教事务委员会重点研究基地、西藏社会和谐稳定与法治建设重点研究基地及西藏德育研究中心全体师生共同辛勤劳动的结晶。大家共同为西藏德育研究中心建设发展出谋划策,共同为西藏德育研究中心贡献智慧。为了继续推动该中心向前发展,也为了继续支撑好设在西藏民族大学国家民族与宗教事务委员会西藏社会和谐稳定与法治建设重点研究基地的建设,中心将这些成果以公开出版的形式集中展示。其中参与的师生有:中国人民大学马克思主义学院副院长、博士研究生导师侯衍社教授,西藏民族大学马克思主义学院高峰教授、徐万发教授、陈敦山教授、曹水群教授、张英教授,延安大学马克思主义学院崔海亮副教授,陕西师范大学王东红副教授,西藏民族大学马克思主义学院胡敏副教授、雷雅珍副教授、葛晓莉副教授、戴畅讲师、李丽讲师、张燕讲师以及马克思主义学院民族地区思想政治教育研究方向硕士研究生刘京华、杨雄飞、刘丽娇、武慧芳、张翠华、李莹、张美玲、王晓金、王潇、王代花、方萱惠、戴从容、杨慧、赵婧先、马艳丽、陈菁等都为本成果贡献了智慧,在此一并表示感谢!

  本书的出版还得感谢中山大学出版社领导和编辑的大力支持,辛勤劳动和严格要求!在此,对支持和帮助过我们西藏德育研究中心的西藏民族大学马克思主义学院院长王彦智教授、国家民族与宗教事务委员会西藏社会和谐稳定与法治建设重点研究基地负责人、西藏民族大学法学院院长侯明教授、西藏民族大学科研处副处长、《西藏民族大学学报》常务副主编夏阳编审给予的帮助表示感谢!另外,对西藏民族大学科研处全体同志以及西藏文化传承发展协同创新中心的全体同志表示感谢!

陈敦山